BLUE BOX

3

presented by KOUJI MIURA

Hau drauf!

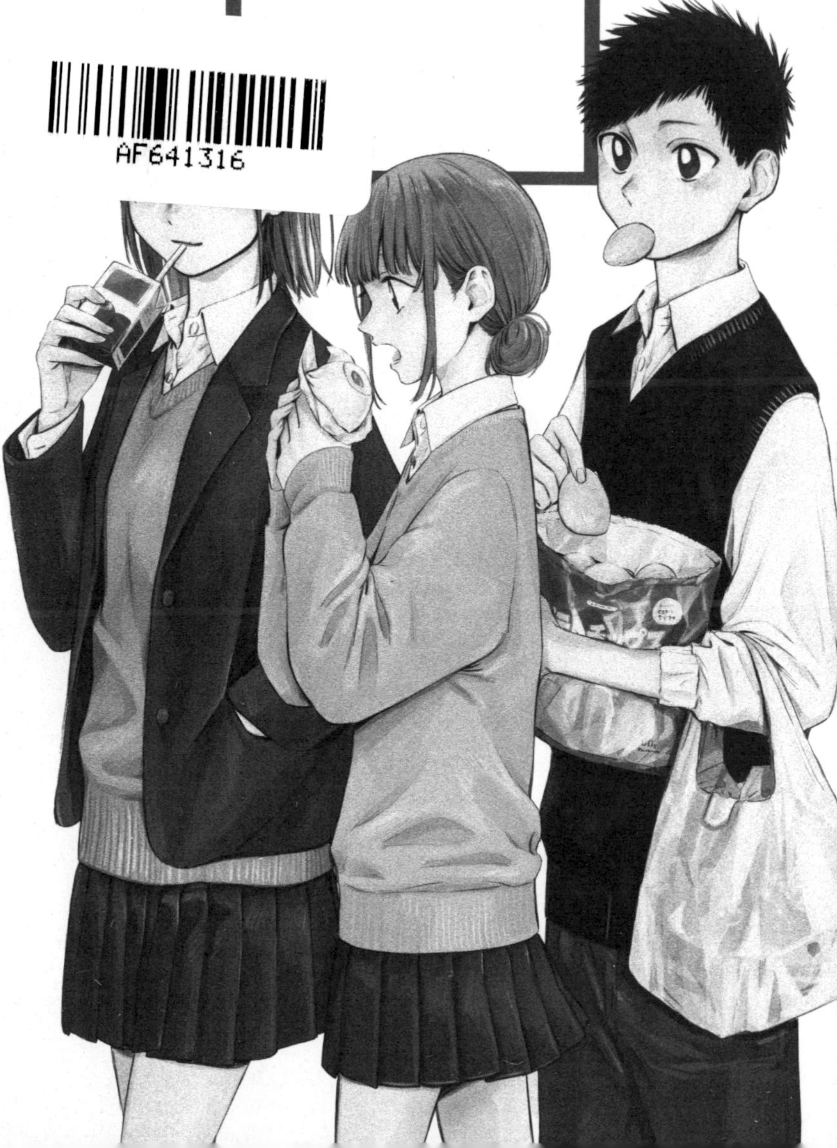

Blue Box

Charaktere

Chinatsu Kano

Ass des Mädchen-Basketballteams. Da ihr Vater ins Ausland versetzt wurde, wohnte sie zurzeit bei den Inomatas.

Taiki Inomata

Mitglied des Badminton-Clubs. Verliebt in Chinatsu.

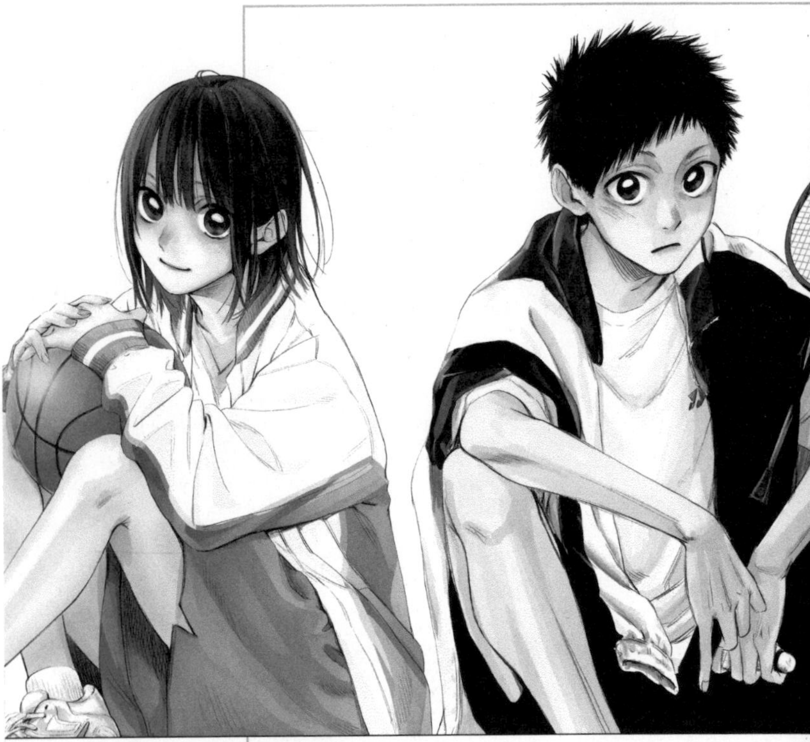

Characters

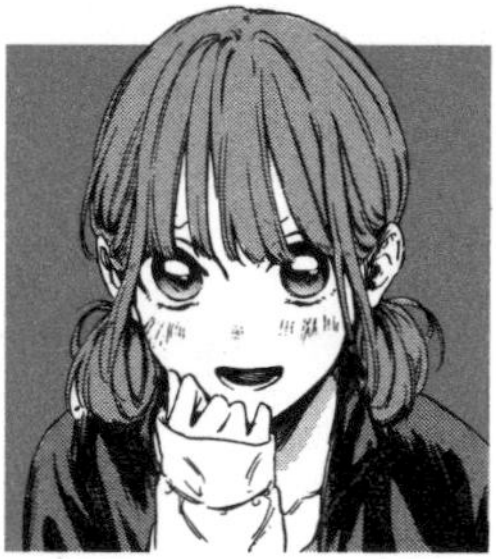

Hina Chono

Hoffnungsvoller Neuling im Rhythmische-Sportgymnastik-Club. Zieht Taiki oft auf.

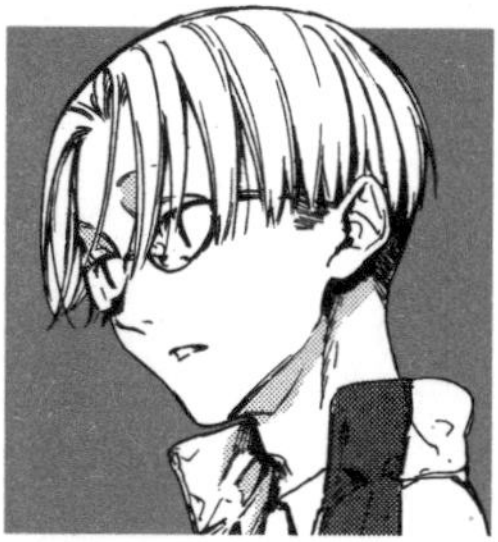

Kyo Kasahara

Taikis Freund aus dem Badminton-Club. Ruhiger und gelassener Typ, der Taiki oft mit Ratschlägen zur Seite steht.

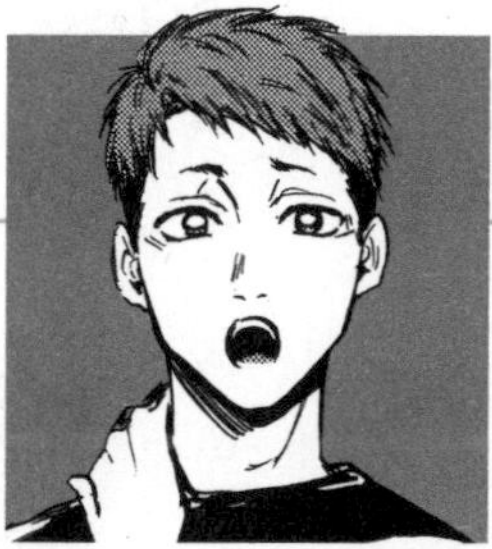

Haryu-Senpai

Senpai im Badminton-Klub. Gut mit Chinatsu befreundet.

Was bisher geschah

Taiki Inomata ist Mitglied im Badminton-Club. Als er beim Morgentraining zufällig seine Senpai Chinatsu Kano aus dem Mädchen-Basketballteam trifft, verliebt er sich in sie. Eines Tages erfährt Taiki, dass Chinatsus Eltern ins Ausland ziehen werden. Er rennt Hals über Kopf zu ihr, doch zu seiner Erleichterung erzählt sie ihm, dass sie in Japan bleiben wird, um am Inter-High-Turnier teilnehmen zu können. Allerdings wartet noch ein Schock auf Taiki: Chinatsu soll für diese Zeit bei seiner Familie wohnen!! Und so beginnt das Leben unter einem Dach...

Taiki wurde dazu auserkoren, bei der IH-Qualifikation mit Haryu-Senpai im Doppel anzutreten. Als Belohnung für das Weiterkommen in der Vorrunde und für seinen Sieg gegen einen Rivalen, der es auf Chinatsus Handynummer abgesehen hatte, lädt Chinatsu Taiki zu einem Besuch im Aquazoo ein. Als Mitbewohner und Gleichgesinnte unterstützen sich die beiden gegenseitig auf ihrem Weg zur Teilnahme am Inter High. Hina beobachtet das und hat auf einmal Tränen in den Augen...

Story

Inhalt

3

#17 Keinerlei Probleme 5
#18 Sag »Gib alles!« 25
#19 Ich bring dir die Sachen nach Hause 47
#20 Belauscht 67
#21 Kann ich eins haben? 87
#22 Hau drauf! 107
#23 Ich werde verwandeln! 129
#24 Das ist nun mal Sport 149
#25 Gut gekämpft 169

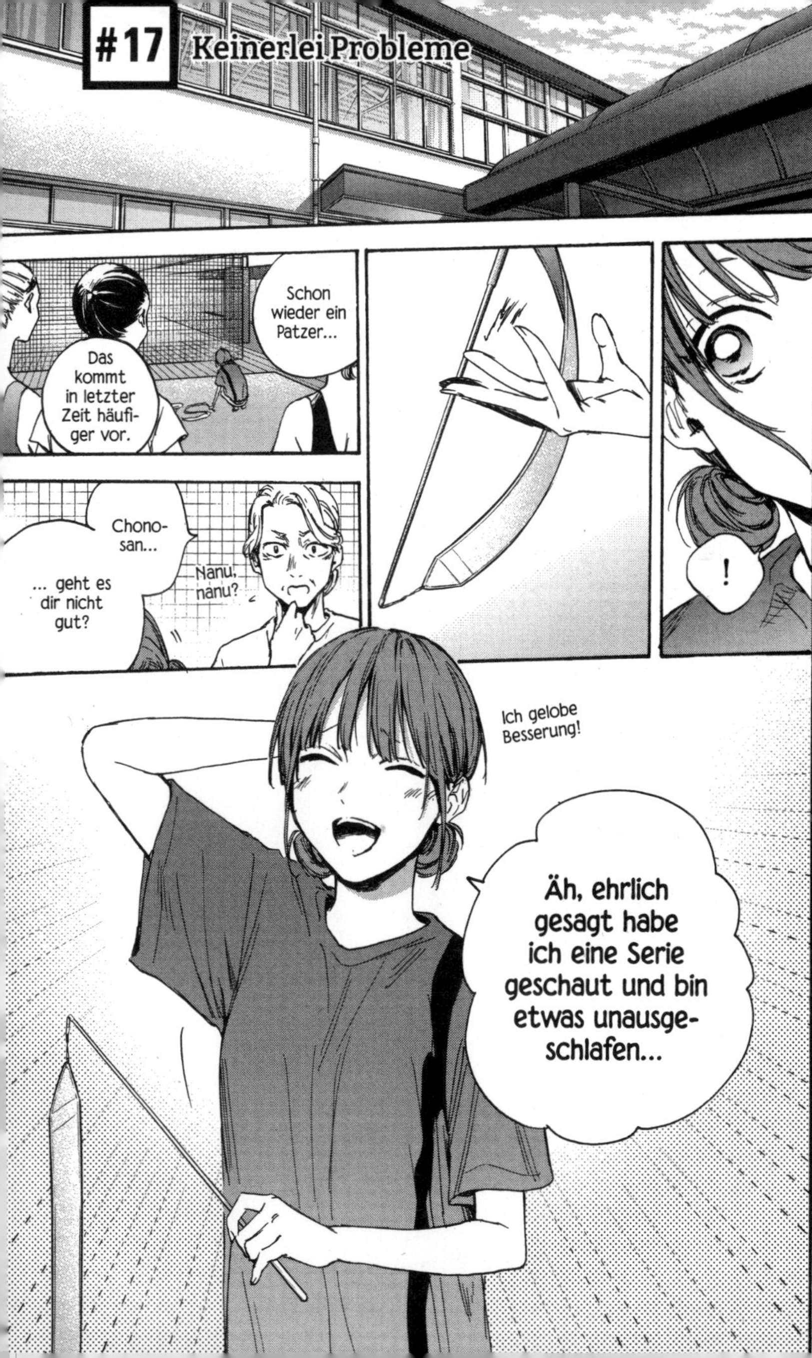
#17 Keinerlei Probleme
Schon wieder ein Patzer...
Das kommt in letzter Zeit häufiger vor.
!
Chonosan...
Nanu, nanu?
... geht es dir nicht gut?
Ich gelobe Besserung!
Äh, ehrlich gesagt habe ich eine Serie geschaut und bin etwas unausgeschlafen...

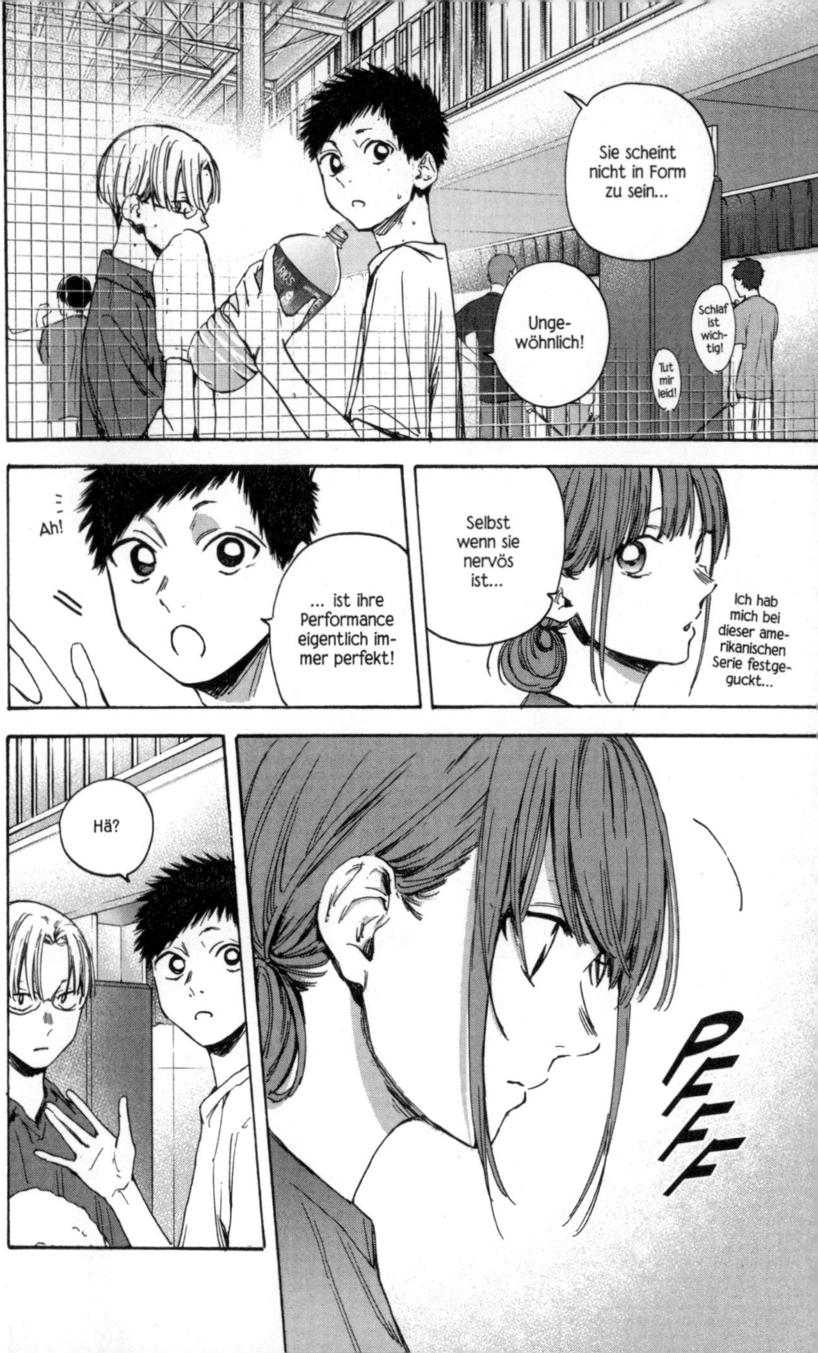
Sie scheint nicht in Form zu sein...
Unge-wöhnlich!
Schlaf ist wich-tig!
Tut mir leid!
Selbst wenn sie nervös ist...
Ich hab mich bei dieser ame-rikanischen Serie festge-guckt...
... ist ihre Performance eigentlich im-mer perfekt!
Ah!
Hä?
PFFF

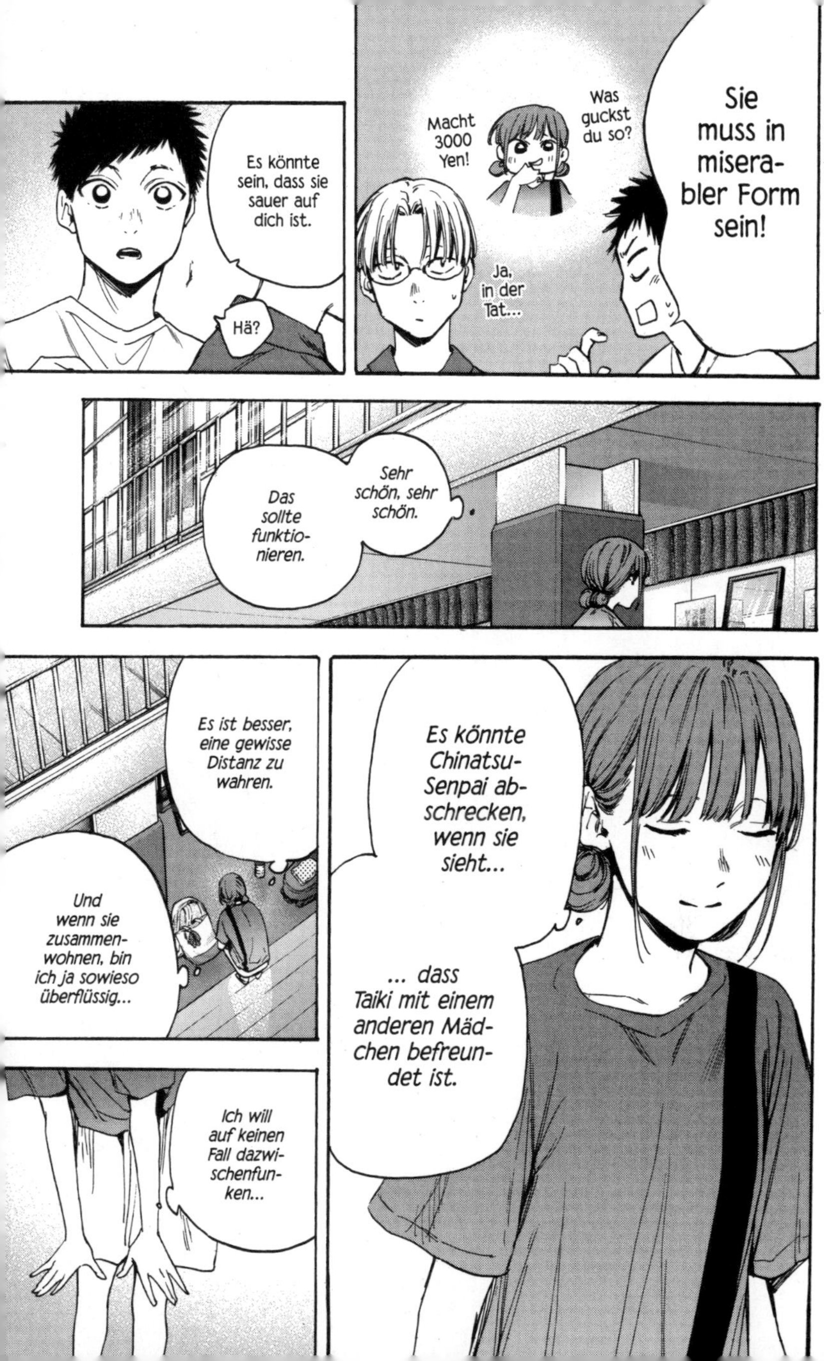
Sie muss in miserabler Form sein!
Was guckst du so?
Macht 3000 Yen!
Ja, in der Tat...
Es könnte sein, dass sie sauer auf dich ist.
Hä?
Sehr schön, sehr schön.
Das sollte funktionieren.
Es könnte Chinatsu-Senpai abschrecken, wenn sie sieht...
... dass Taiki mit einem anderen Mädchen befreundet ist.
Es ist besser, eine gewisse Distanz zu wahren.
Und wenn sie zusammenwohnen, bin ich ja sowieso überflüssig...
Ich will auf keinen Fall dazwischenfunken...

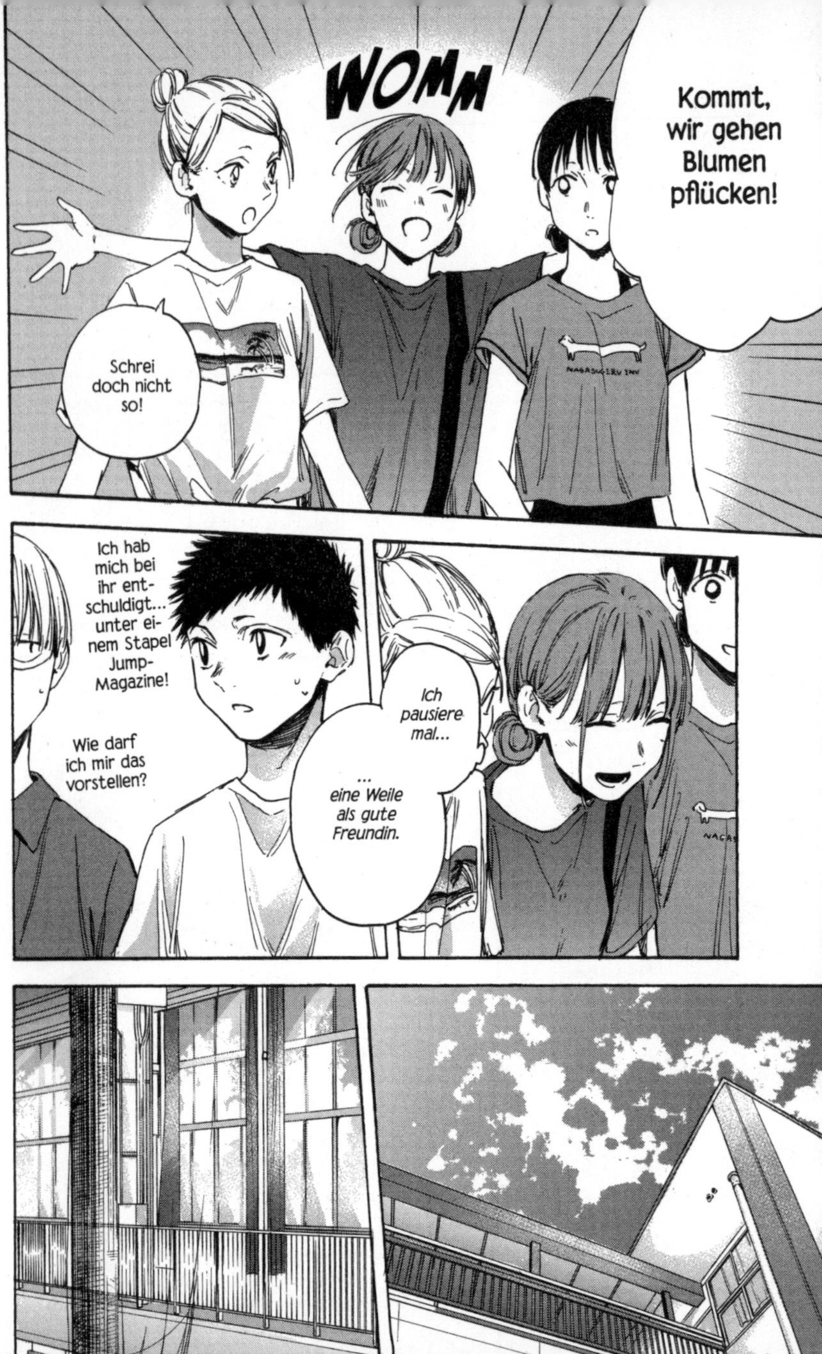
Kommt, wir gehen Blumen pflücken!
WOMM
Schrei doch nicht so!
Ich pausiere mal...
... eine Weile als gute Freundin.
Ich hab mich bei ihr entschuldigt... unter einem Stapel Jump-Magazine!
Wie darf ich mir das vorstellen?

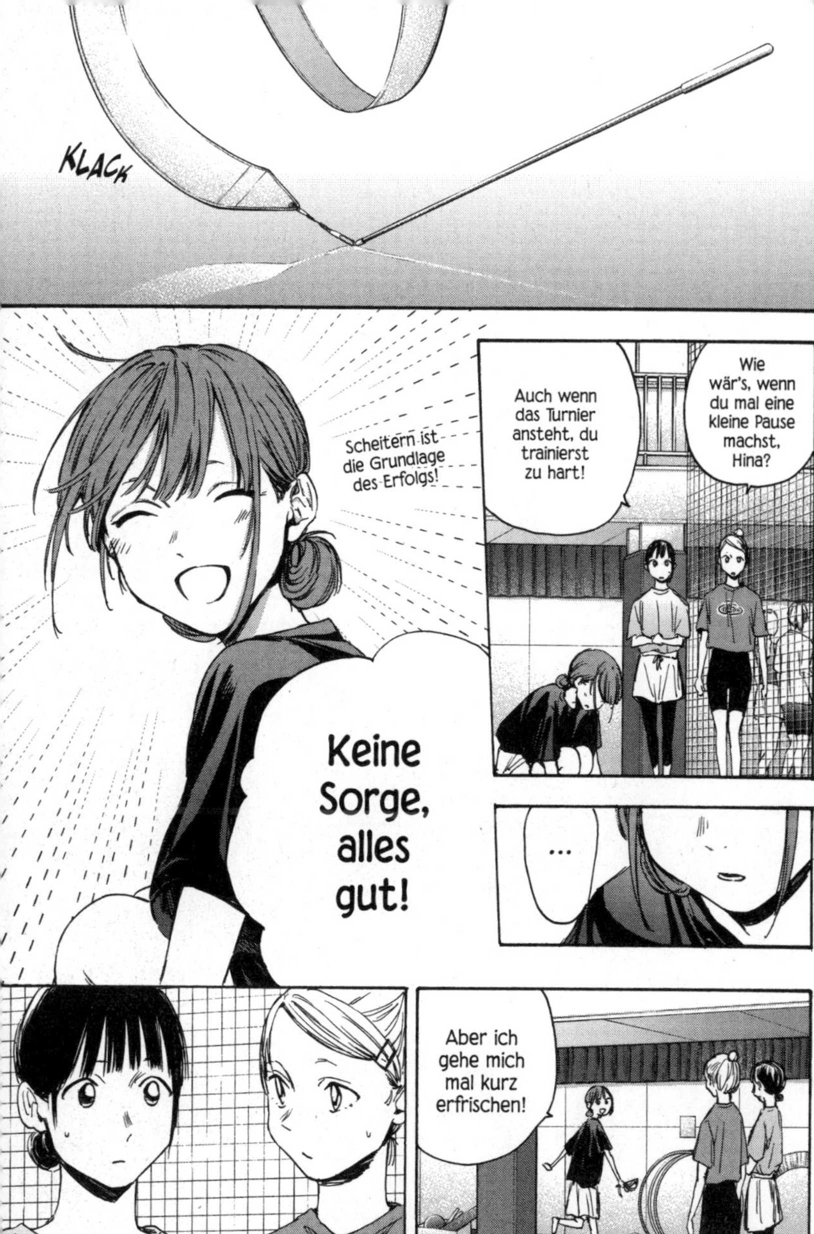

KLACK
Wie wär's, wenn du mal eine kleine Pause machst, Hina?
Auch wenn das Turnier ansteht, du trainierst zu hart!
Keine Sorge, alles gut!
Scheitern ist die Grundlage des Erfolgs!
...
Aber ich gehe mich mal kurz erfrischen!

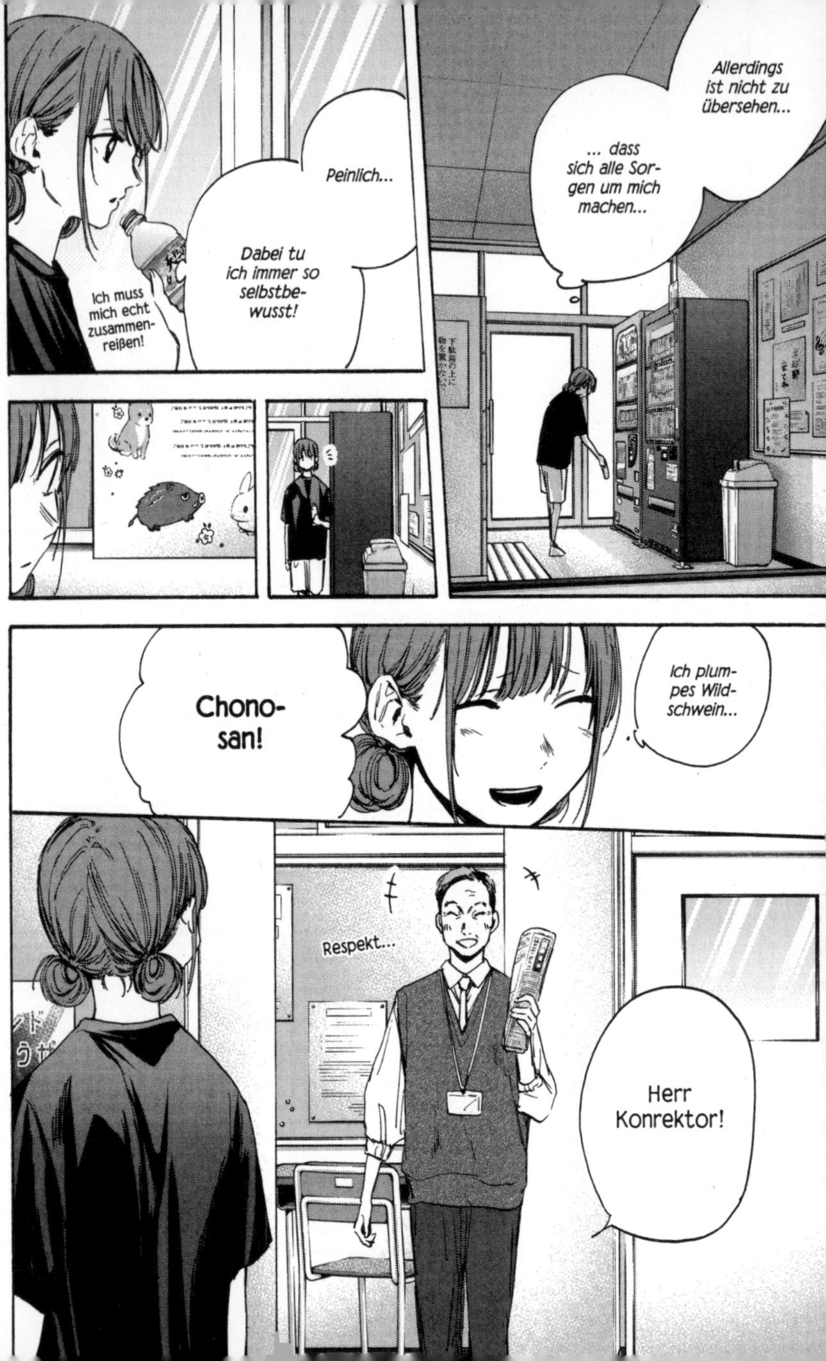
Allerdings ist nicht zu übersehen...
... dass sich alle Sorgen um mich machen...
Peinlich...
Dabei tu ich immer so selbstbewusst!
Ich muss mich echt zusammenreißen!
Ich plumpes Wildschwein...
Chono-san!
Herr Konrektor!
Respekt...

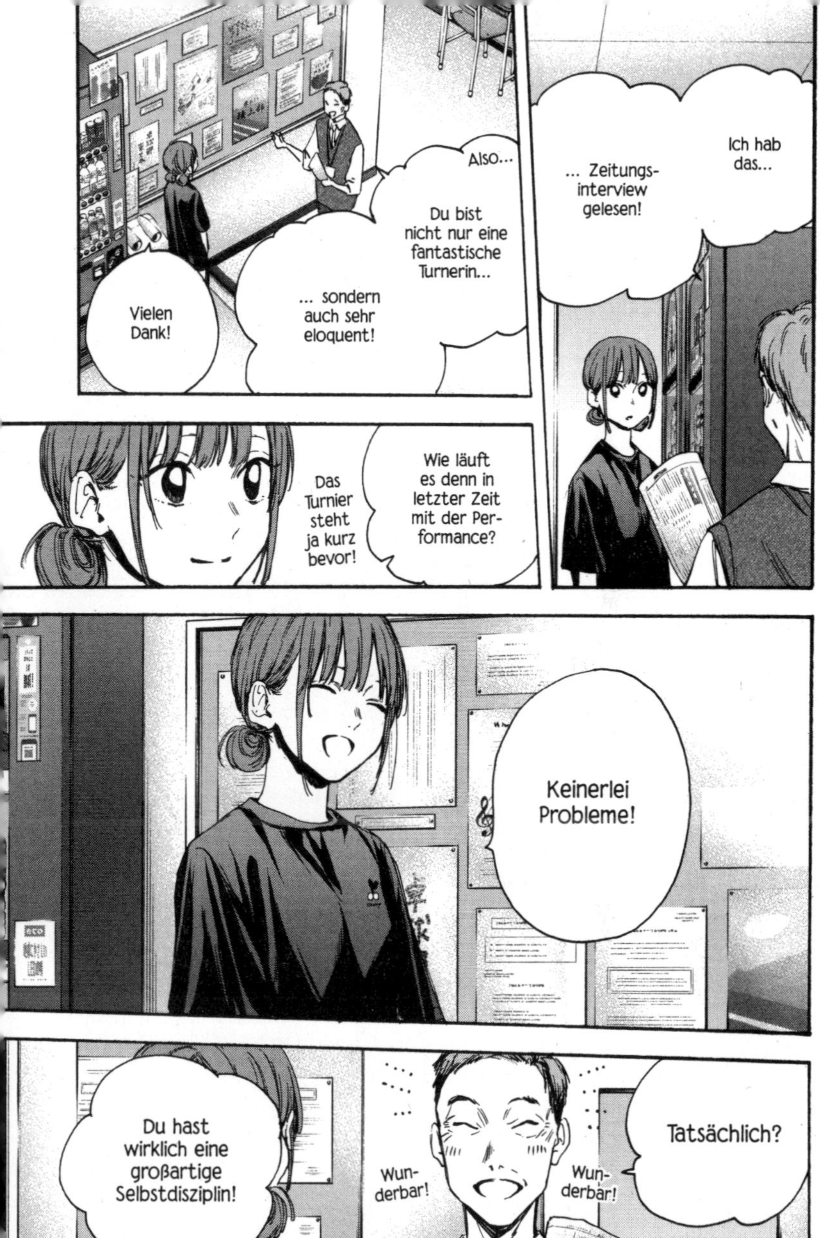
Ich hab das...
... Zeitungs-interview gelesen!
Also...
Du bist nicht nur eine fantastische Turnerin...
... sondern auch sehr eloquent!
Vielen Dank!
Wie läuft es denn in letzter Zeit mit der Performance?
Das Turnier steht ja kurz bevor!
Keinerlei Probleme!
Tatsächlich?
Wunderbar!
Wunderbar!
Du hast wirklich eine großartige Selbstdisziplin!

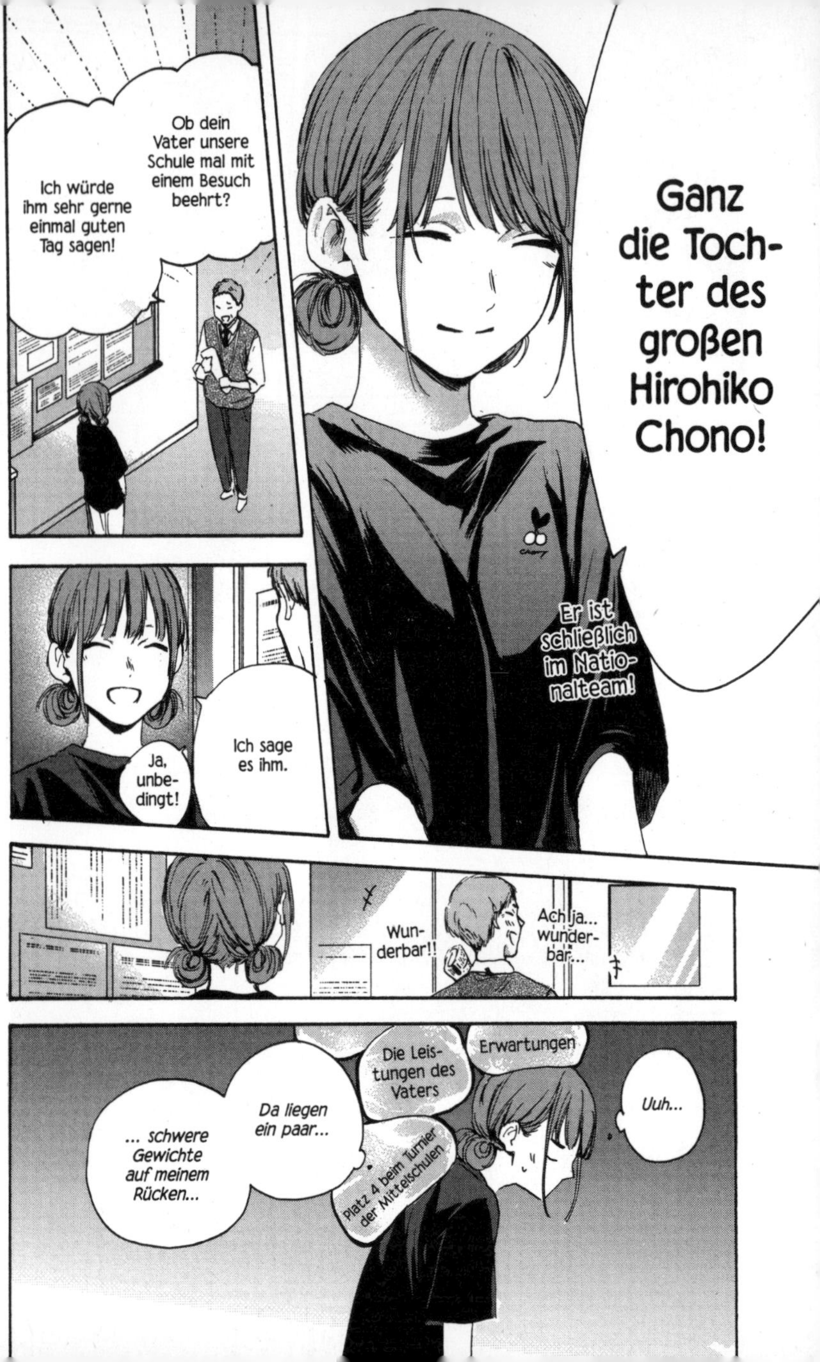
Ob dein Vater unsere Schule mal mit einem Besuch beehrt?
Ich würde ihm sehr gerne einmal guten Tag sagen!
Ganz die Tochter des großen Hirohiko Chono!
Er ist schließlich im Nationalteam!
Ich sage es ihm.
Ja, unbedingt!
Ach ja... wunderbar...
Wunderbar!!
Uuh...
Erwartungen
Die Leistungen des Vaters
Platz 4 beim Turnier der Mittelschulen
Da liegen ein paar...
... schwere Gewichte auf meinem Rücken...

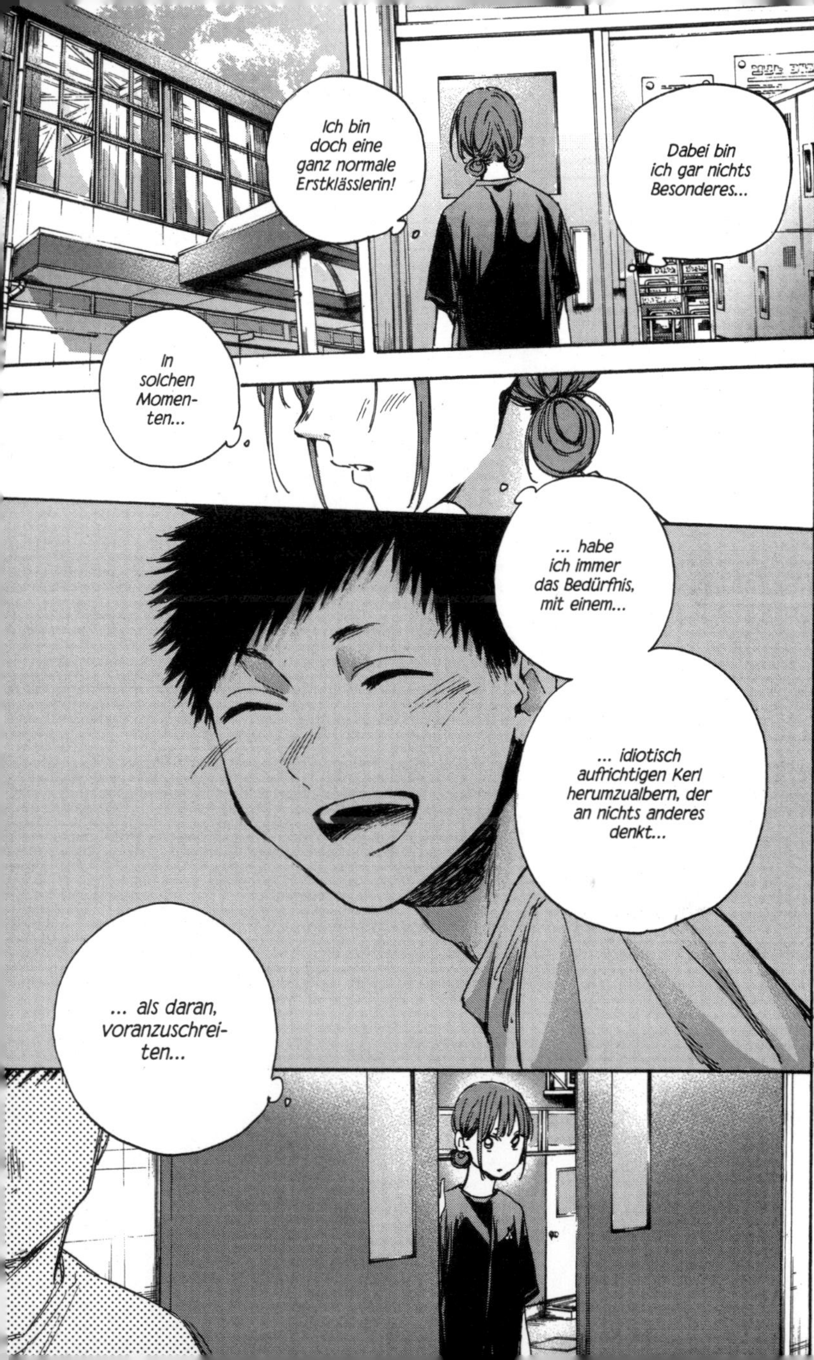
Dabei bin ich gar nichts Besonderes...
Ich bin doch eine ganz normale Erstklässlerin!
In solchen Momenten...
... habe ich immer das Bedürfnis, mit einem...
... idiotisch aufrichtigen Kerl herumzualbern, der an nichts anderes denkt...
... als daran, voranzuschreiten...

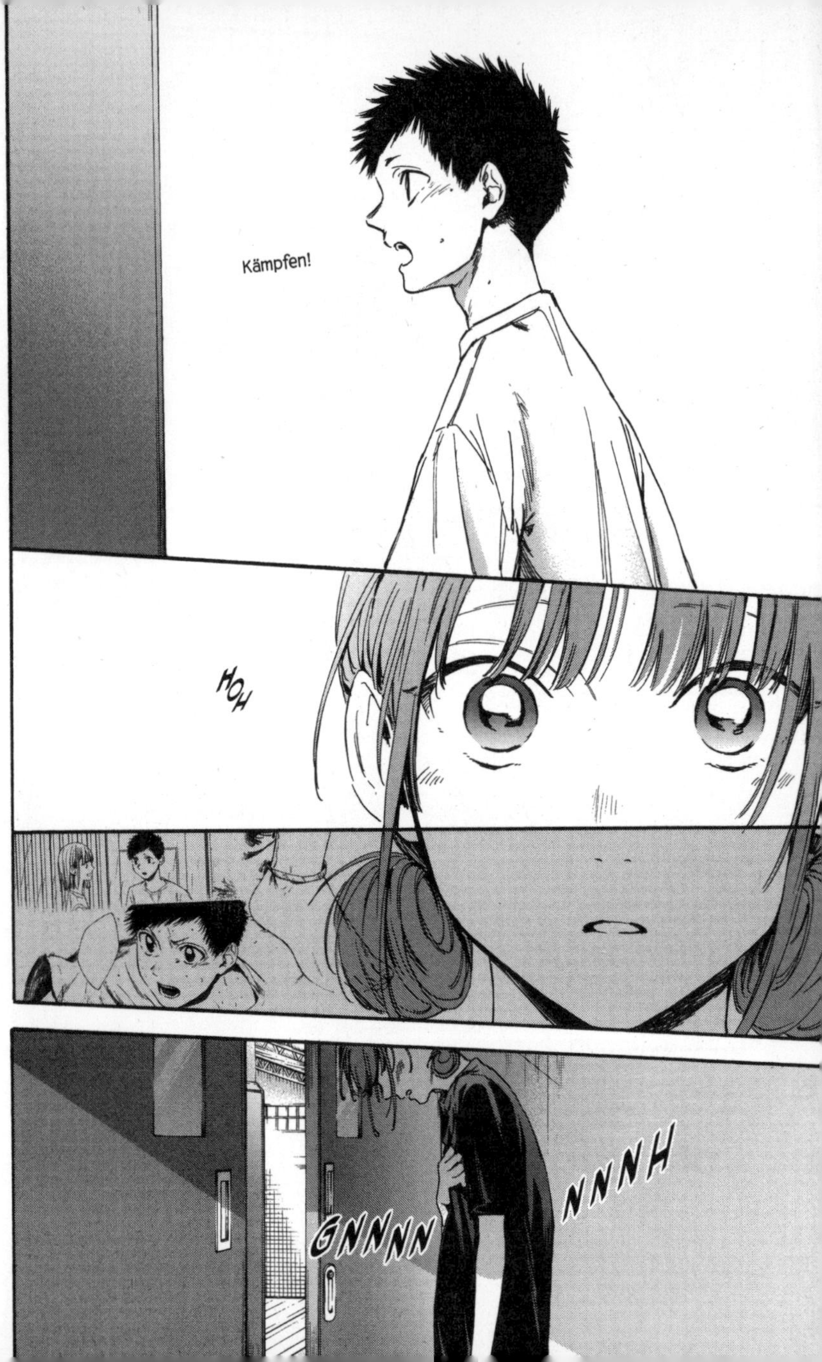

Kämpfen!
HOH
GNNNN
NNNH

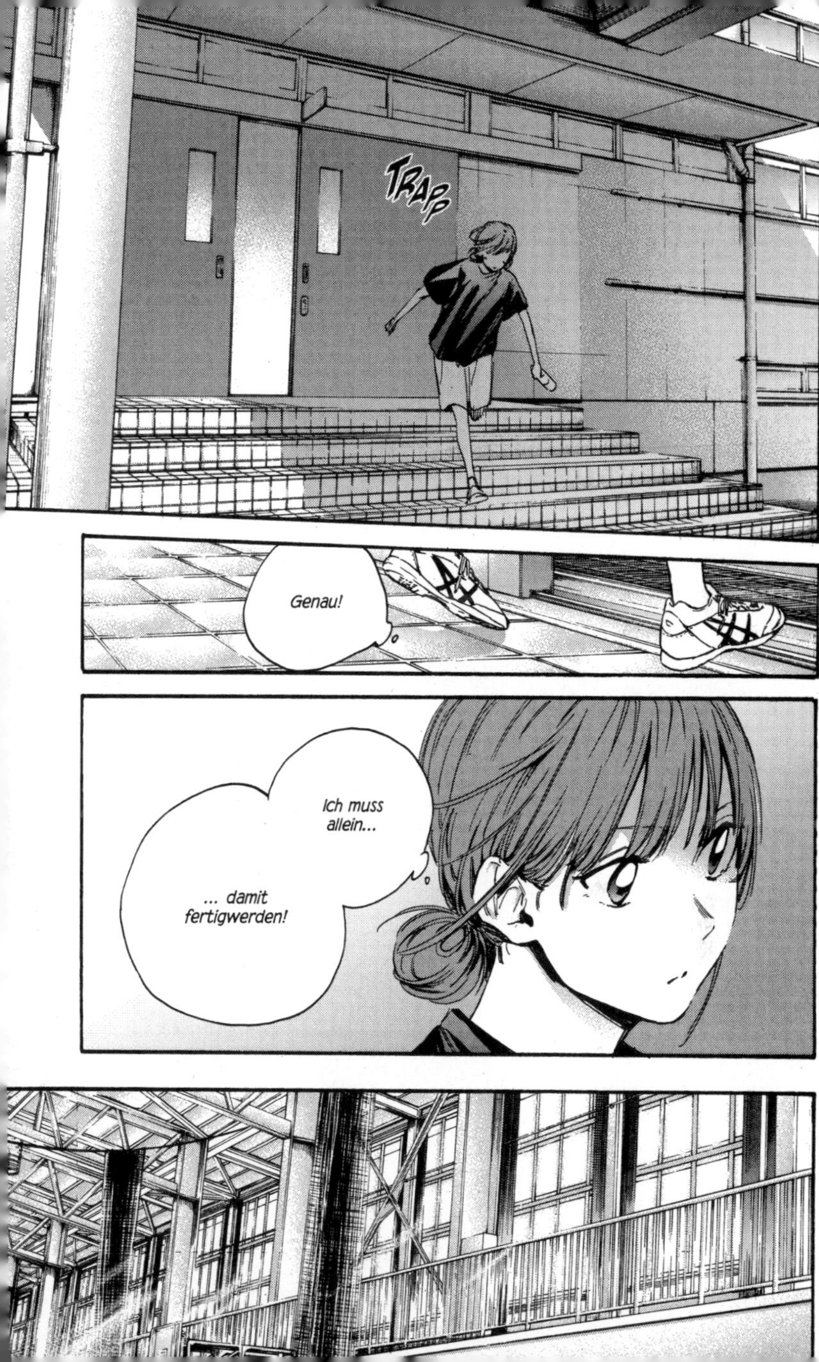
TRAPP
Genau!
Ich muss allein...
... damit fertigwerden!

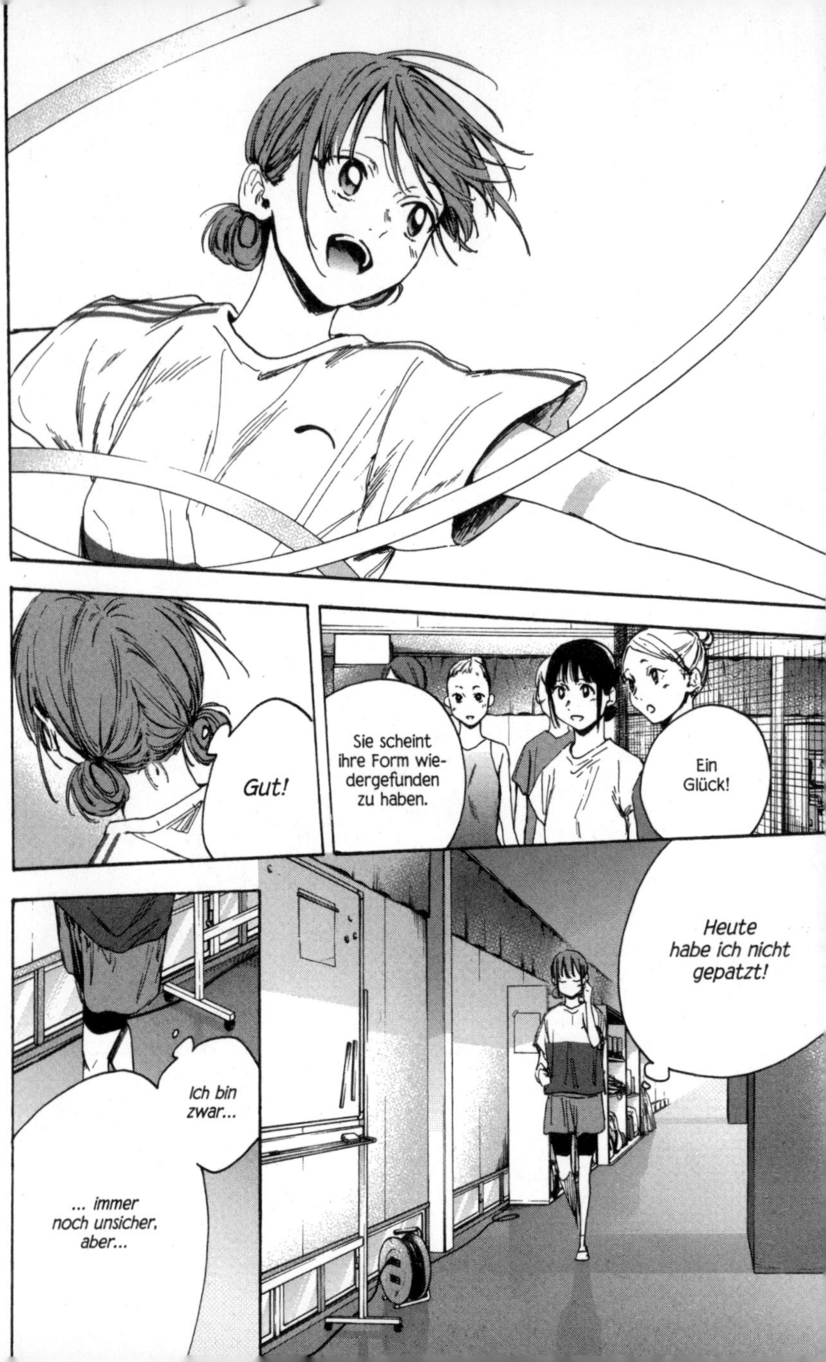
Ein Glück!
Sie scheint ihre Form wiedergefunden zu haben.
Gut!
Heute habe ich nicht gepatzt!
Ich bin zwar...
... immer noch unsicher, aber...

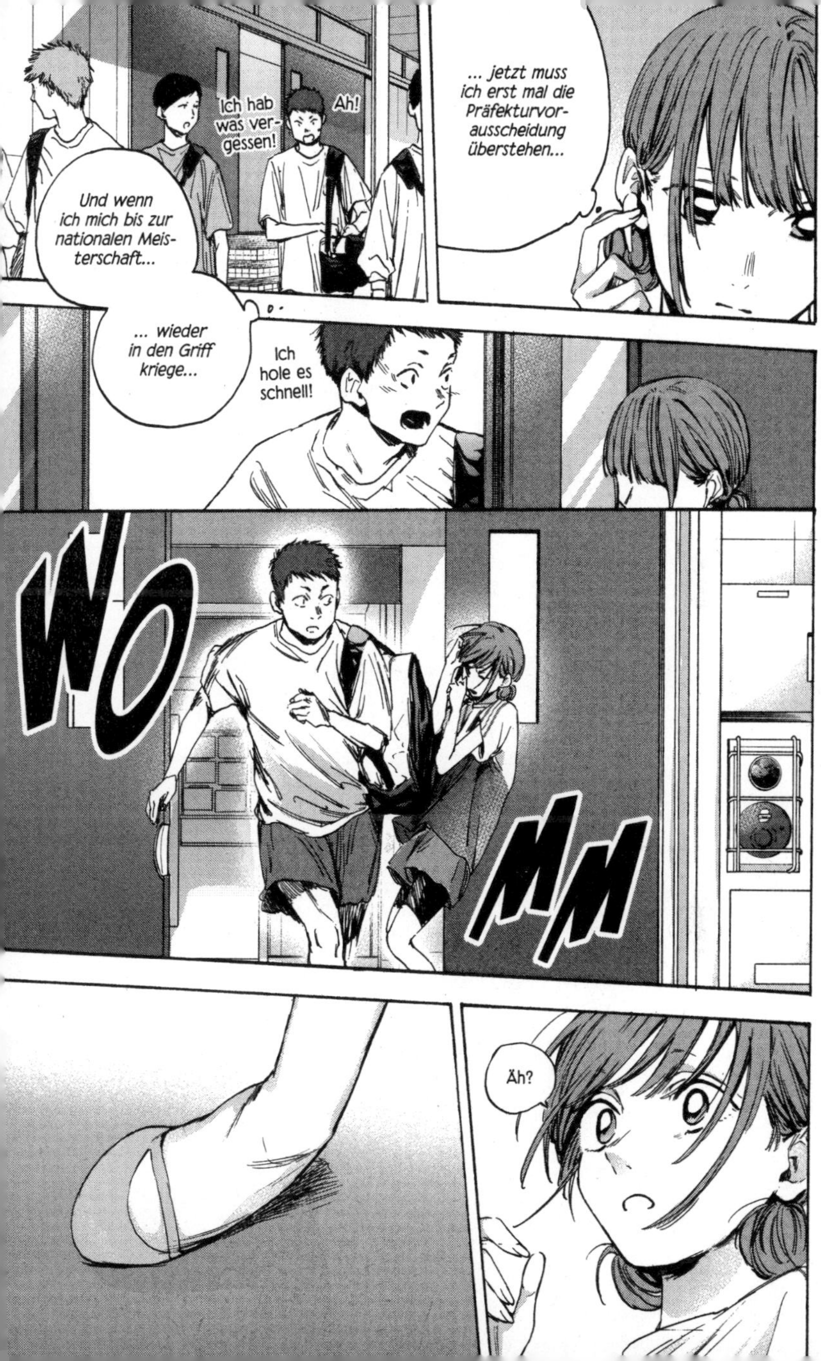
... jetzt muss ich erst mal die Präfekturvorausscheidung überstehen...
Ah!
Ich hab was vergessen!
Und wenn ich mich bis zur nationalen Meisterschaft...
... wieder in den Griff kriege...
Ich hole es schnell!
WOMM
Äh?

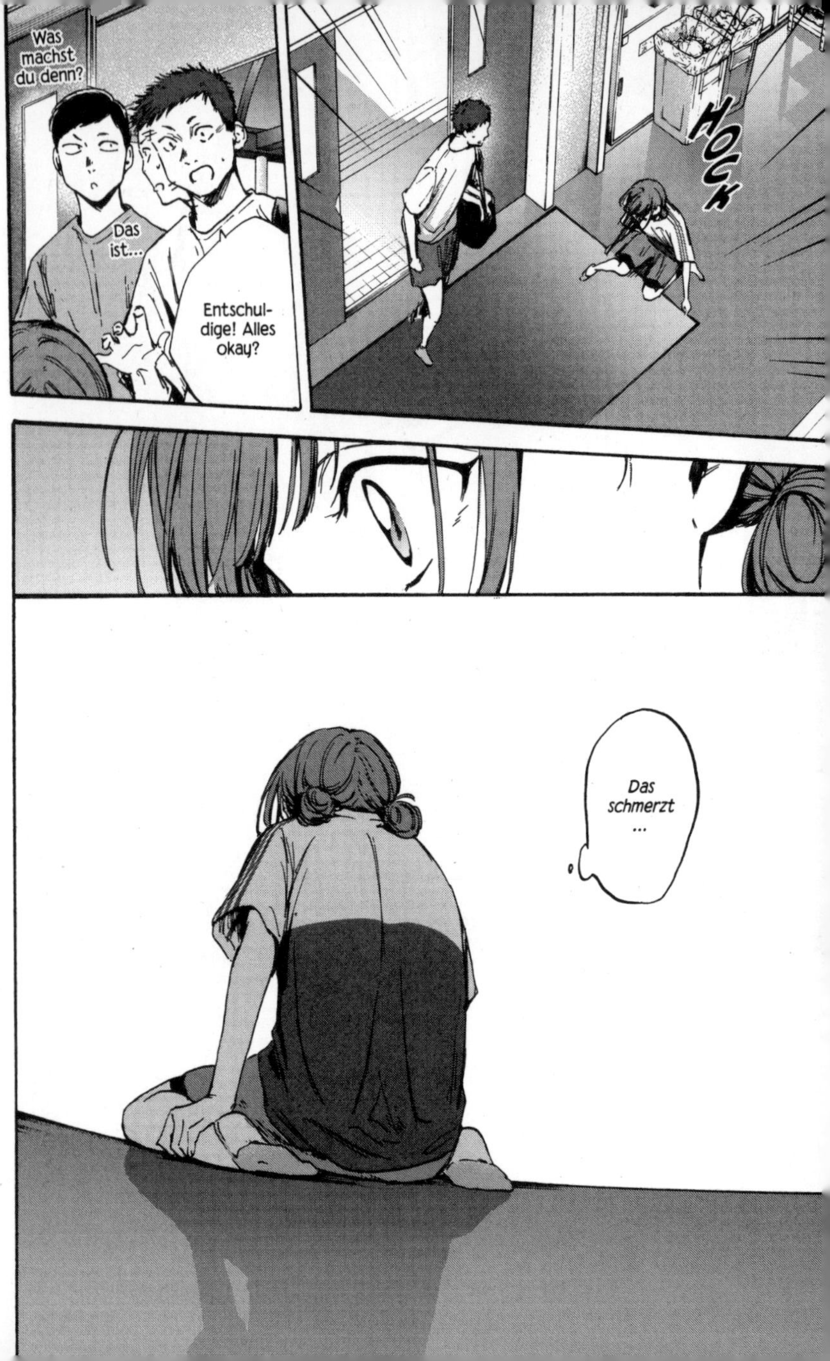
HOCK
Was machst du denn?
Das ist...
Entschuldige! Alles okay?
Das schmerzt ...

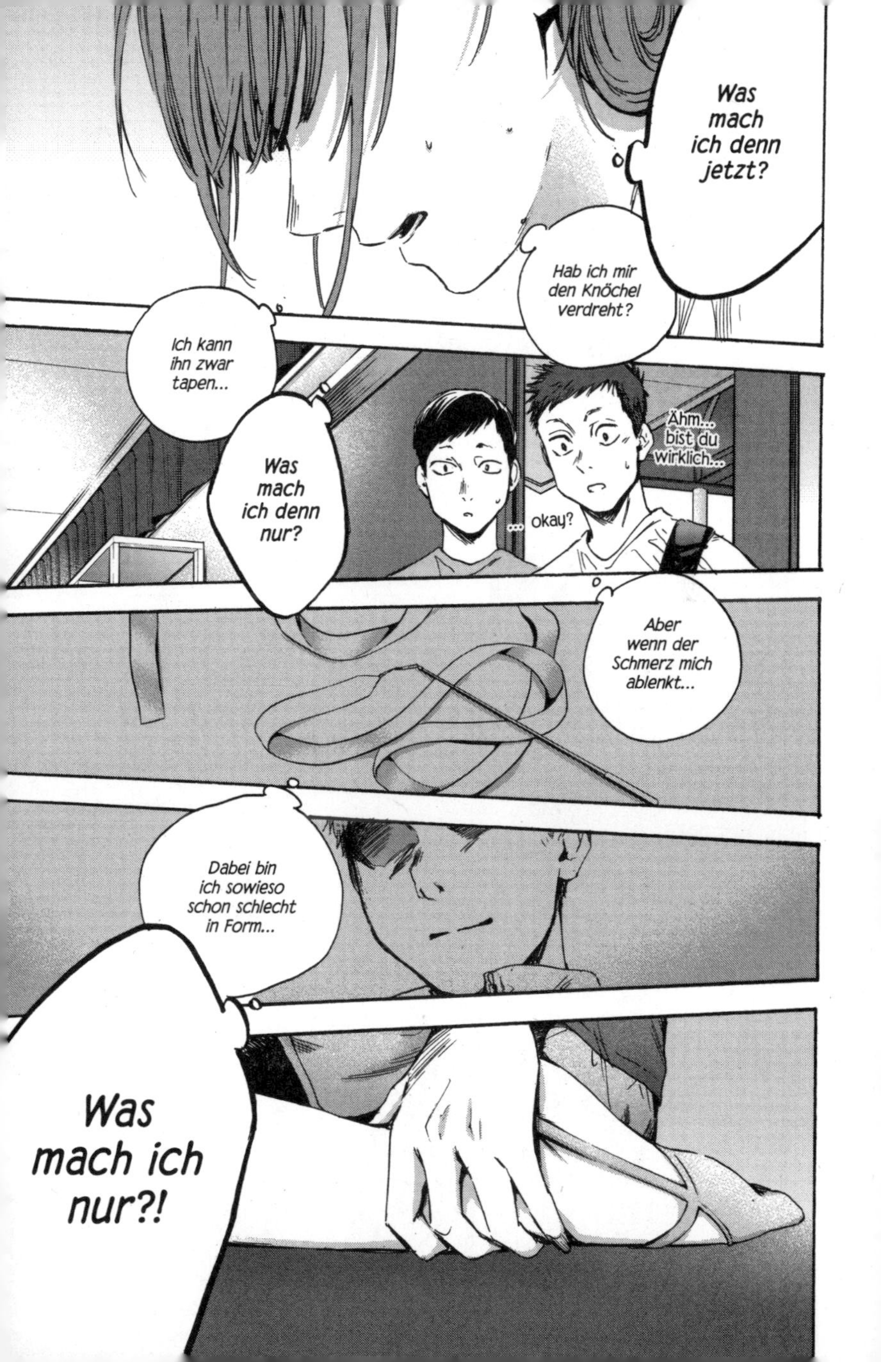
Was mach ich denn jetzt?
Hab ich mir den Knöchel verdreht?
Ich kann ihn zwar tapen...
Was mach ich denn nur?
Ähm... bist du wirklich...
... okay?
Aber wenn der Schmerz mich ablenkt...
Dabei bin ich sowieso schon schlecht in Form...
Was mach ich nur?!

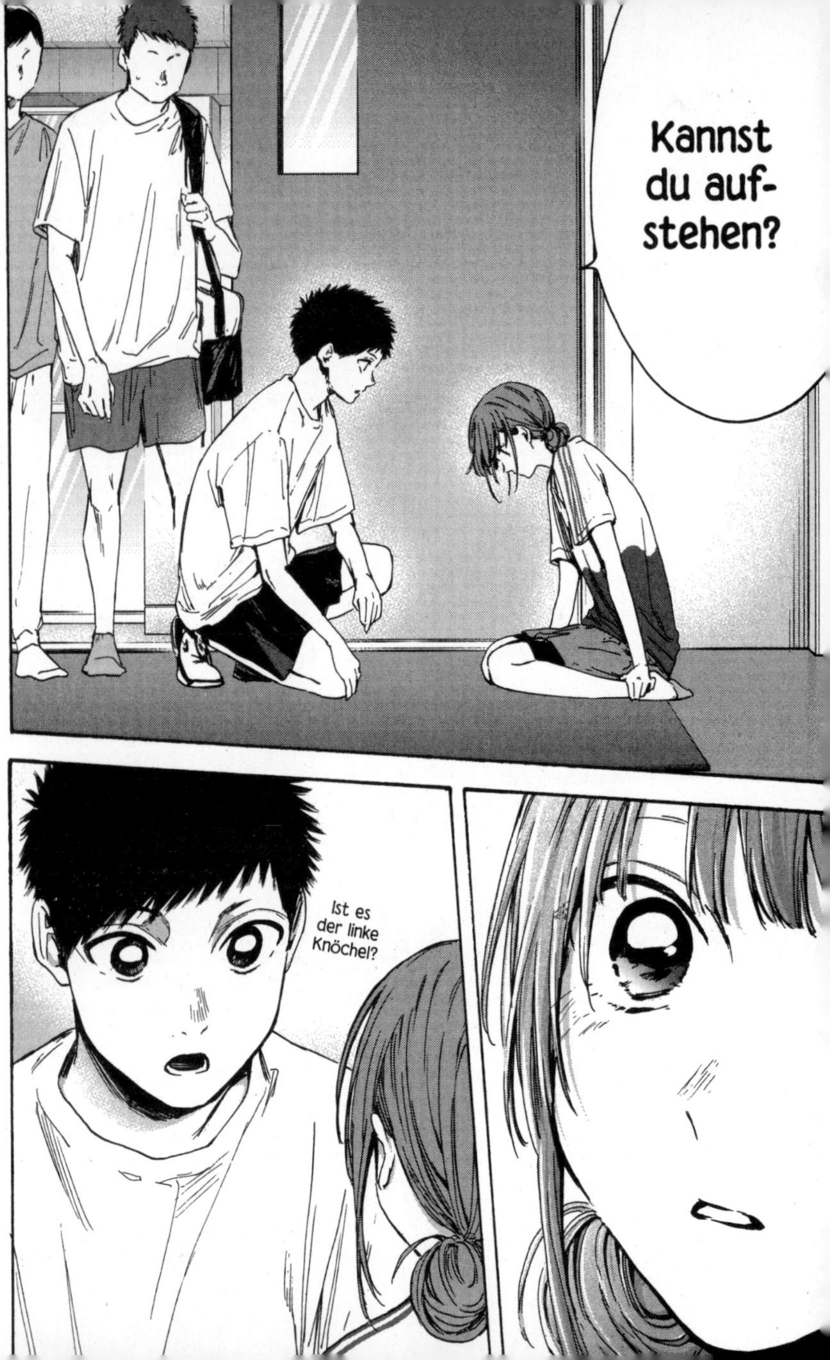
Kannst du aufstehen?
Ist es der linke Knöchel?

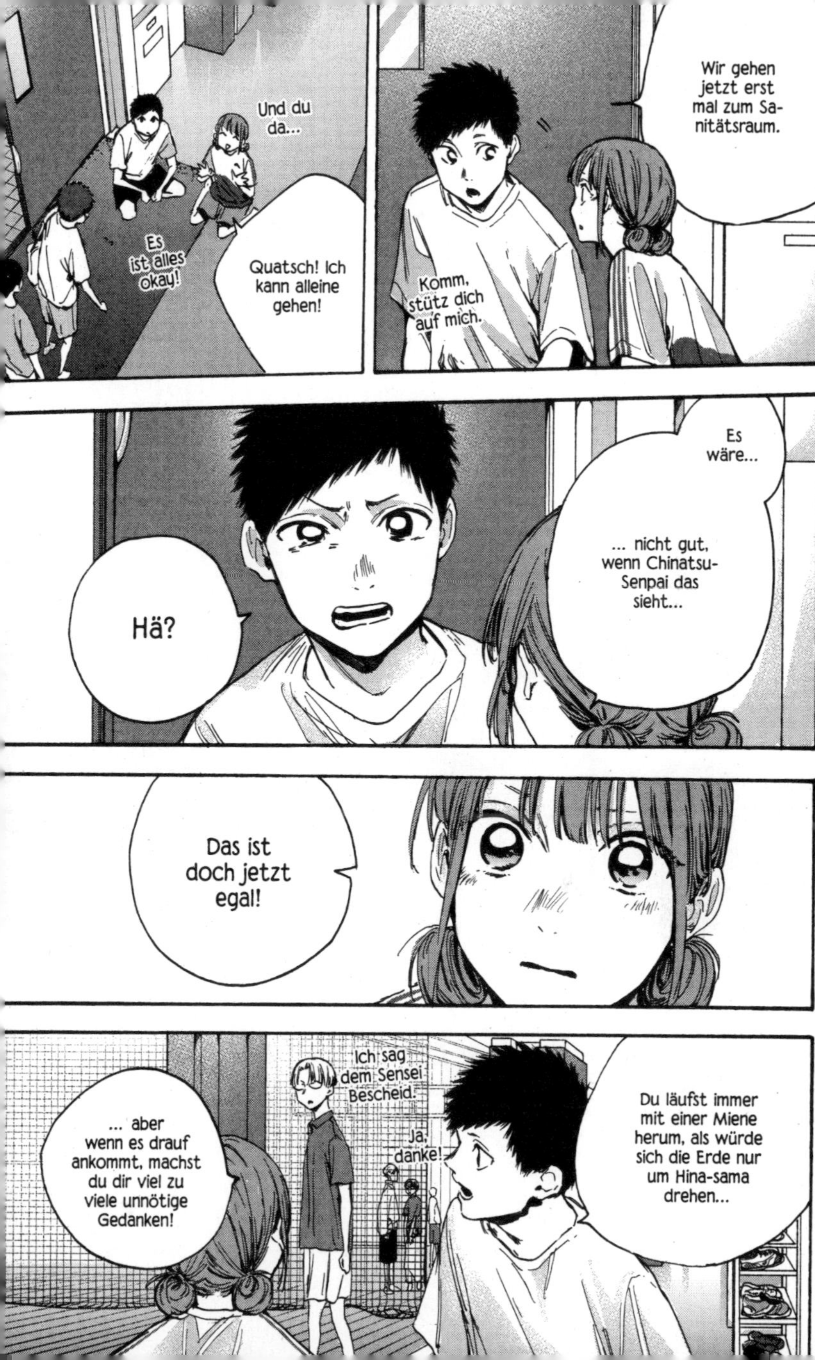
Wir gehen jetzt erst mal zum Sanitätsraum.
Komm, stütz dich auf mich.
Quatsch! Ich kann alleine gehen!
Und du da...
Es ist alles okay!
Es wäre...
... nicht gut, wenn Chinatsu-Senpai das sieht...
Hä?
Das ist doch jetzt egal!
Du läufst immer mit einer Miene herum, als würde sich die Erde nur um Hina-sama drehen...
Ich sag dem Sensei Bescheid.
Ja, danke!
... aber wenn es drauf ankommt, machst du dir viel zu viele unnötige Gedanken!

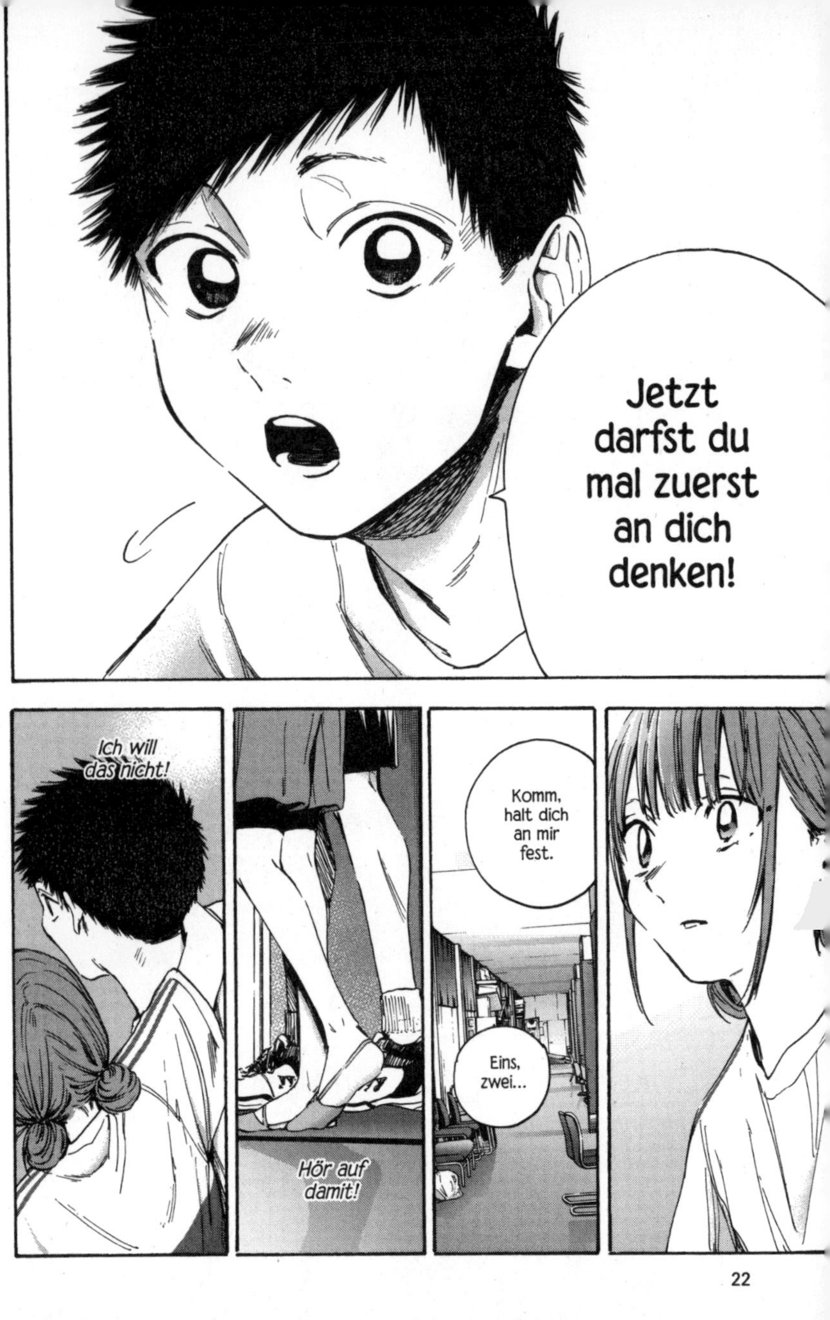
Jetzt darfst du mal zuerst an dich denken!
Komm, halt dich an mir fest.
Eins, zwei...
Hör auf damit!
Ich will das nicht!

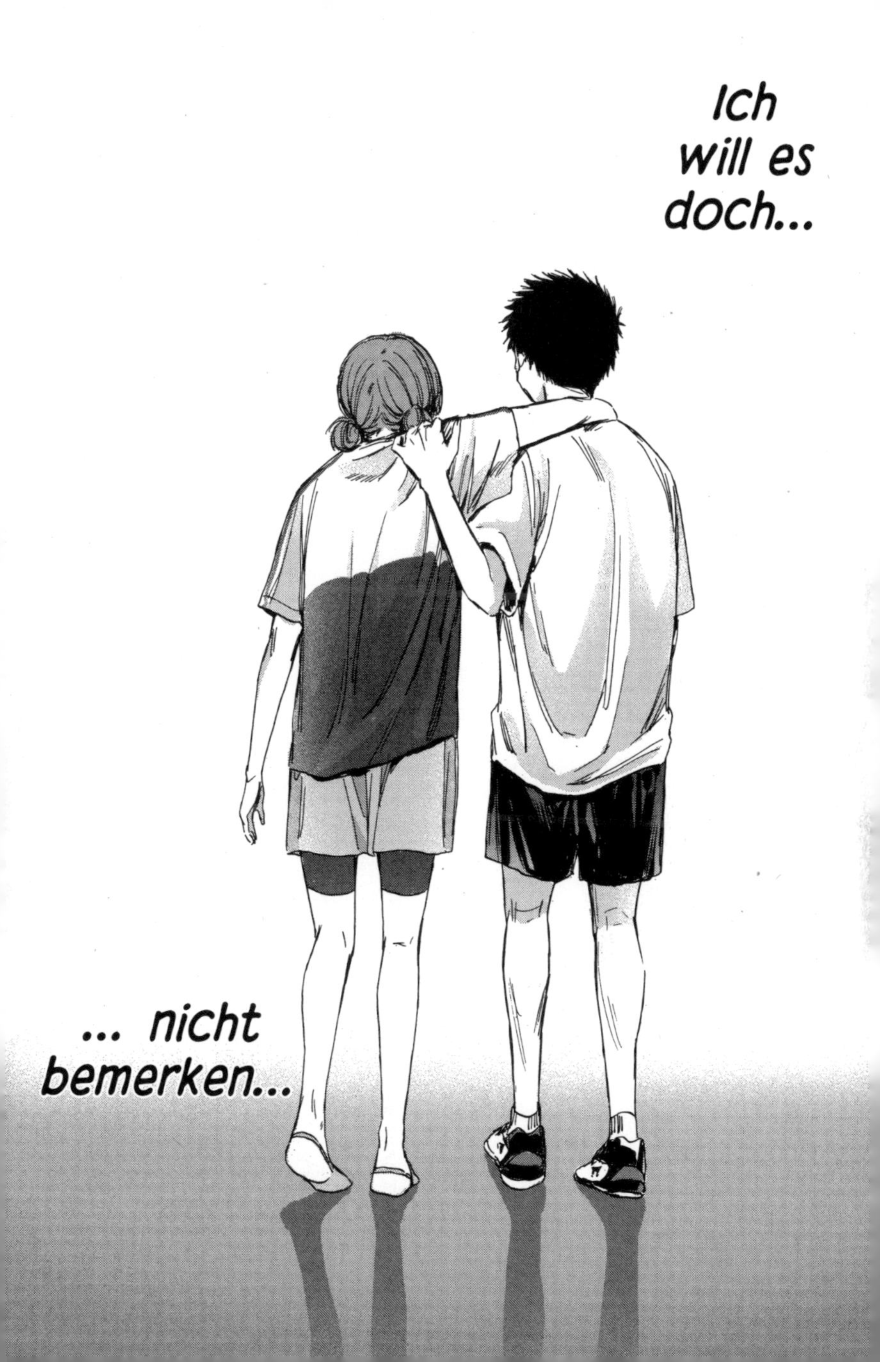
Ich will es doch...
... nicht bemerken...

Band 3 beginnt

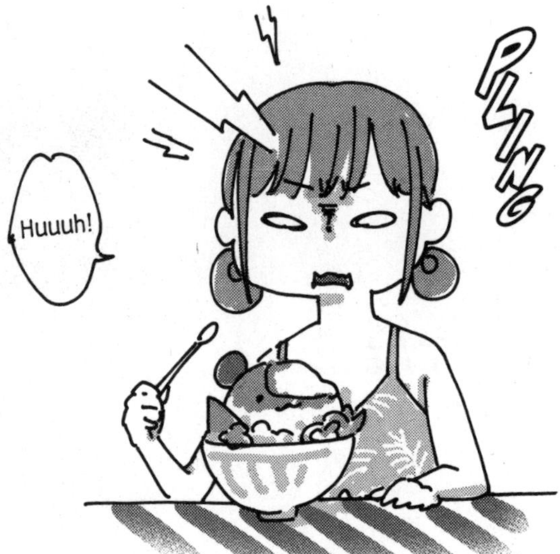

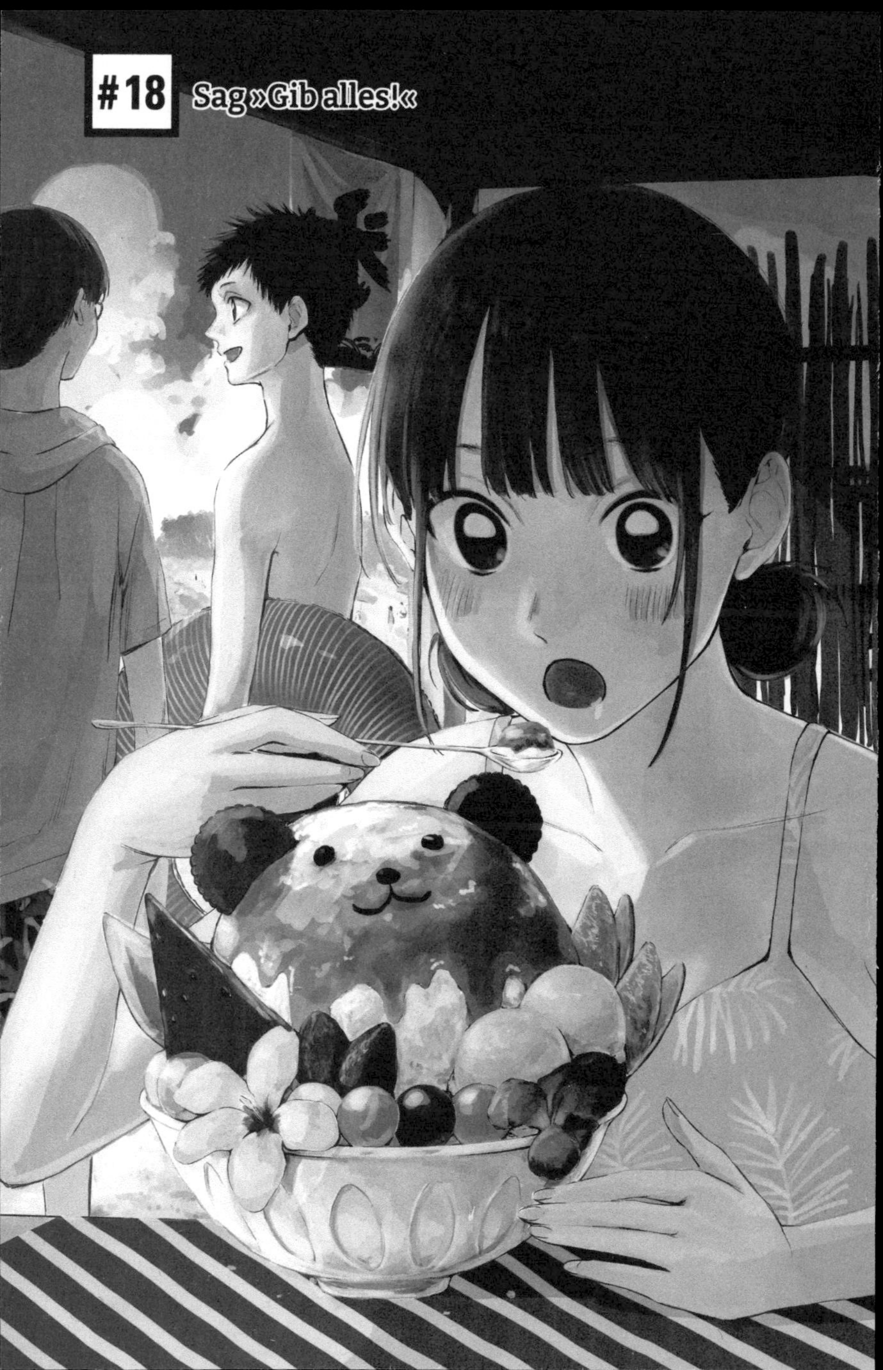
#18
Sag »Gib alles!«

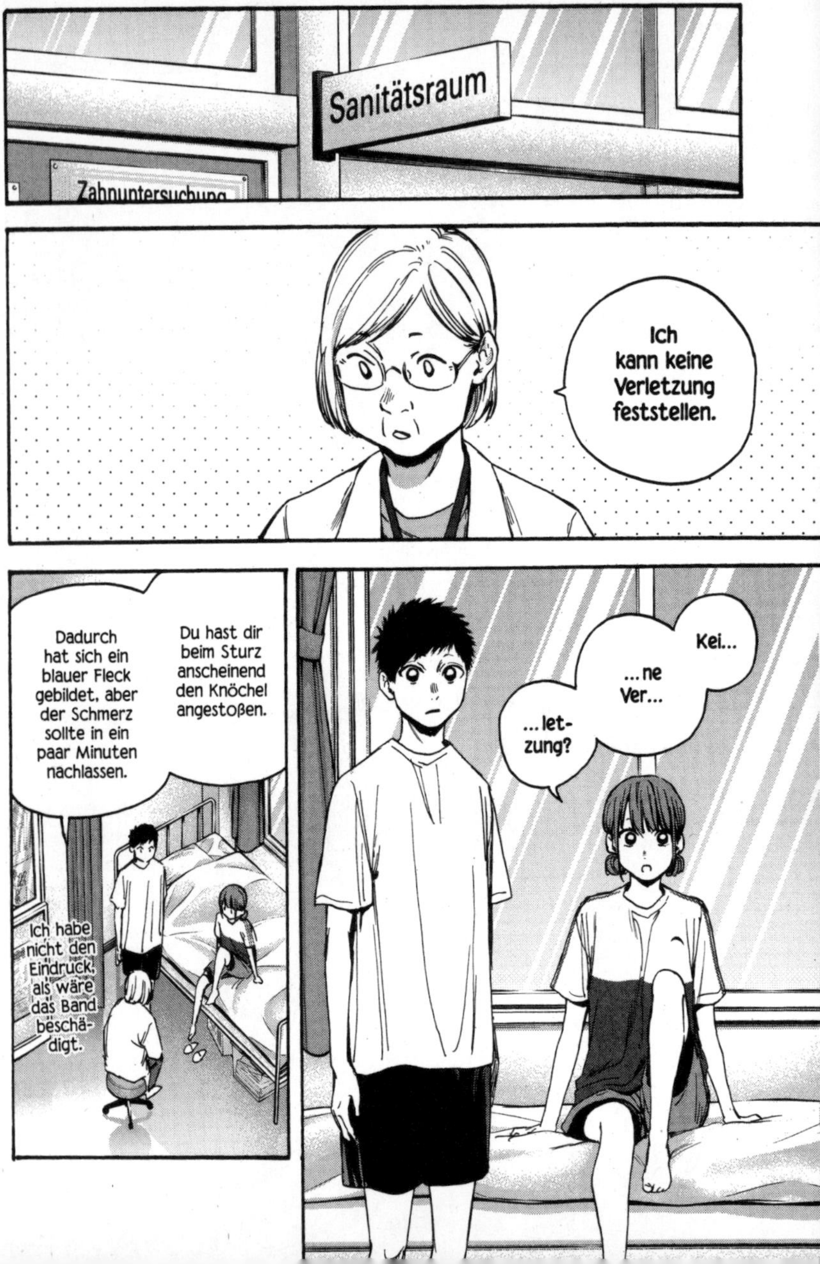
Sanitätsraum
Zahnuntersuchung
Ich kann keine Verletzung feststellen.
Kei...
... ne Ver...
... let-zung?
Du hast dir beim Sturz anscheinend den Knöchel angestoßen.
Dadurch hat sich ein blauer Fleck gebildet, aber der Schmerz sollte in ein paar Minuten nachlassen.
Ich habe nicht den Eindruck, als wäre das Band beschädigt.

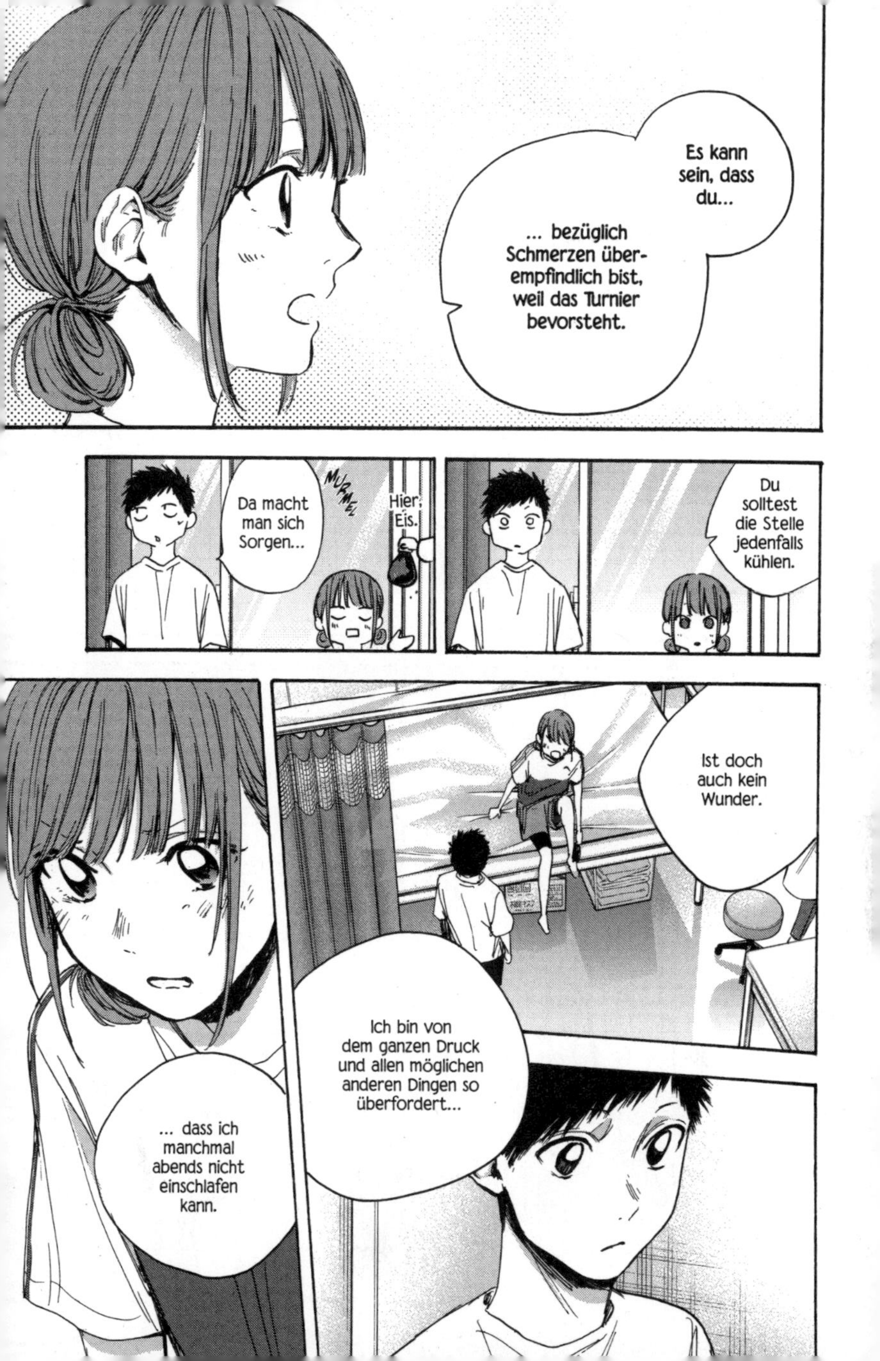
Es kann sein, dass du...
... bezüglich Schmerzen über-empfindlich bist, weil das Turnier bevorsteht.
Du solltest die Stelle jedenfalls kühlen.
Hier, Eis.
MURMEL
Da macht man sich Sorgen...
Ist doch auch kein Wunder.
Ich bin von dem ganzen Druck und allen möglichen anderen Dingen so überfordert...
... dass ich manchmal abends nicht einschlafen kann.

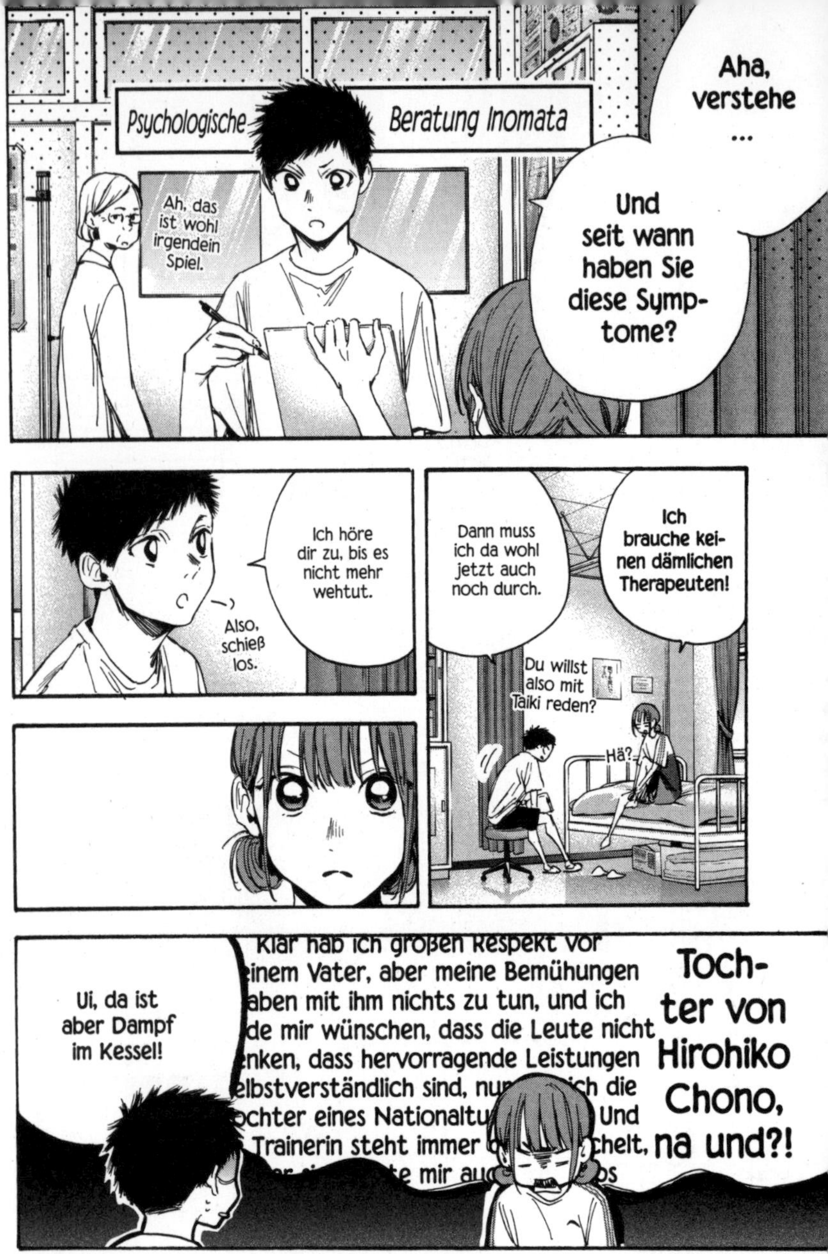
Aha, verstehe ...
Psychologische Beratung Inomata
Und seit wann haben Sie diese Symptome?
Ah, das ist wohl irgendein Spiel.
Ich brauche keinen dämlichen Therapeuten!
Dann muss ich da wohl jetzt auch noch durch.
Du willst also mit Taiki reden?
Hä?
Ich höre dir zu, bis es nicht mehr wehtut.
Also, schieß los.
Tochter von Hirohiko Chono, na und?!
Klar hab ich großen Respekt vor
Vater, aber meine Bemühungen
mit ihm nichts zu tun, und ich
mir wünschen, dass die Leute nicht
dass hervorragende Leistungen
sind,
Trainerin steht immer
Ui, da ist aber Dampf im Kessel!

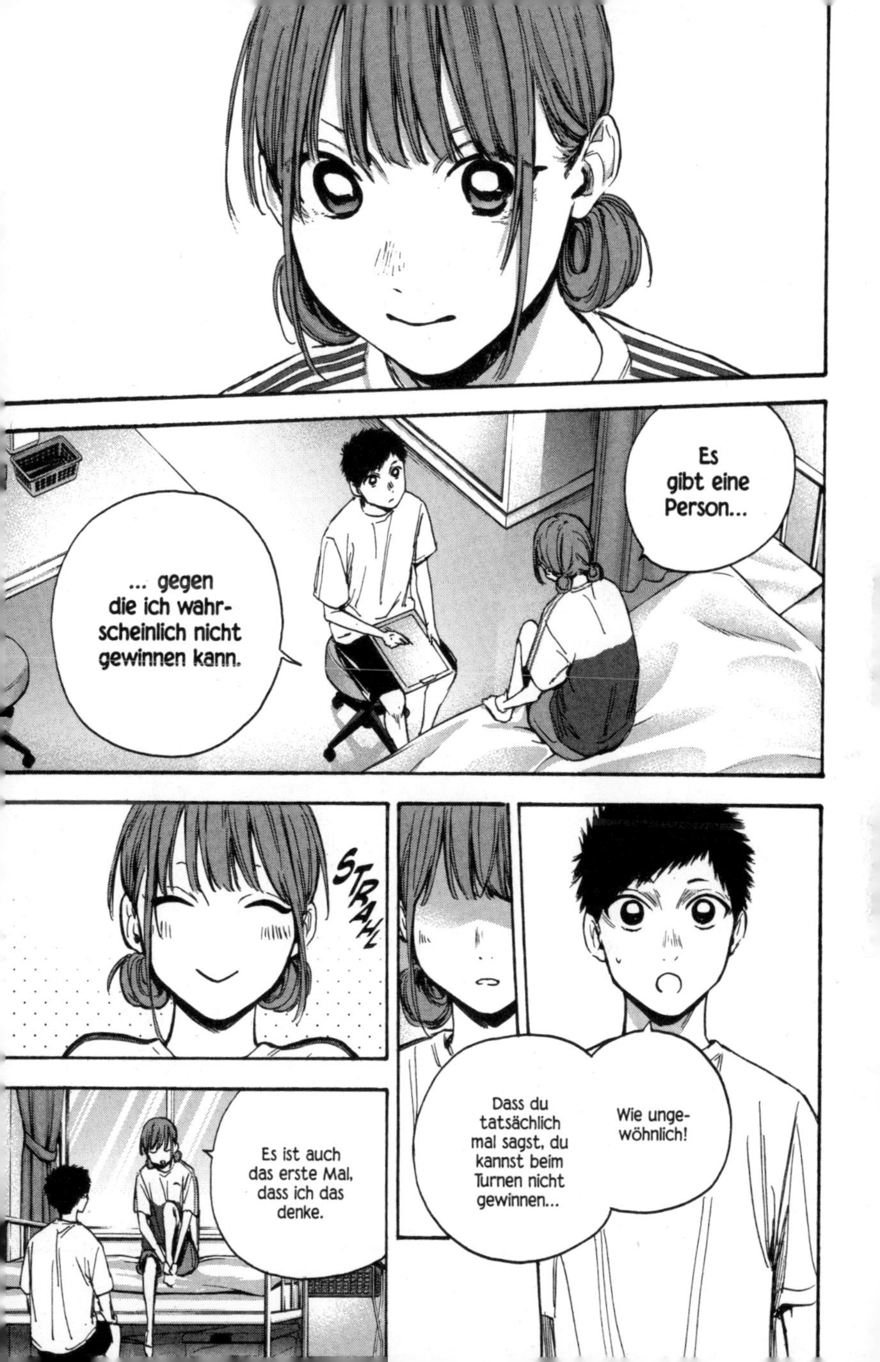
Es gibt eine Person...
... gegen die ich wahrscheinlich nicht gewinnen kann.
STRAHL
Wie ungewöhnlich!
Dass du tatsächlich mal sagst, du kannst beim Turnen nicht gewinnen...
Es ist auch das erste Mal, dass ich das denke.

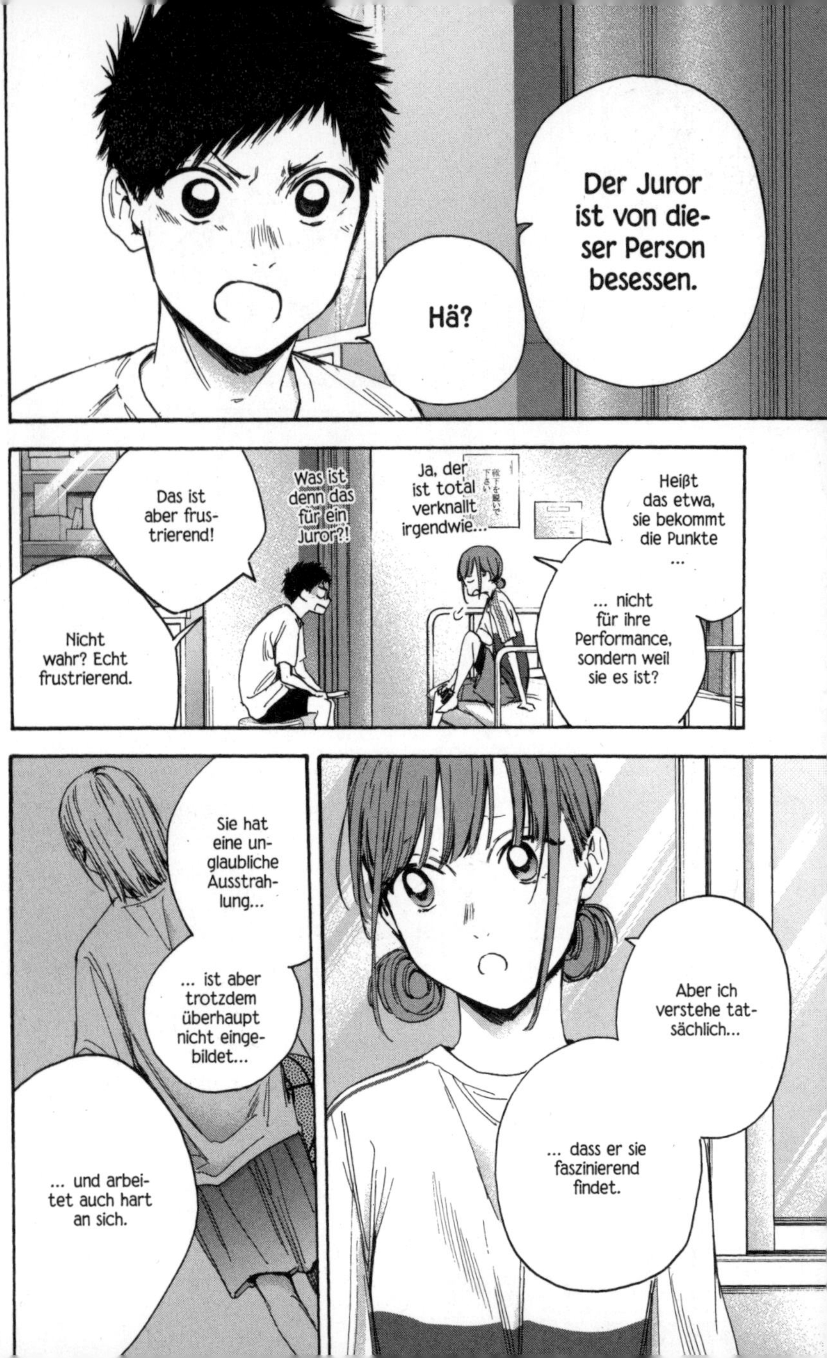
Der Juror ist von dieser Person besessen.
Hä?
Heißt das etwa, sie bekommt die Punkte ...
... nicht für ihre Performance, sondern weil sie es ist?
Ja, der ist total verknallt irgendwie...
Was ist denn das für ein Juror?!
Das ist aber frustrierend!
Nicht wahr? Echt frustrierend.
Aber ich verstehe tatsächlich...
... dass er sie faszinierend findet.
Sie hat eine unglaubliche Ausstrahlung...
... ist aber trotzdem überhaupt nicht eingebildet...
... und arbeitet auch hart an sich.

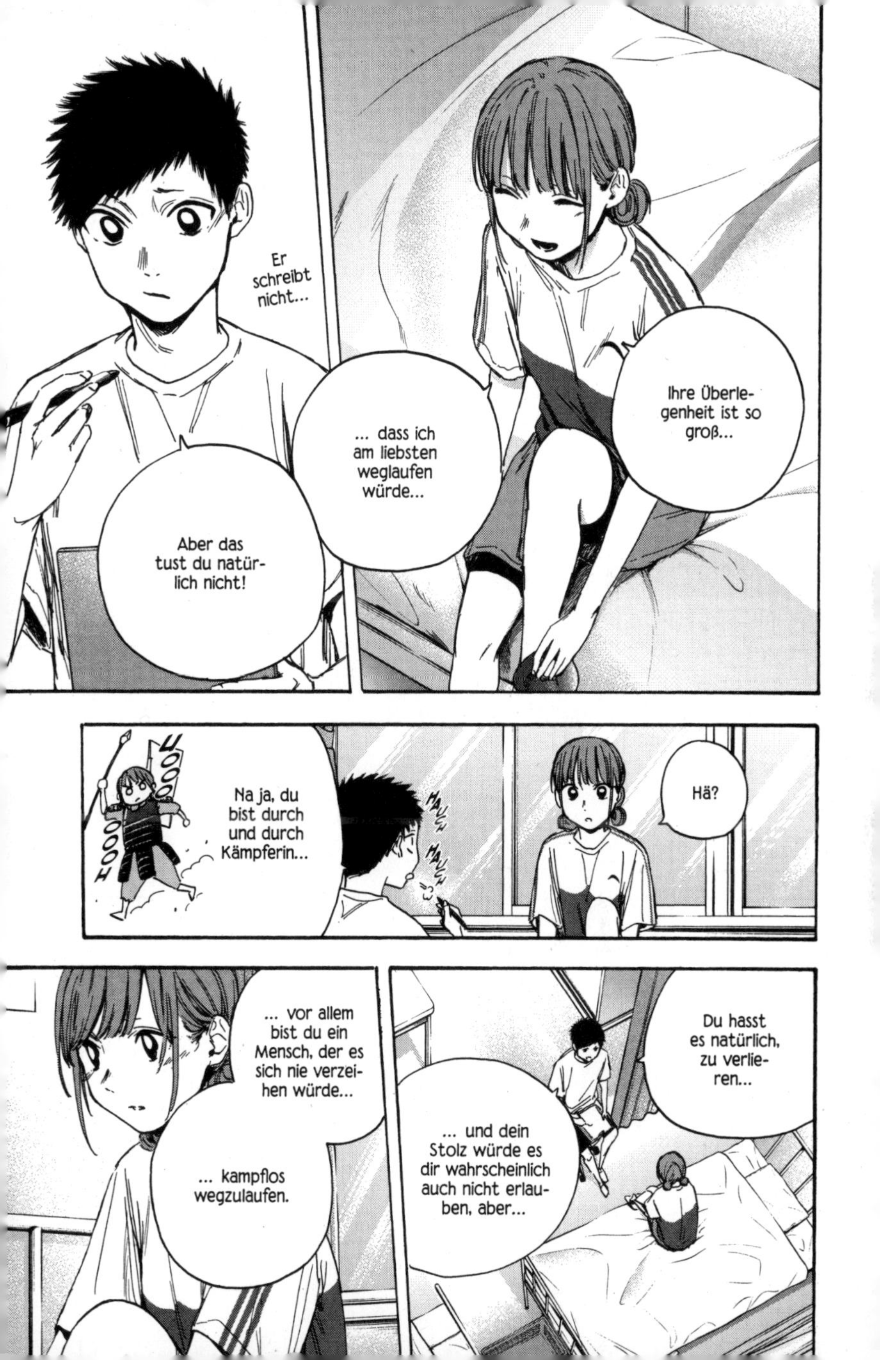
Ihre Überlegenheit ist so groß...
... dass ich am liebsten weglaufen würde...
Er schreibt nicht...
Aber das tust du natürlich nicht!
Hä?
HAUCH HAUCH
Na ja, du bist durch und durch Kämpferin...
Du hasst es natürlich, zu verlieren...
... und dein Stolz würde es dir wahrscheinlich auch nicht erlauben, aber...
... vor allem bist du ein Mensch, der es sich nie verzeihen würde...
... kampflos wegzulaufen.

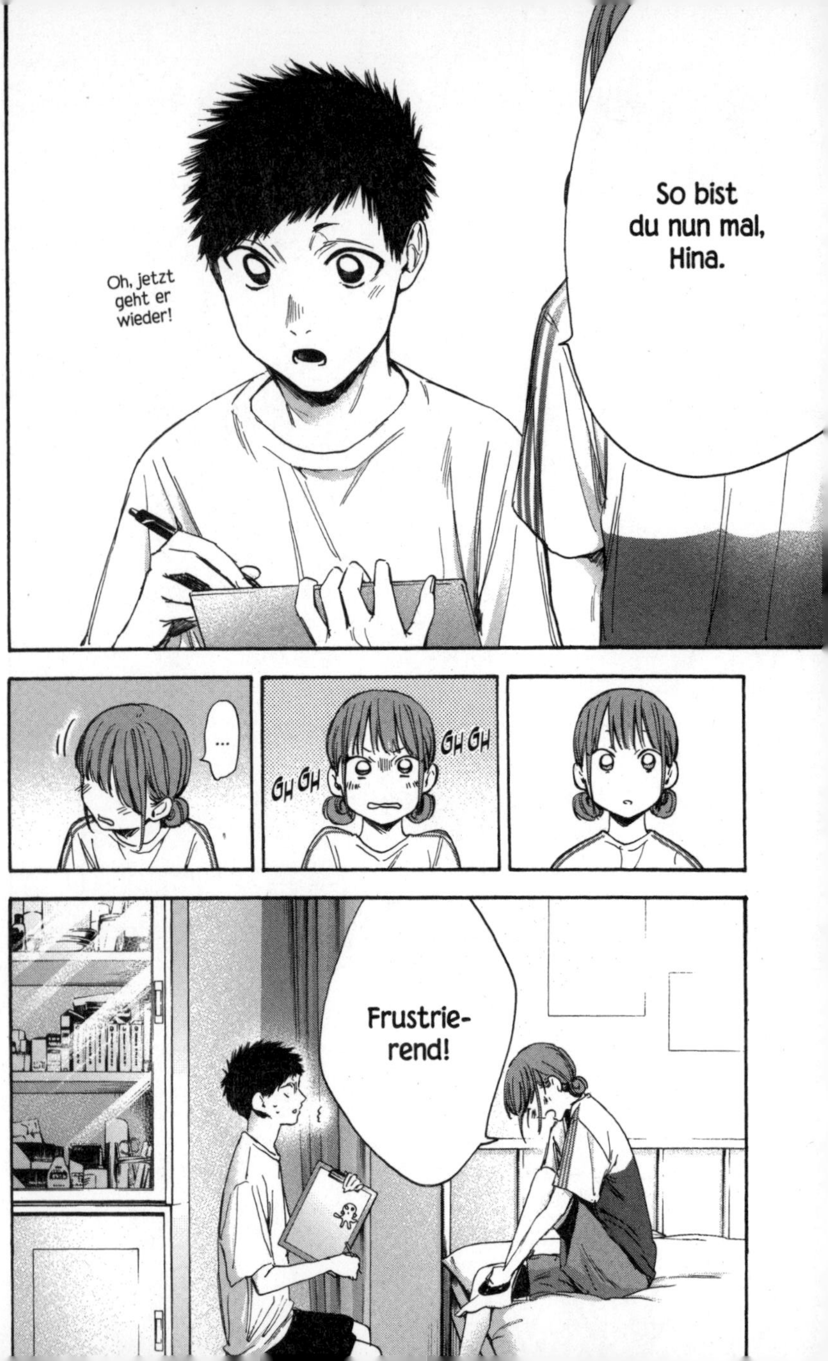
So bist du nun mal, Hina.
Oh, jetzt geht er wieder!
...
GH GH
GH GH
Frustrie-rend!

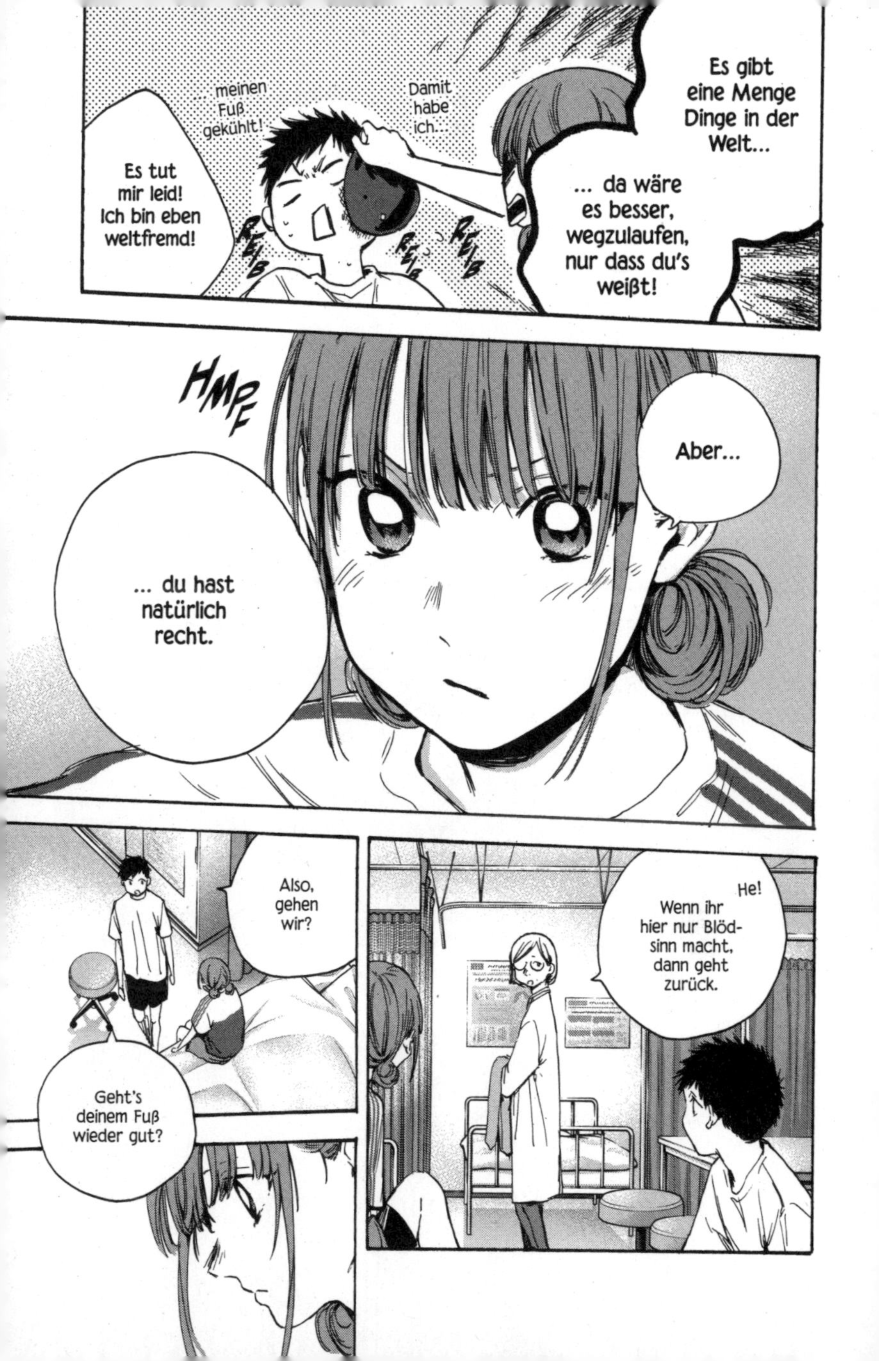
Es gibt eine Menge Dinge in der Welt...
... da wäre es besser, wegzulaufen, nur dass du's weißt!
Damit habe ich...
... meinen Fuß gekühlt!
REIB
REIB
REIB
Es tut mir leid! Ich bin eben weltfremd!
Aber...
HMPF
... du hast natürlich recht.
He! Wenn ihr hier nur Blödsinn macht, dann geht zurück.
Also, gehen wir?
Geht's deinem Fuß wieder gut?

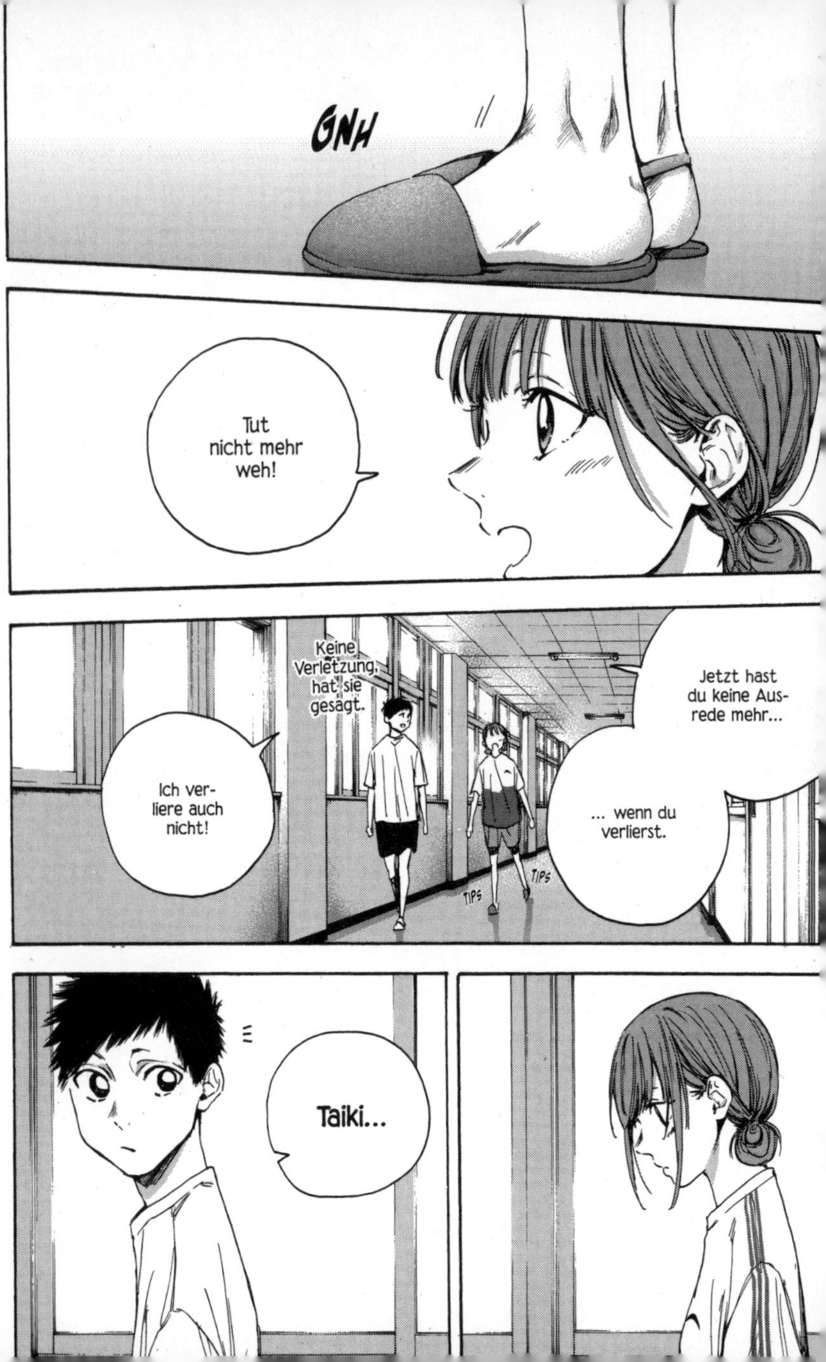
GNH
Tut nicht mehr weh!
Jetzt hast du keine Ausrede mehr...
... wenn du verlierst.
Keine Verletzung, hat sie gesagt.
Ich verliere auch nicht!
TIPS
TIPS
Taiki...

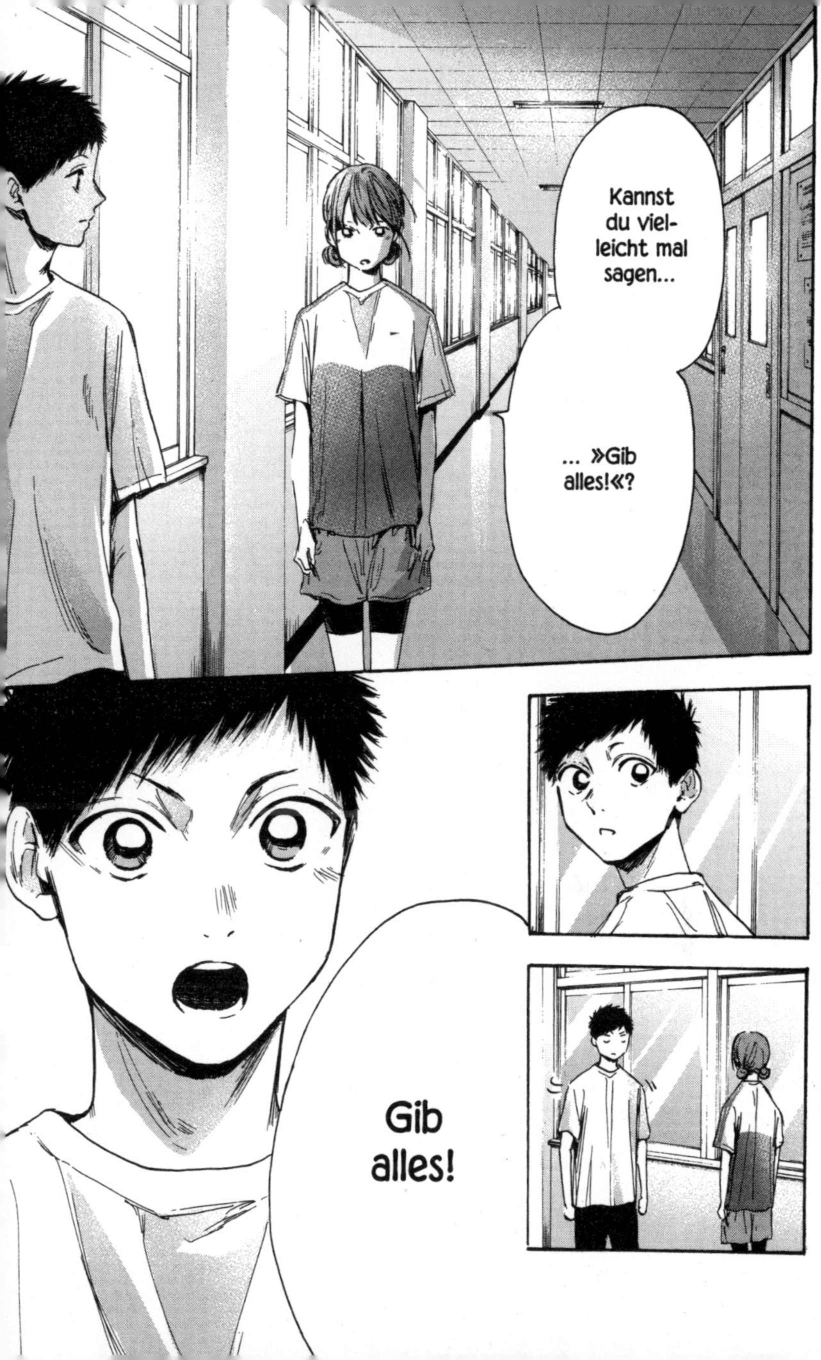
Kannst du vielleicht mal sagen...
... »Gib alles!«?
Gib alles!

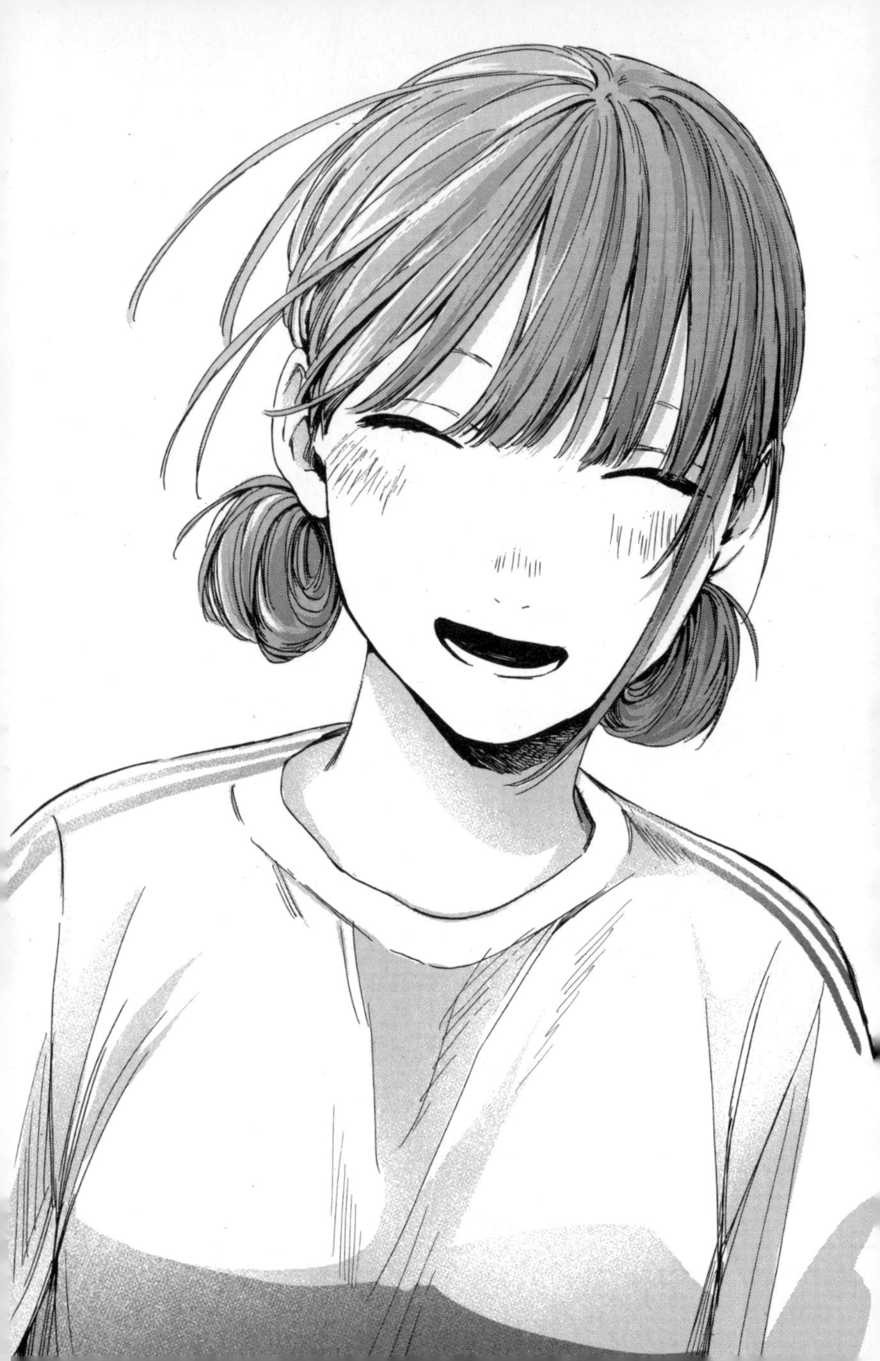

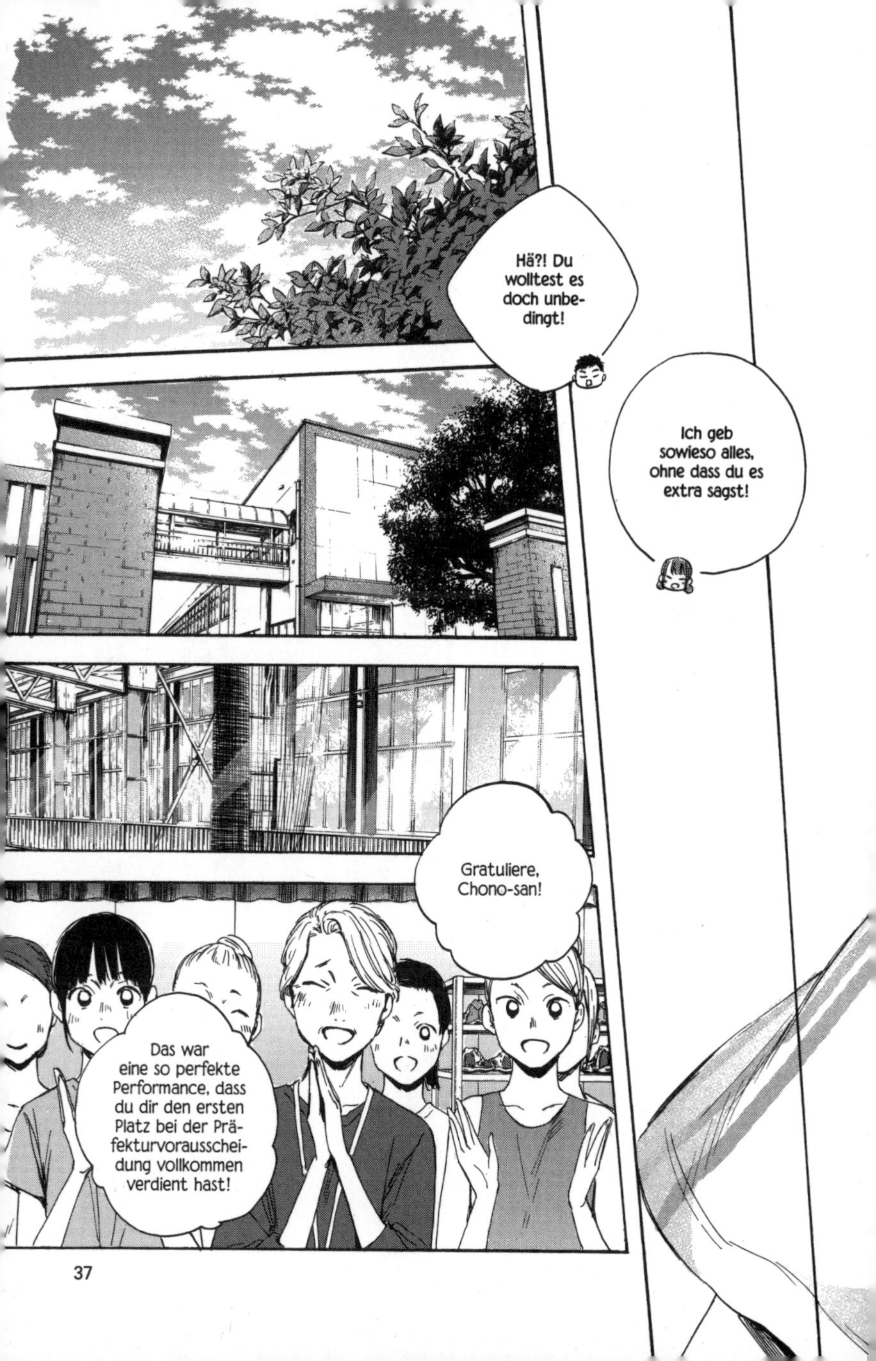
Hä?! Du wolltest es doch unbedingt!
Ich geb sowieso alles, ohne dass du es extra sagst!
Gratuliere, Chono-san!
Das war eine so perfekte Performance, dass du dir den ersten Platz bei der Präfekturvorausscheidung vollkommen verdient hast!

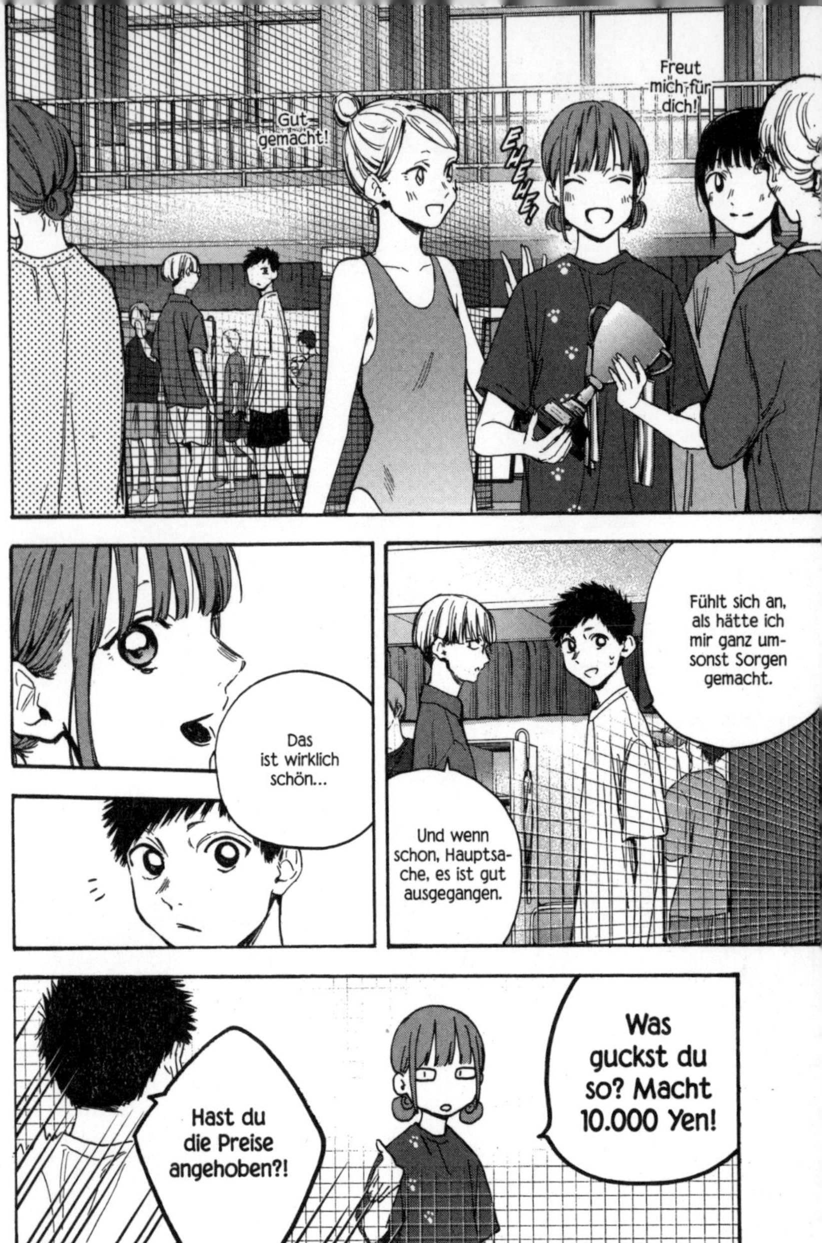
Freut mich für dich!
EHEHE
Gut gemacht!
Fühlt sich an, als hätte ich mir ganz umsonst Sorgen gemacht.
Und wenn schon, Hauptsache, es ist gut ausgegangen.
Das ist wirklich schön...
Was guckst du so? Macht 10.000 Yen!
Hast du die Preise angehoben?!

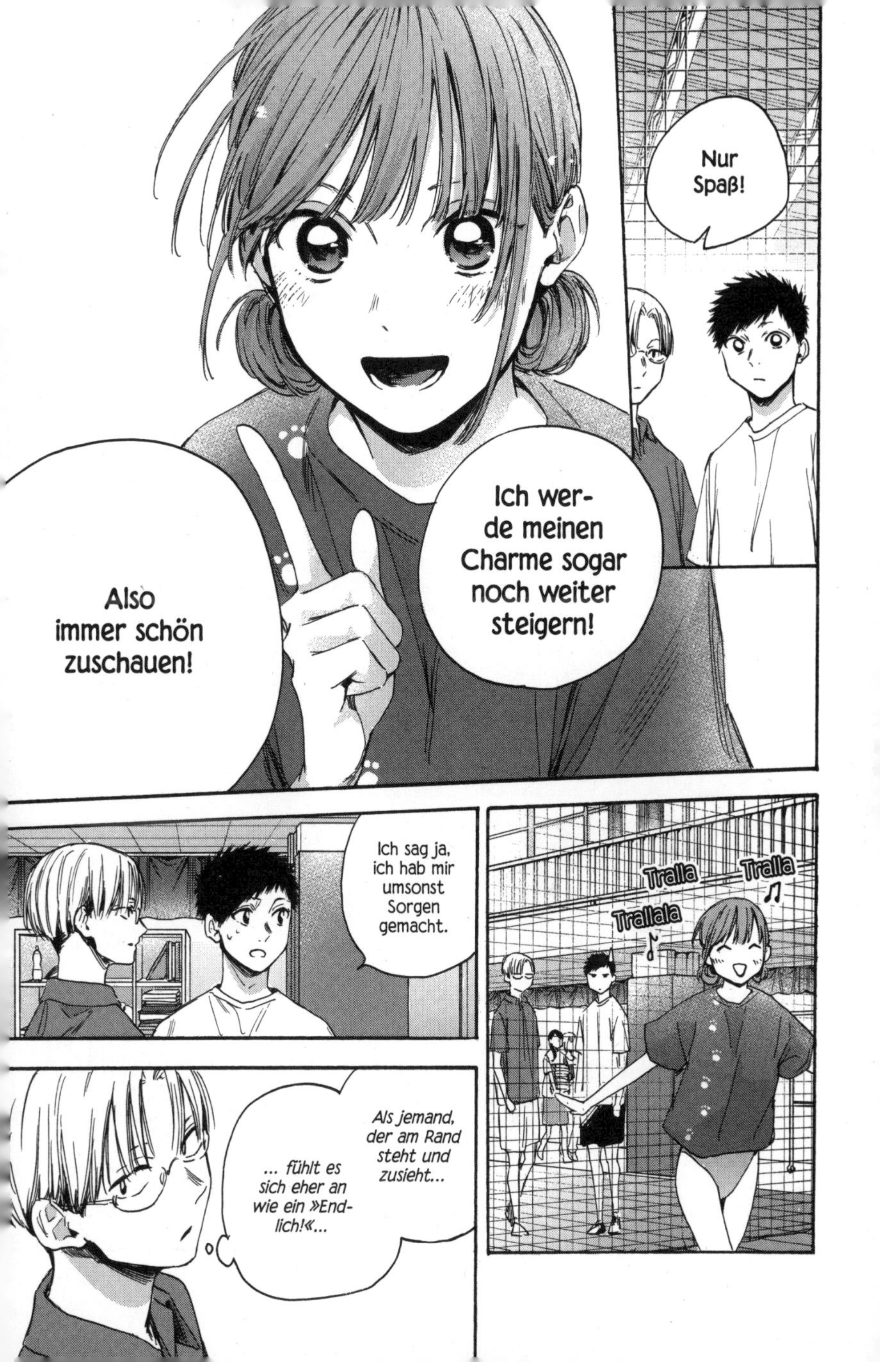
Nur Spaß!
Ich werde meinen Charme sogar noch weiter steigern!
Also immer schön zuschauen!
Tralla
Tralla
Trallala
Ich sag ja, ich hab mir umsonst Sorgen gemacht.
Als jemand, der am Rand steht und zusieht...
... fühlt es sich eher an wie ein »Endlich!«...

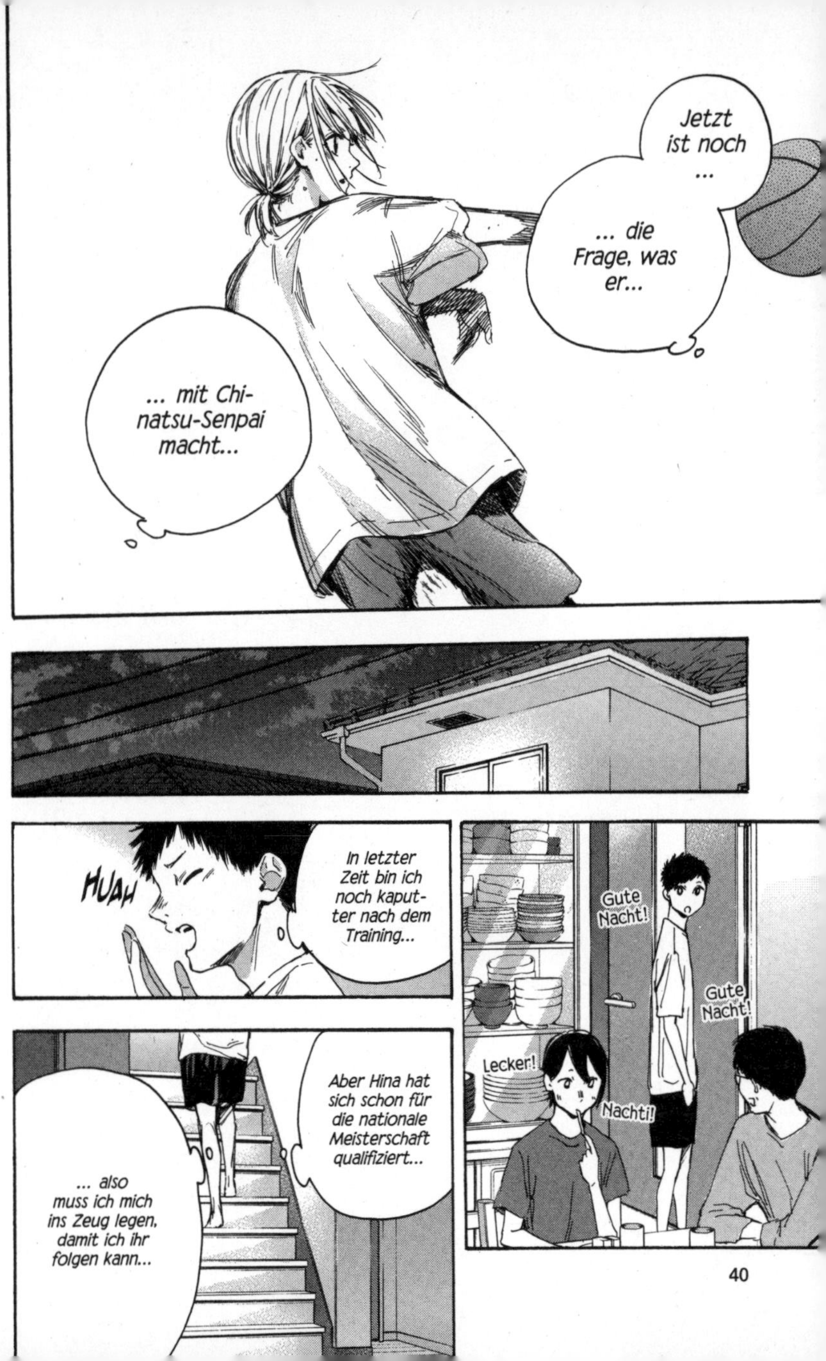
Jetzt ist noch ...
... die Frage, was er...
... mit Chi-natsu-Senpai macht...
Gute Nacht!
Gute Nacht!
Lecker!
Nachti!
HUAH
In letzter Zeit bin ich noch kaput-ter nach dem Training...
Aber Hina hat sich schon für die nationale Meisterschaft qualifiziert...
... also muss ich mich ins Zeug legen, damit ich ihr folgen kann...

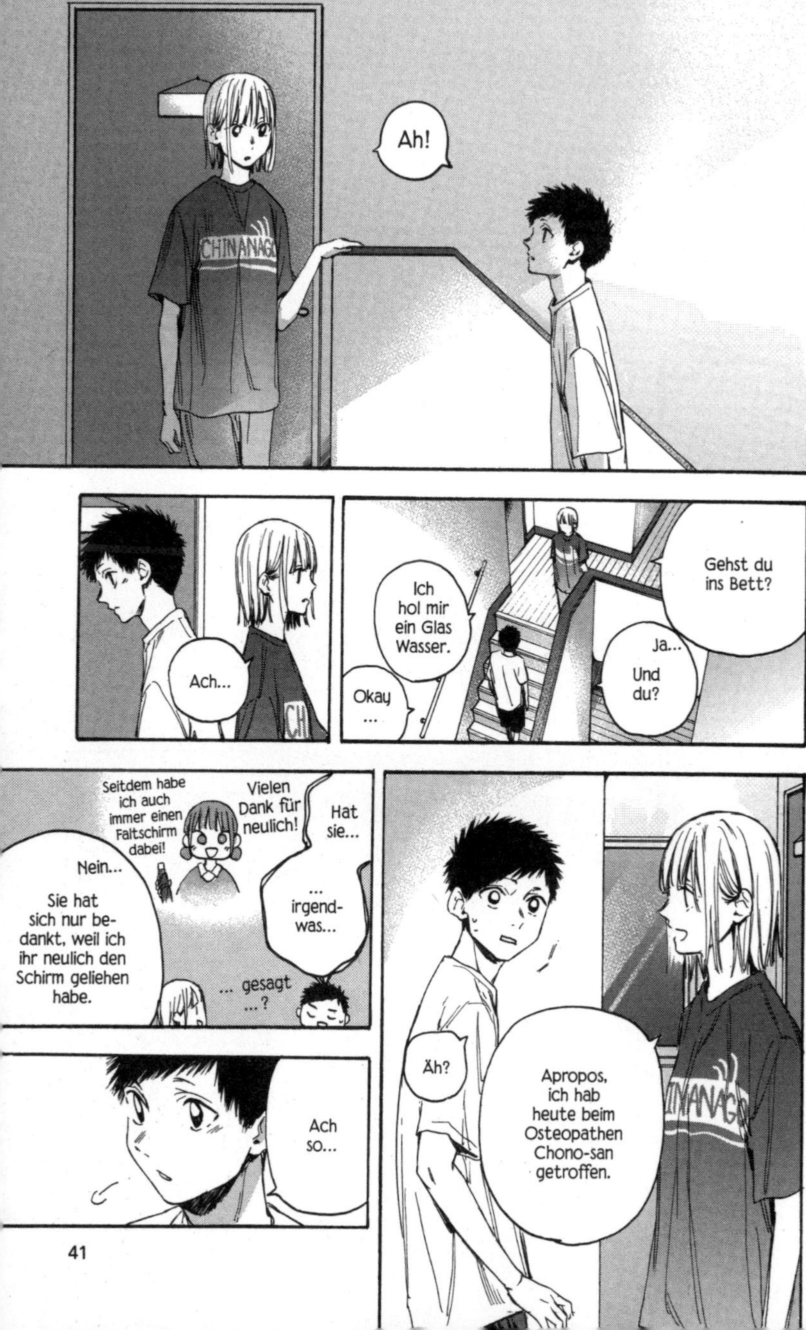
Ah!
Gehst du ins Bett?
Ja... Und du?
Ich hol mir ein Glas Wasser.
Okay ...
Ach...
Apropos, ich hab heute beim Osteopathen Chono-san getroffen.
Äh?
Hat sie...
... irgend-was...
... gesagt ...?
Vielen Dank für neulich!
Seitdem habe ich auch immer einen Faltschirm dabei!
Nein...
Sie hat sich nur be-dankt, weil ich ihr neulich den Schirm geliehen habe.
Ach so...

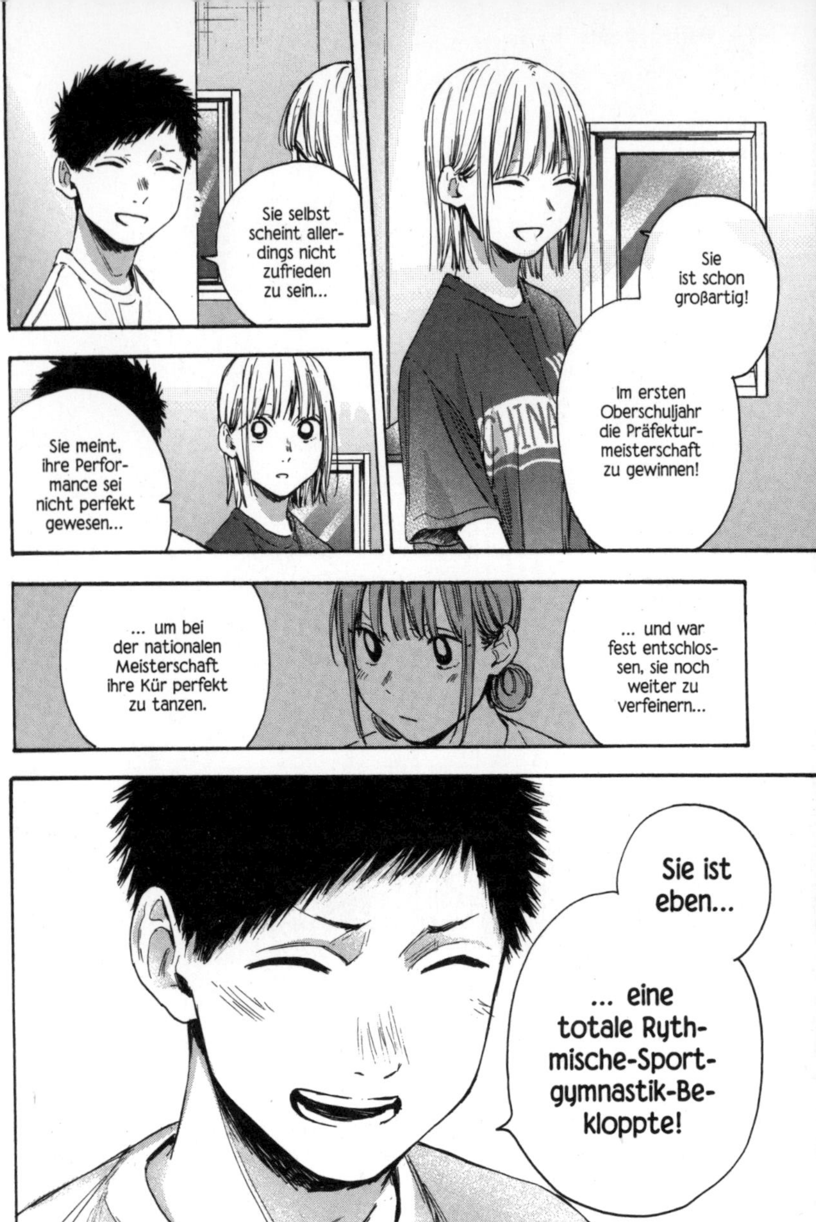
Sie ist schon großartig!
Im ersten Oberschuljahr die Präfekturmeisterschaft zu gewinnen!
Sie selbst scheint allerdings nicht zufrieden zu sein...
Sie meint, ihre Performance sei nicht perfekt gewesen...
... und war fest entschlossen, sie noch weiter zu verfeinern...
... um bei der nationalen Meisterschaft ihre Kür perfekt zu tanzen.
Sie ist eben...
... eine totale Ryth-mische-Sport-gymnastik-Be-kloppte!

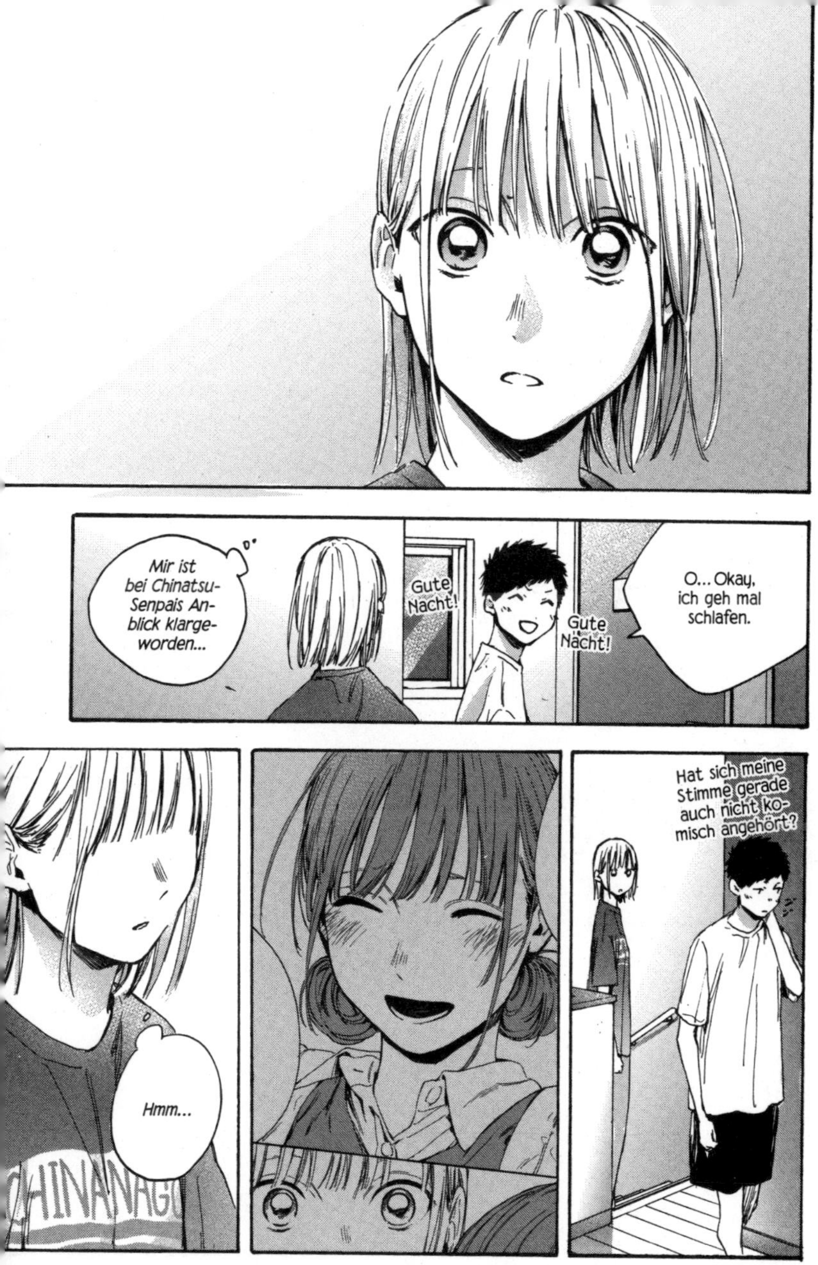
O... Okay, ich geh mal schlafen.
Gute Nacht!
Gute Nacht!
Mir ist bei Chinatsu-Senpais Anblick klargeworden...
Hat sich meine Stimme gerade auch nicht komisch angehört?
Hmm...
CHINANAGO

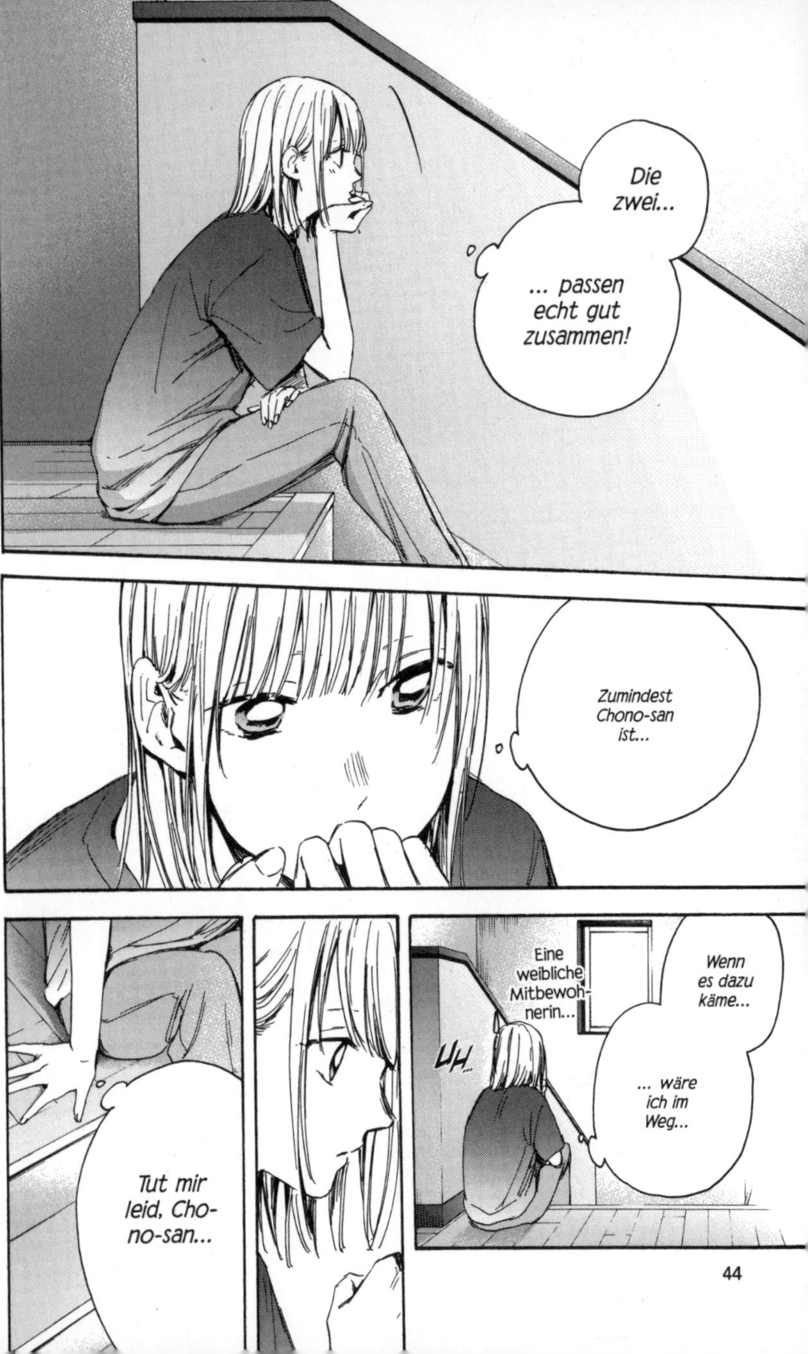
Die zwei...
... passen echt gut zusammen!
Zumindest Chono-san ist...
Wenn es dazu käme...
... wäre ich im Weg...
Eine weibliche Mitbewohnerin...
UH...
Tut mir leid, Chono-san...

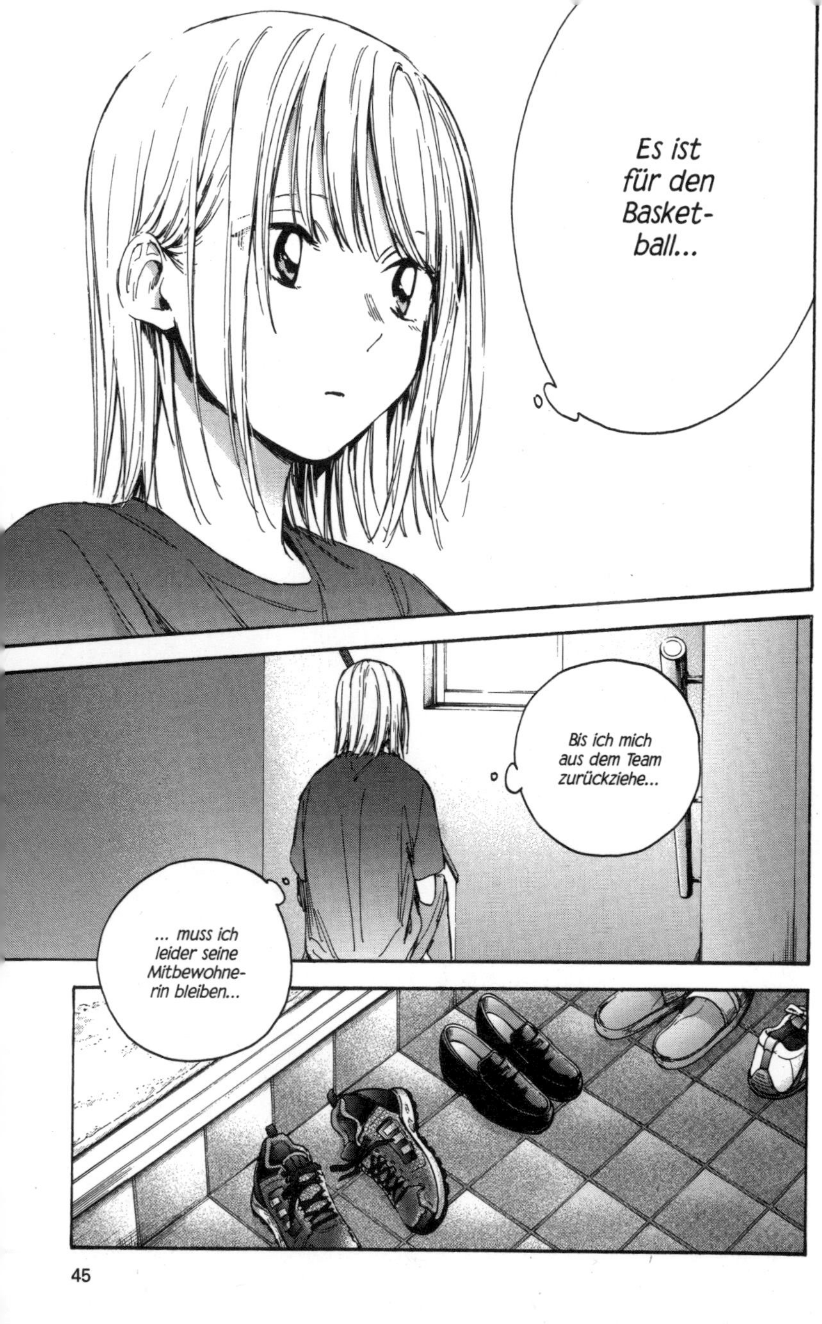
Es ist für den Basketball...
Bis ich mich aus dem Team zurückziehe...
... muss ich leider seine Mitbewohnerin bleiben...

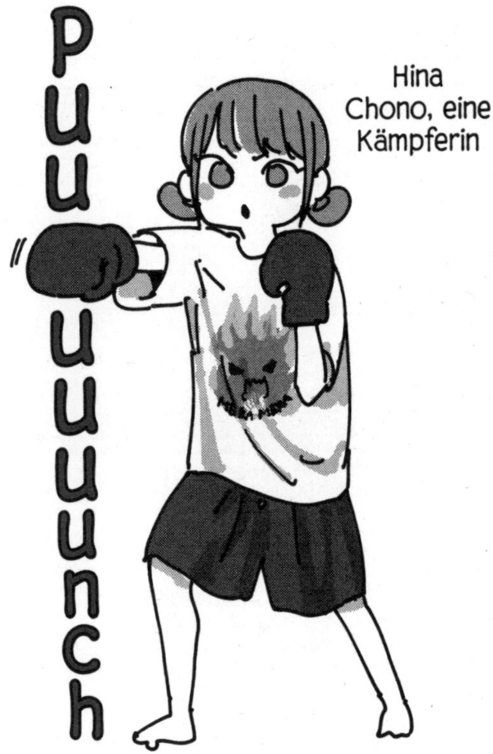
Puuuuuunch
Hina Chono, eine Kämpferin

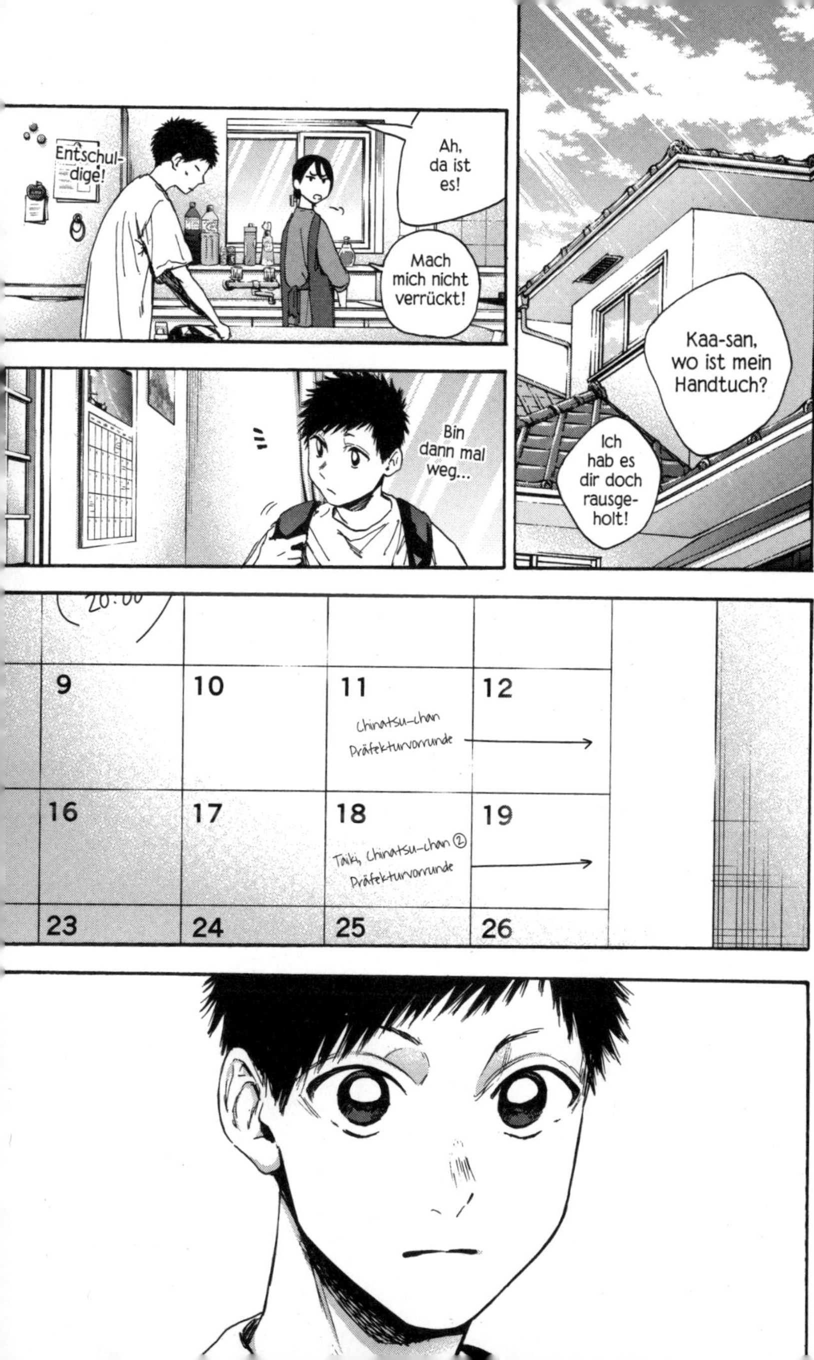
Kaa-san, wo ist mein Handtuch?
Ich hab es dir doch rausgeholt!
Ah, da ist es!
Mach mich nicht verrückt!
Entschuldige!
Bin dann mal weg...
9
10
11
12
Chinatsu-chan Präfekturvorrunde
16
17
18
19
Taiki, Chinatsu-chan ② Präfekturvorrunde
23
24
25
26

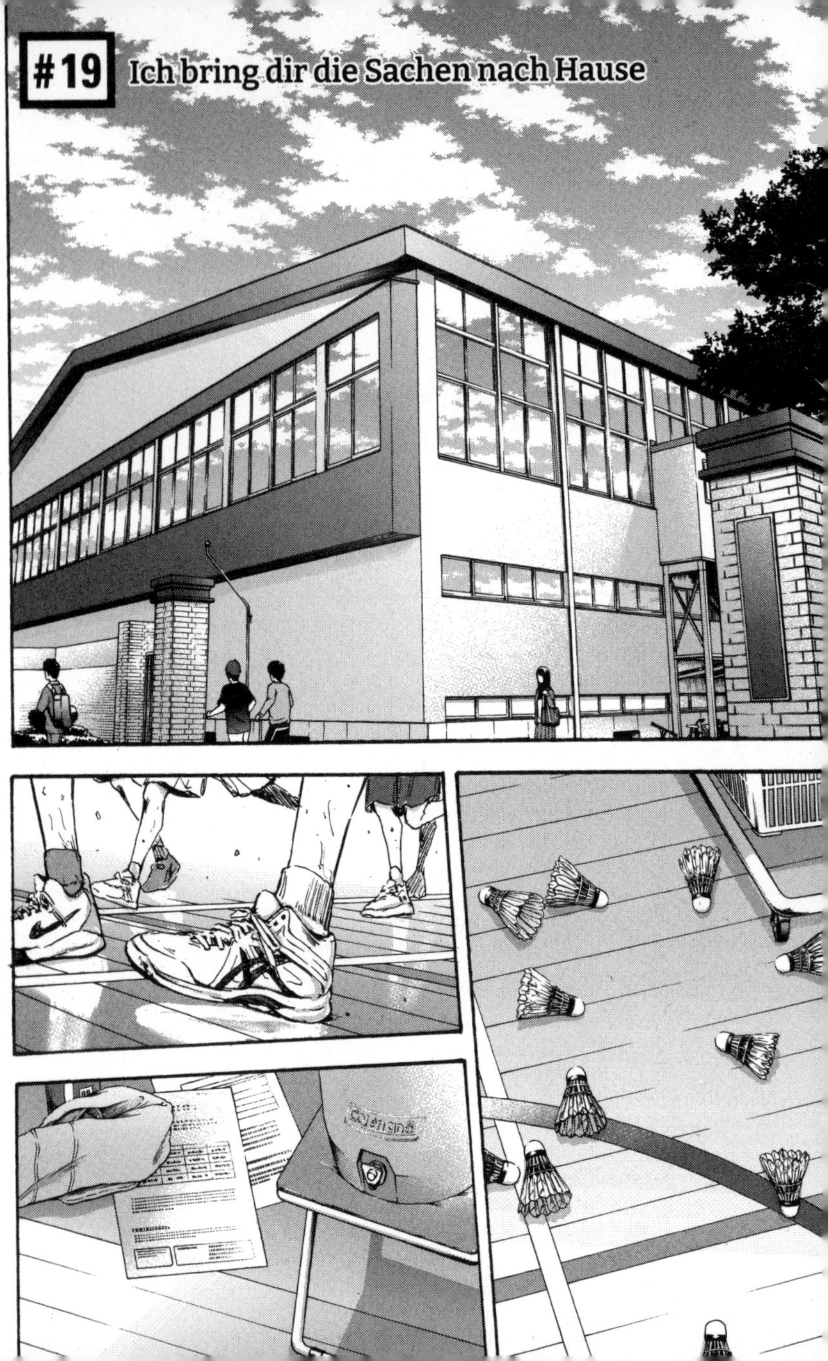
#19 Ich bring dir die Sachen nach Hause

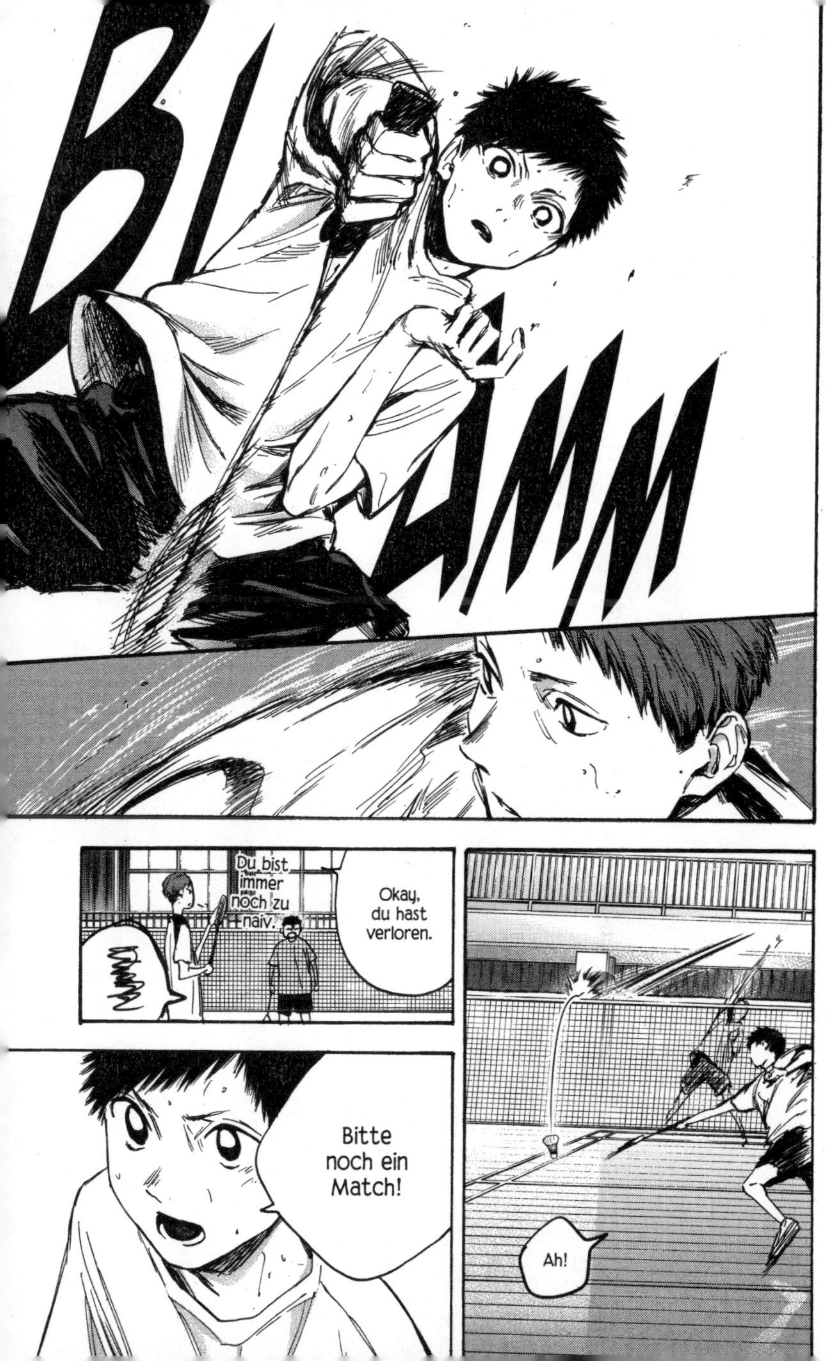
BLAMM
Okay, du hast verloren.
Du bist immer noch zu naiv.
Ah!
Bitte noch ein Match!

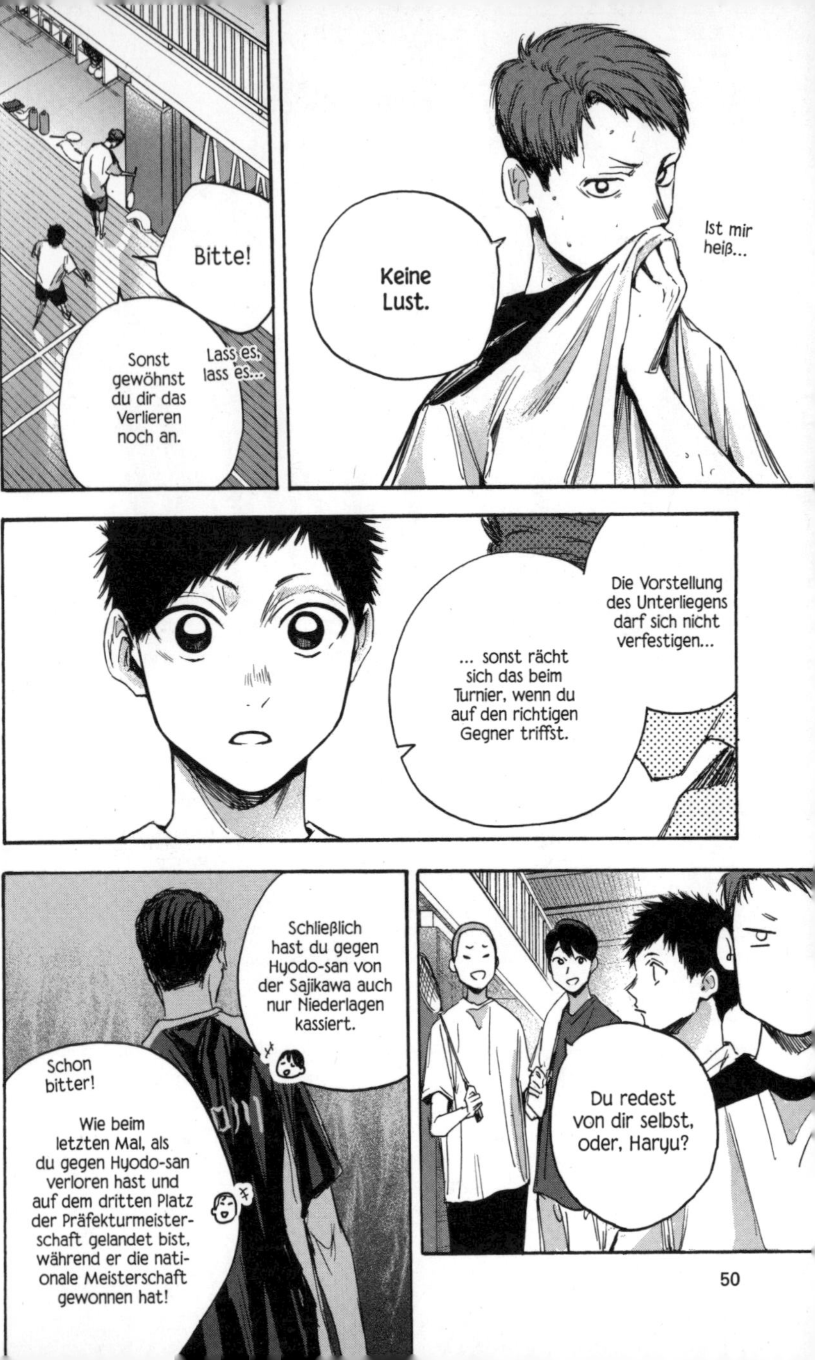
Ist mir heiß...
Keine Lust.
Bitte!
Lass es, lass es...
Sonst gewöhnst du dir das Verlieren noch an.
Die Vorstellung des Unterliegens darf sich nicht verfestigen...
... sonst rächt sich das beim Turnier, wenn du auf den richtigen Gegner triffst.
Du redest von dir selbst, oder, Haryu?
Schließlich hast du gegen Hyodo-san von der Sajikawa auch nur Niederlagen kassiert.
Schon bitter!
Wie beim letzten Mal, als du gegen Hyodo-san verloren hast und auf dem dritten Platz der Präfekturmeisterschaft gelandet bist, während er die nationale Meisterschaft gewonnen hat!

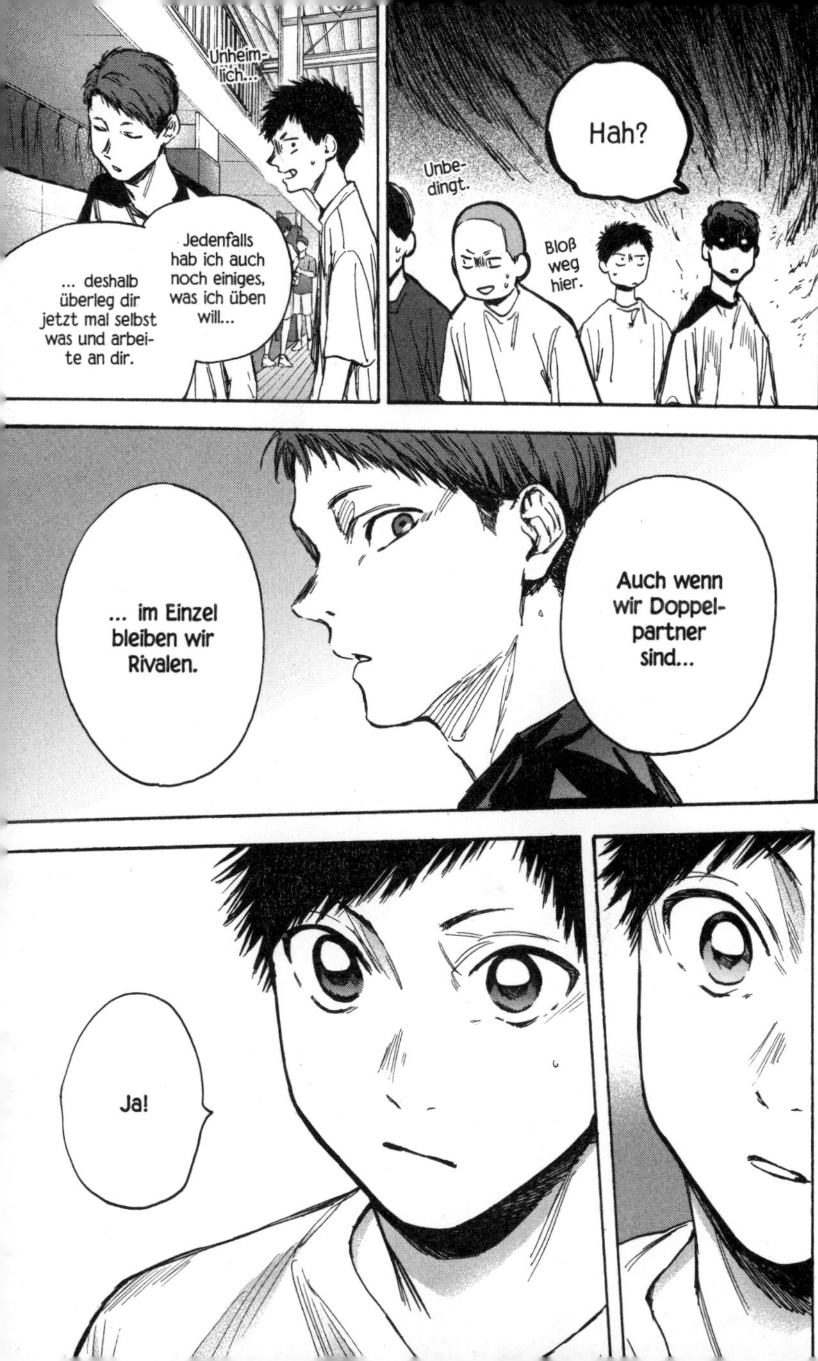
Hah?
Unbedingt.
Bloß weg hier.
Unheimlich...
Jedenfalls hab ich auch noch einiges, was ich üben will...
... deshalb überleg dir jetzt mal selbst was und arbeite an dir.
Auch wenn wir Doppelpartner sind...
... im Einzel bleiben wir Rivalen.
Ja!

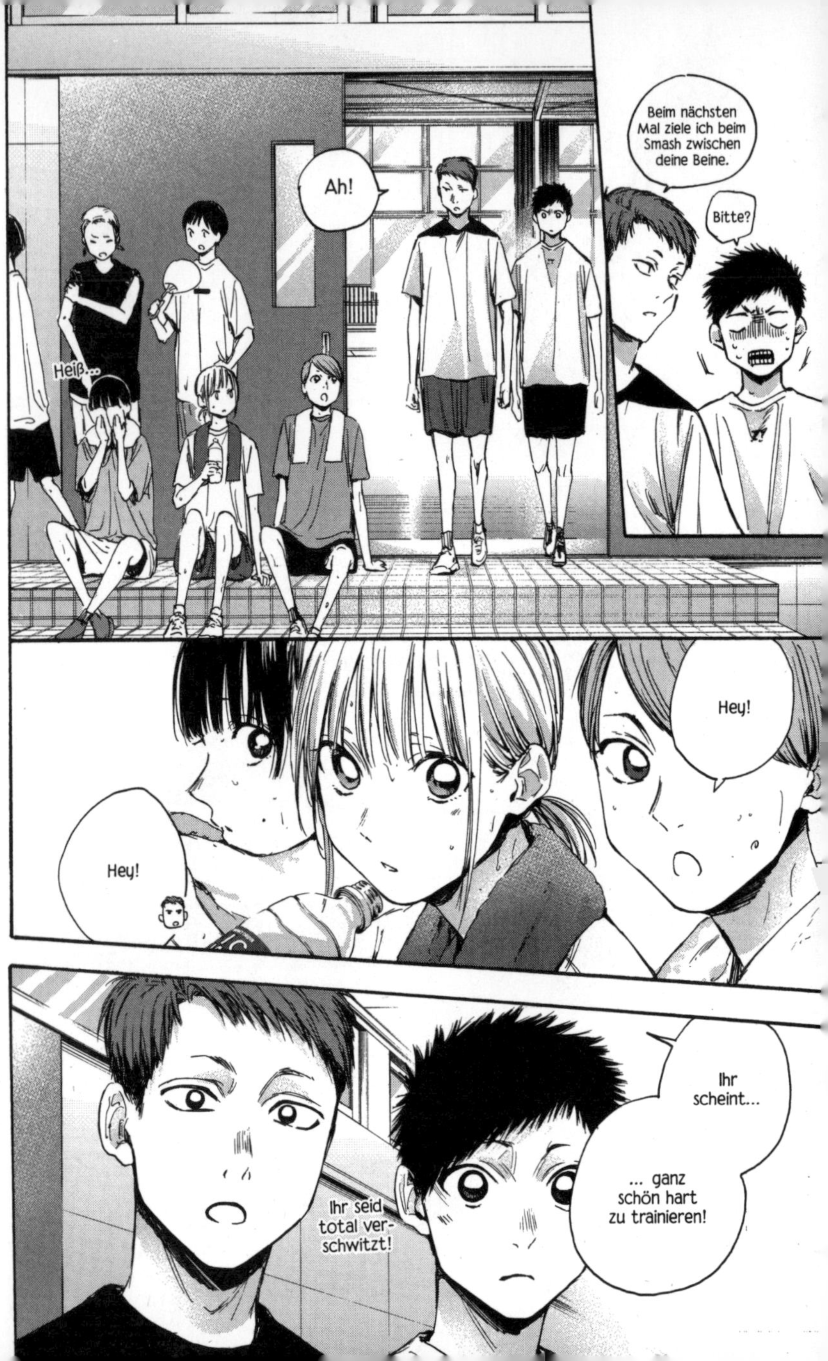
Beim nächsten Mal ziele ich beim Smash zwischen deine Beine.
Bitte?
Ah!
Heiß...
Hey!
Hey!
Ihr scheint...
... ganz schön hart zu trainieren!
Ihr seid total verschwitzt!

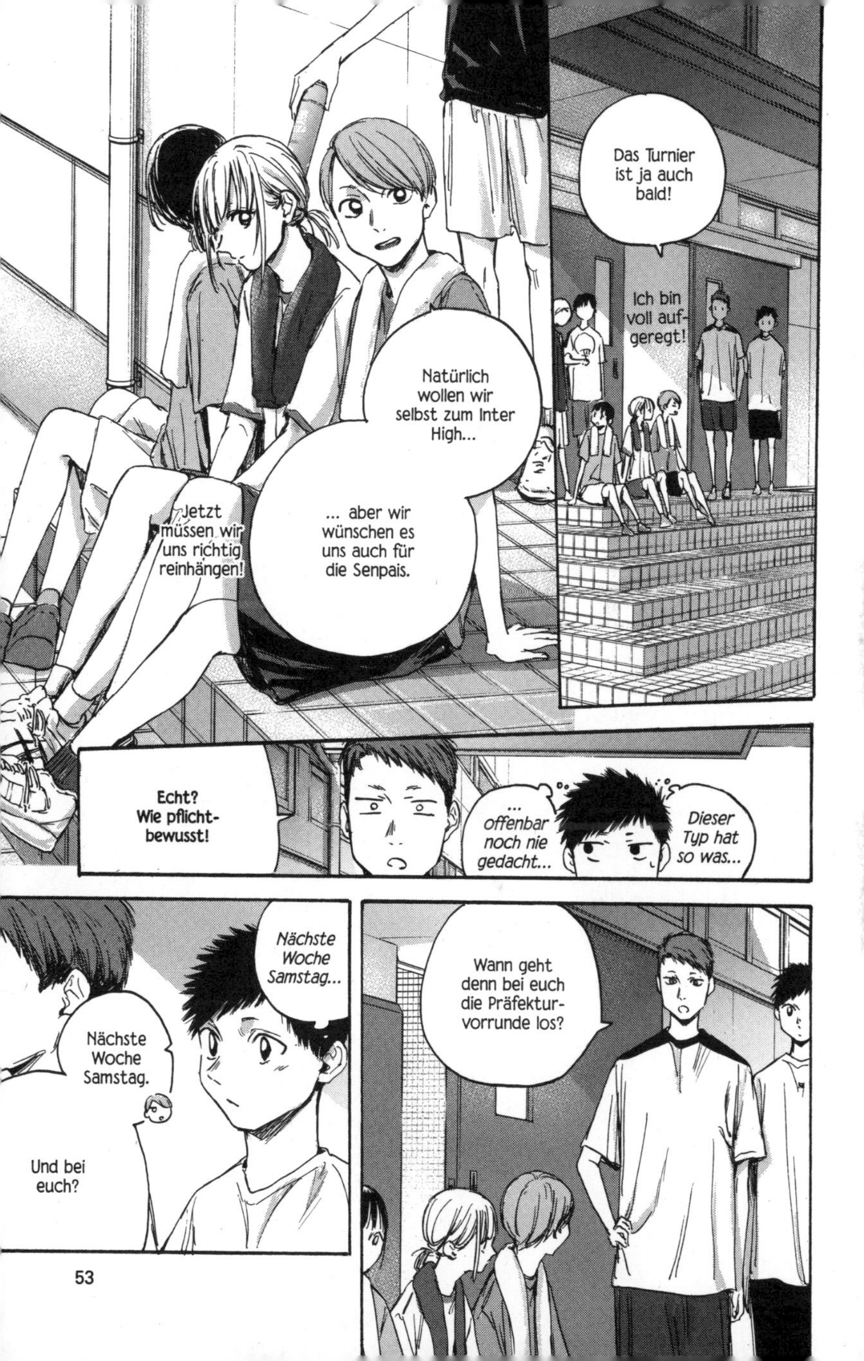
Das Turnier ist ja auch bald!
Ich bin voll aufgeregt!
Natürlich wollen wir selbst zum Inter High...
... aber wir wünschen es uns auch für die Senpais.
Jetzt müssen wir uns richtig reinhängen!
Dieser Typ hat so was...
... offenbar noch nie gedacht...
Echt? Wie pflichtbewusst!
Wann geht denn bei euch die Präfekturvorrunde los?
Nächste Woche Samstag...
Nächste Woche Samstag.
Und bei euch?

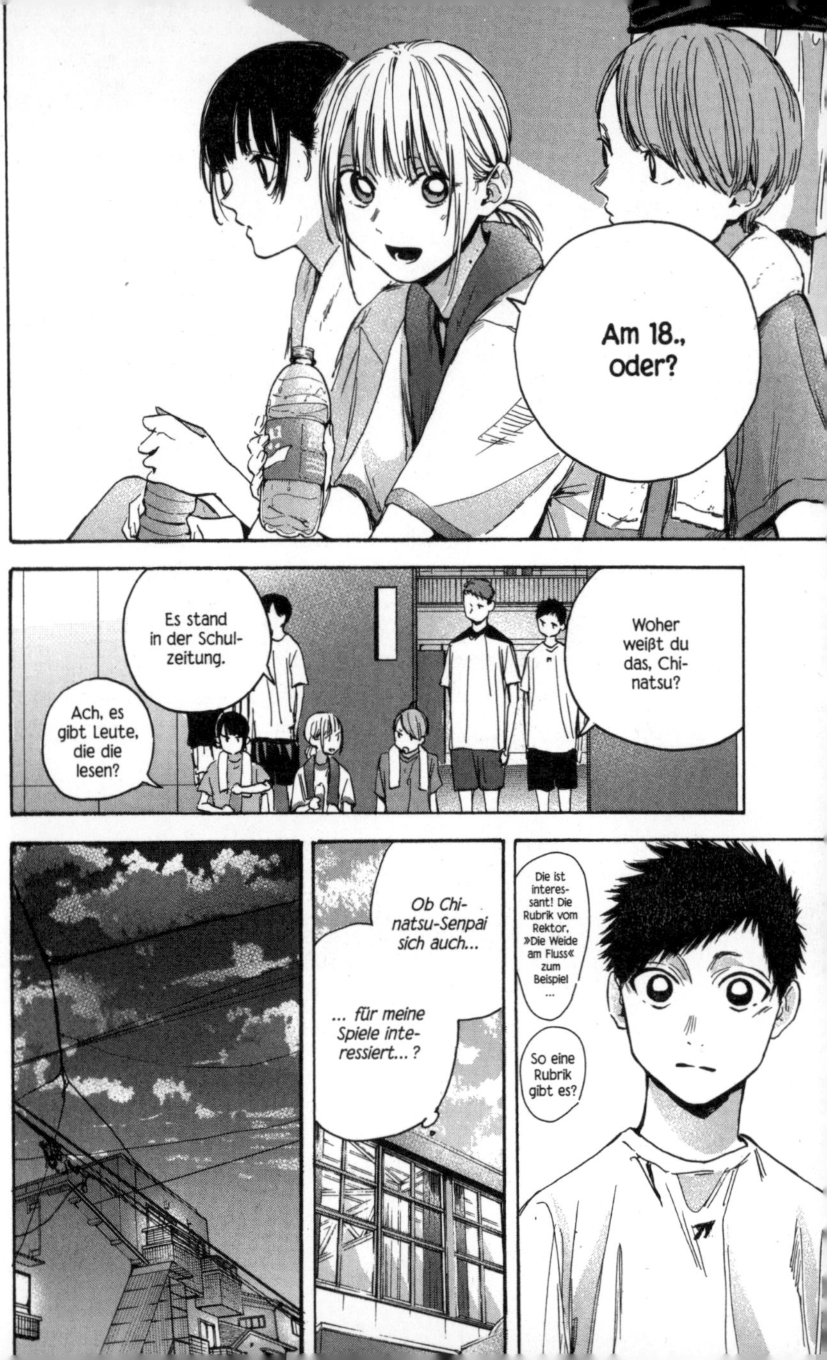
Am 18., oder?
Woher weißt du das, Chinatsu?
Es stand in der Schulzeitung.
Ach, es gibt Leute, die die lesen?
Die ist interessant! Die Rubrik vom Rektor, »Die Weide am Fluss« zum Beispiel ...
So eine Rubrik gibt es?
Ob Chinatsu-Senpai sich auch...
... für meine Spiele interessiert...?

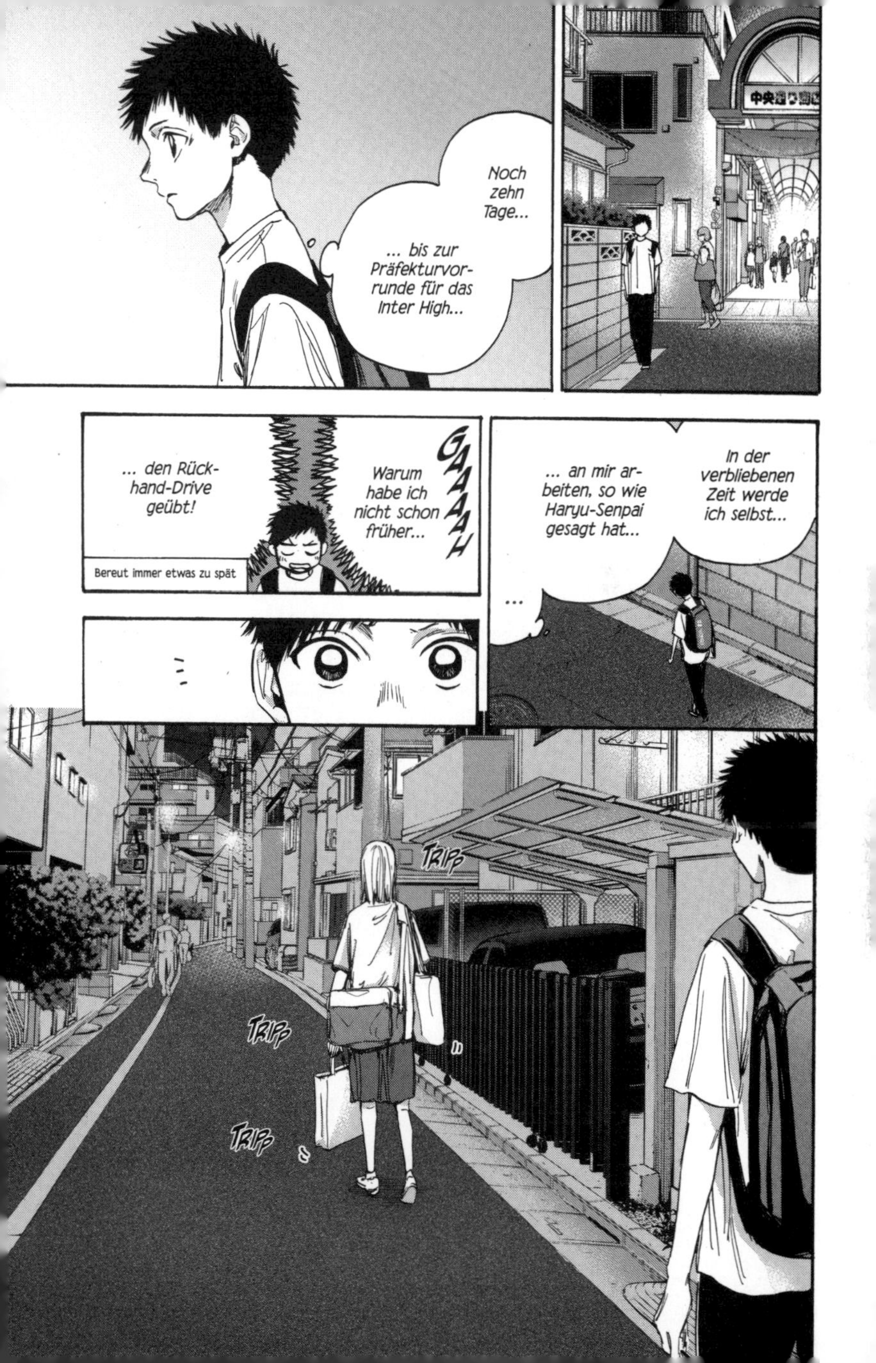

Noch zehn Tage...
... bis zur Präfekturvorrunde für das Inter High...
In der verbliebenen Zeit werde ich selbst...
... an mir arbeiten, so wie Haryu-Senpai gesagt hat...
...
GAAAAH
Warum habe ich nicht schon früher...
... den Rückhand-Drive geübt!
Bereut immer etwas zu spät
TRIPP
TRIPP
TRIPP

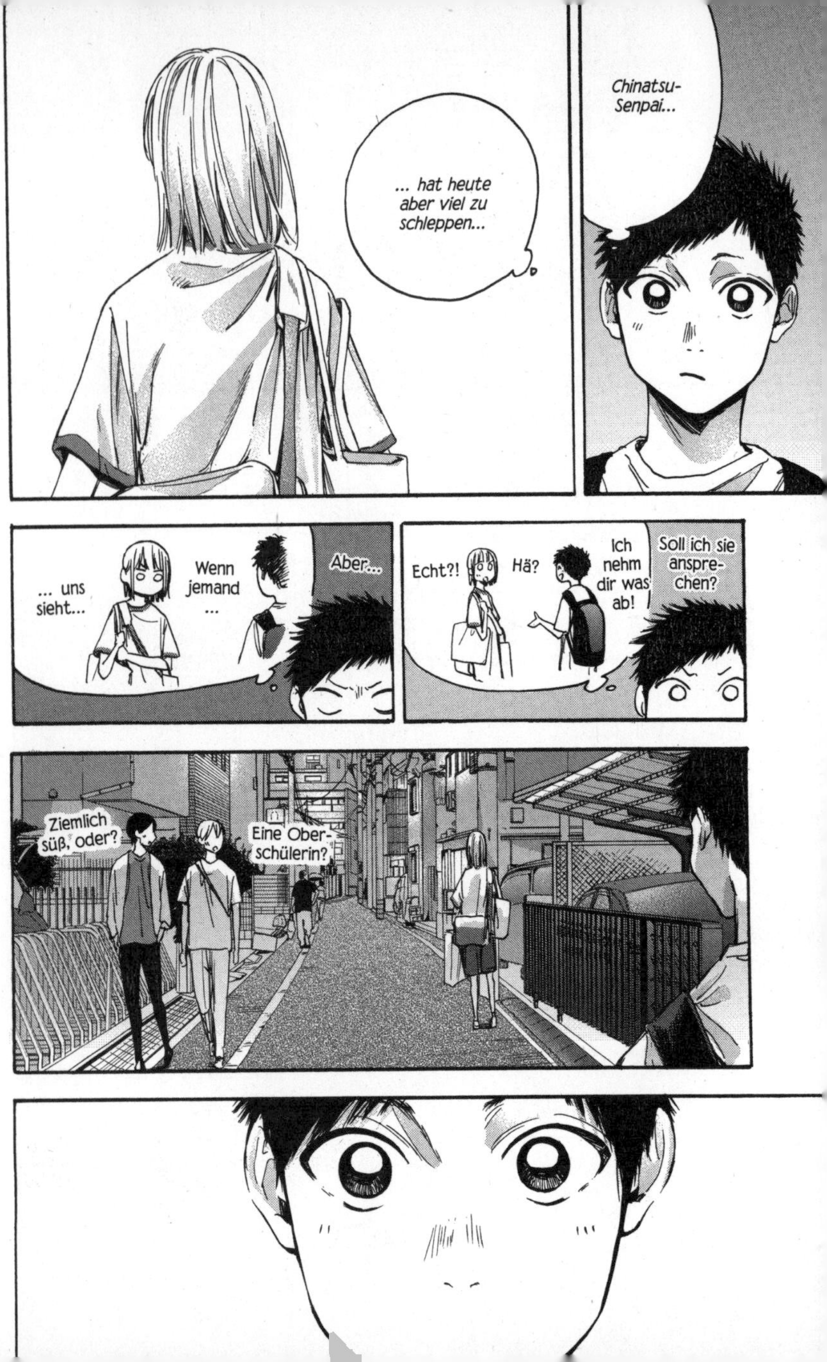
Chinatsu-Senpai...
... hat heute aber viel zu schleppen...
Soll ich sie ansprechen?
Ich nehm dir was ab!
Hä?
Echt?!
Aber...
Wenn jemand ...
... uns sieht...
Eine Oberschülerin?
Ziemlich süß, oder?

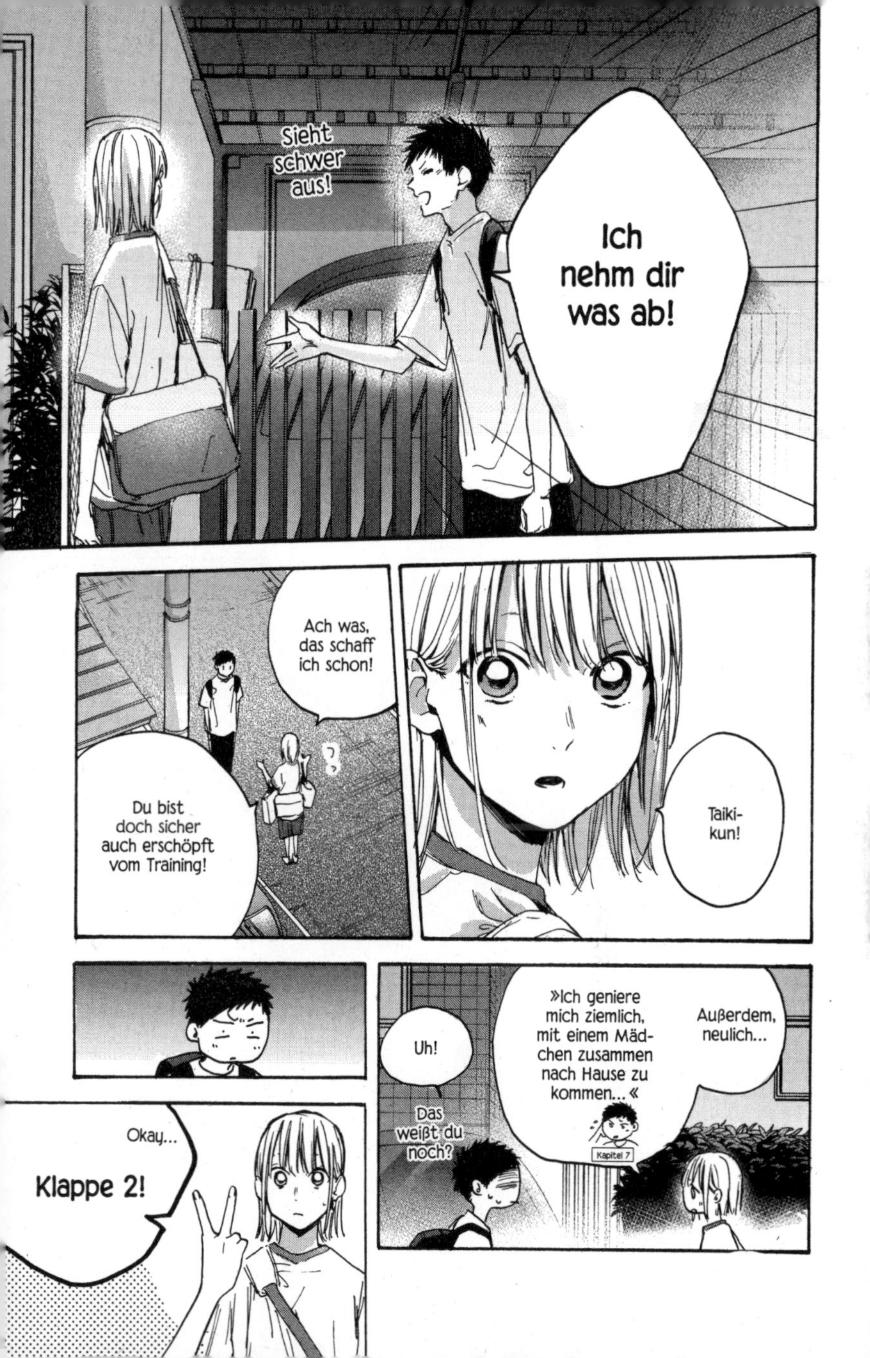
Ich nehm dir was ab!
Sieht schwer aus!
Taiki-kun!
Ach was, das schaff ich schon!
Du bist doch sicher auch erschöpft vom Training!
Außerdem, neulich...
»Ich geniere mich ziemlich, mit einem Mädchen zusammen nach Hause zu kommen...«
Kapitel 7
Uh!
Das weißt du noch?
Okay...
Klappe 2!

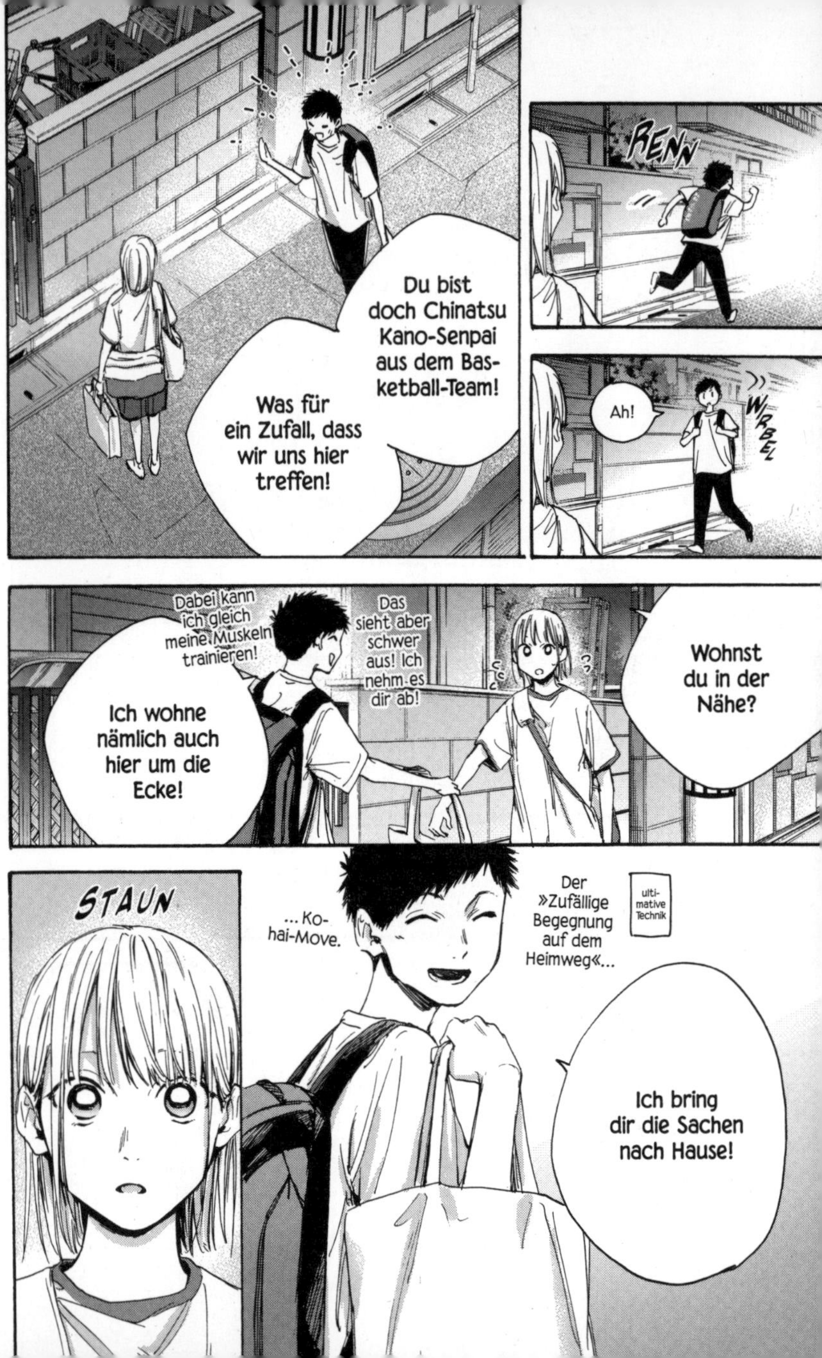
RENN
Ah!
WIRBEL
Du bist doch Chinatsu Kano-Senpai aus dem Basketball-Team!
Was für ein Zufall, dass wir uns hier treffen!
Wohnst du in der Nähe?
Das sieht aber schwer aus! Ich nehm es dir ab!
Dabei kann ich gleich meine Muskeln trainieren!
Ich wohne nämlich auch hier um die Ecke!
Ich bring dir die Sachen nach Hause!
ultimative Technik
Der »Zufällige Begegnung auf dem Heimweg«...
... Kohai-Move.
STAUN

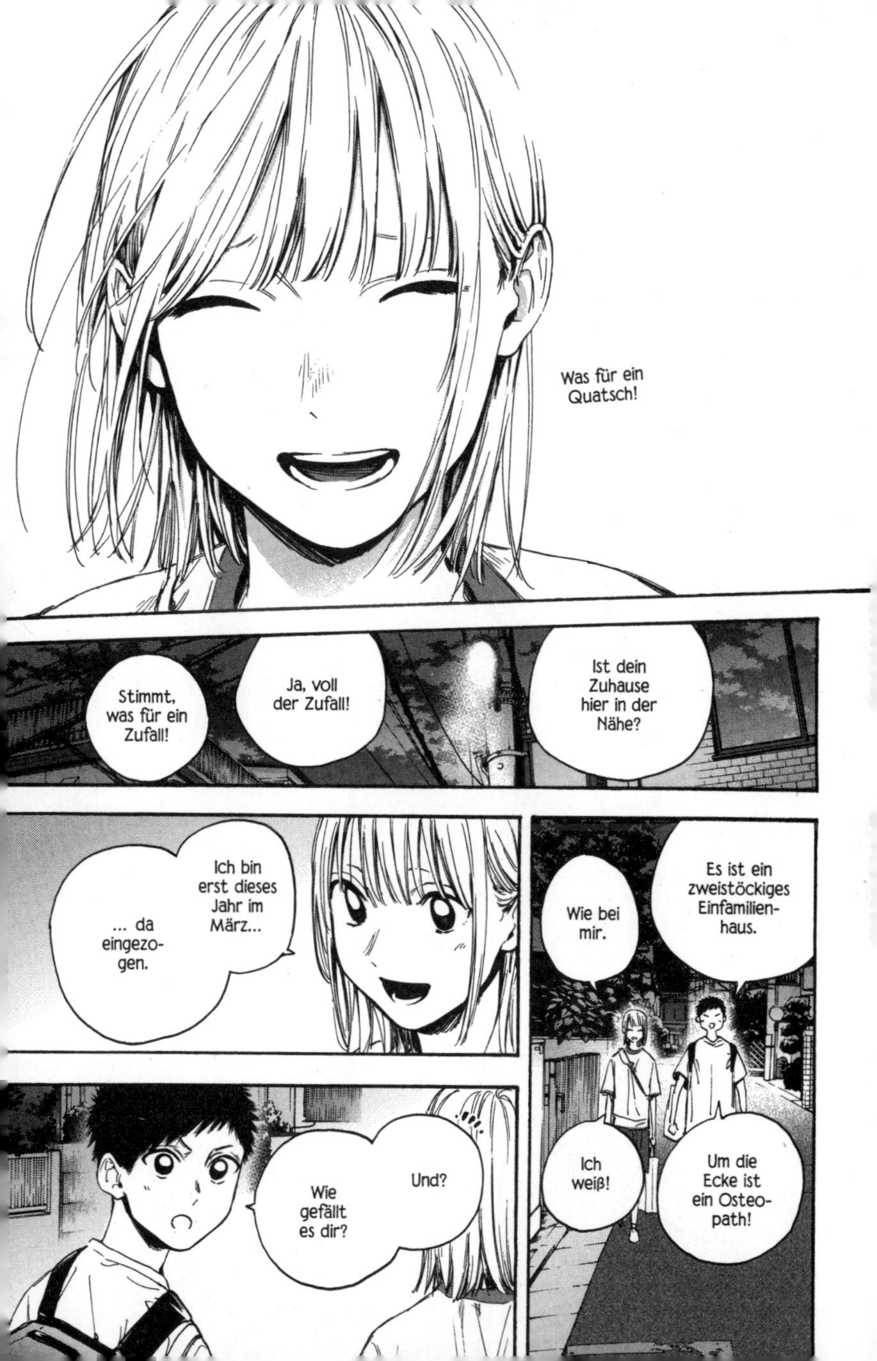
Was für ein Quatsch!
Ist dein Zuhause hier in der Nähe?
Ja, voll der Zufall!
Stimmt, was für ein Zufall!
Es ist ein zweistöckiges Einfamilienhaus.
Wie bei mir.
Um die Ecke ist ein Osteopath!
Ich weiß!
Ich bin erst dieses Jahr im März...
... da eingezogen.
Und?
Wie gefällt es dir?

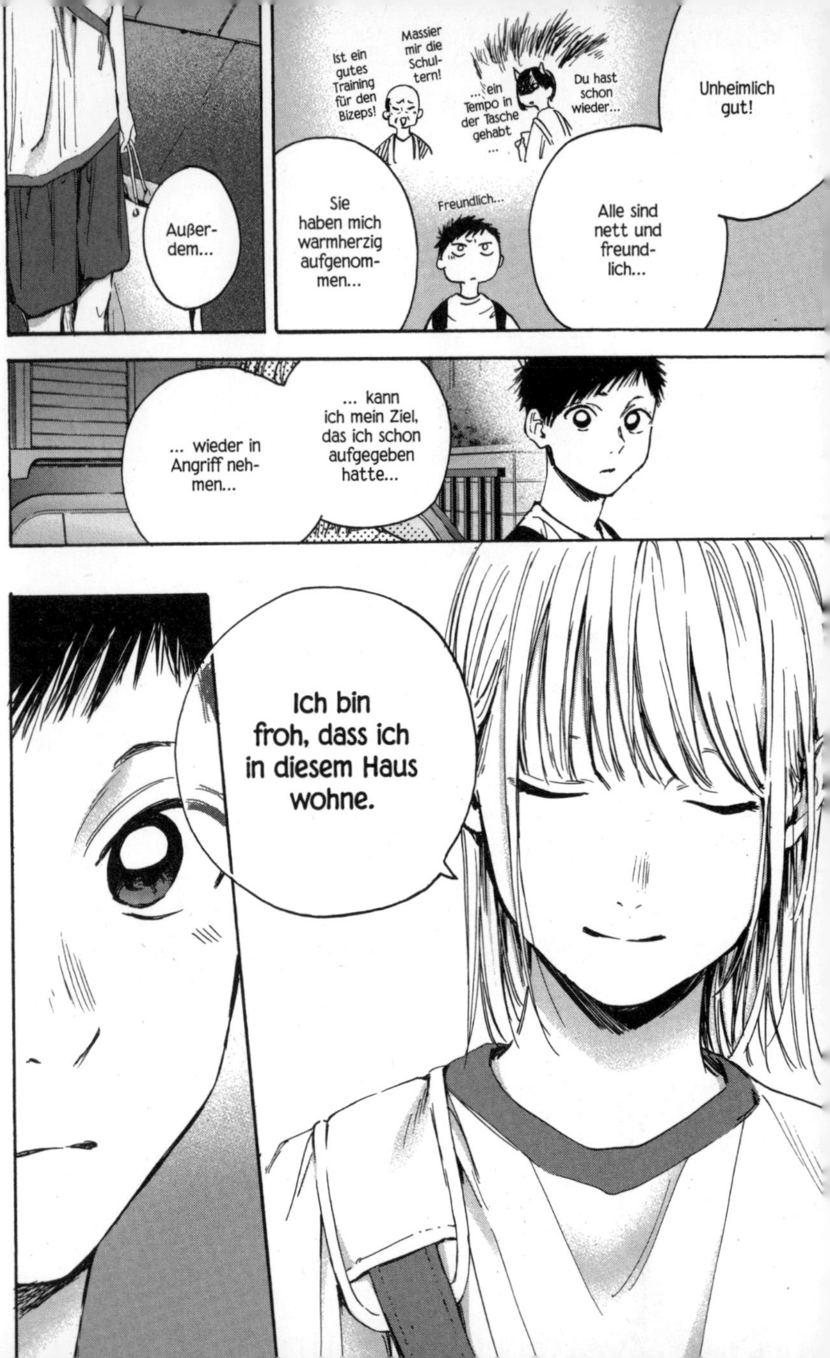
Unheimlich gut!
Alle sind nett und freundlich...
Du hast schon wieder...
... ein Tempo in der Tasche gehabt ...
Massier mir die Schultern!
Ist ein gutes Training für den Bizeps!
Freundlich...
Sie haben mich warmherzig aufgenommen...
Außerdem...
... kann ich mein Ziel, das ich schon aufgegeben hatte...
... wieder in Angriff nehmen...
Ich bin froh, dass ich in diesem Haus wohne.

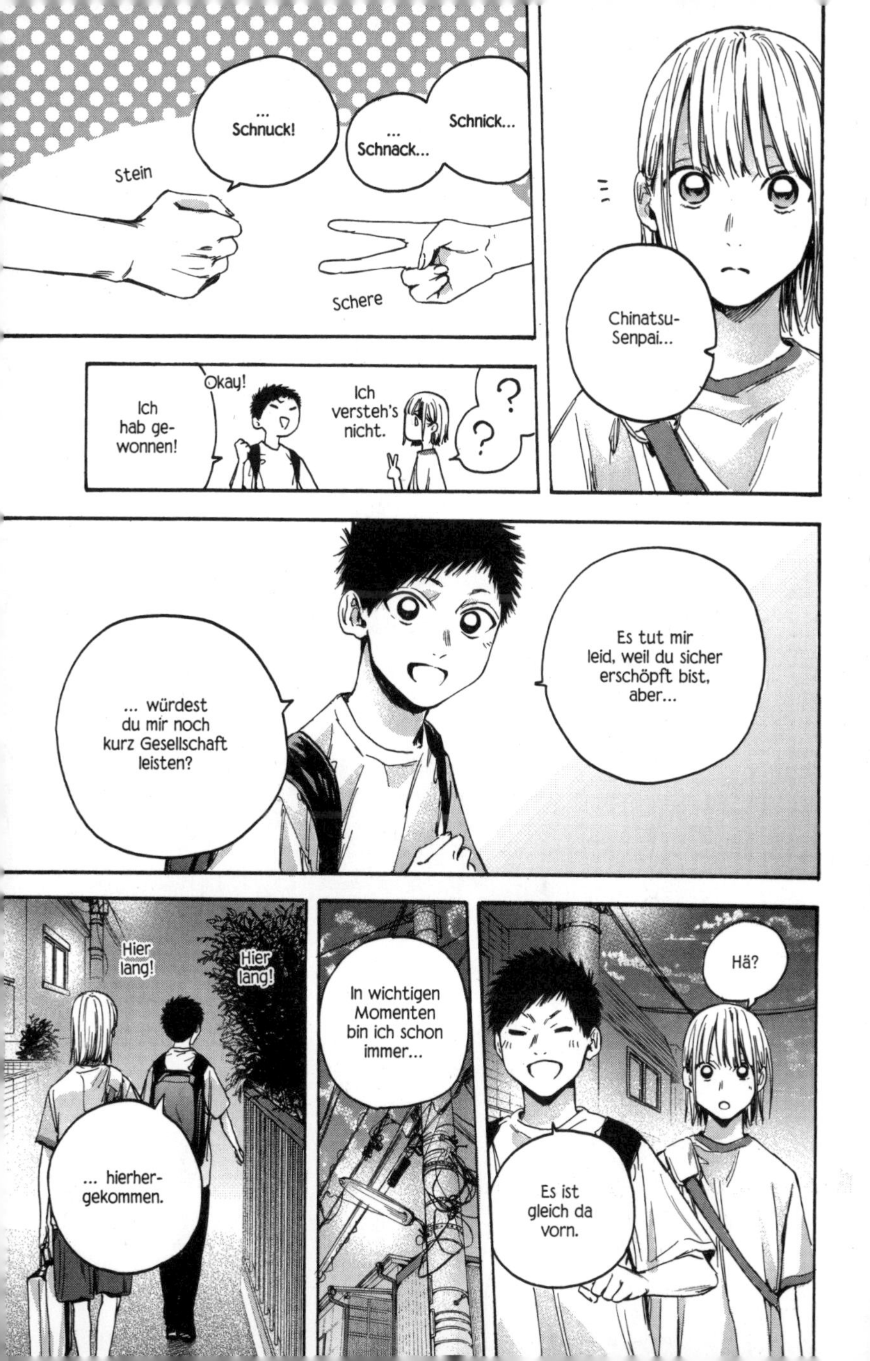

Schnick...
... Schnack...
... Schnuck!
Stein
Schere
Chinatsu-Senpai...
Ich versteh's nicht.
Okay!
Ich hab gewonnen!
Es tut mir leid, weil du sicher erschöpft bist, aber...
... würdest du mir noch kurz Gesellschaft leisten?
Hä?
Es ist gleich da vorn.
In wichtigen Momenten bin ich schon immer...
Hier lang!
Hier lang!
... hierhergekommen.

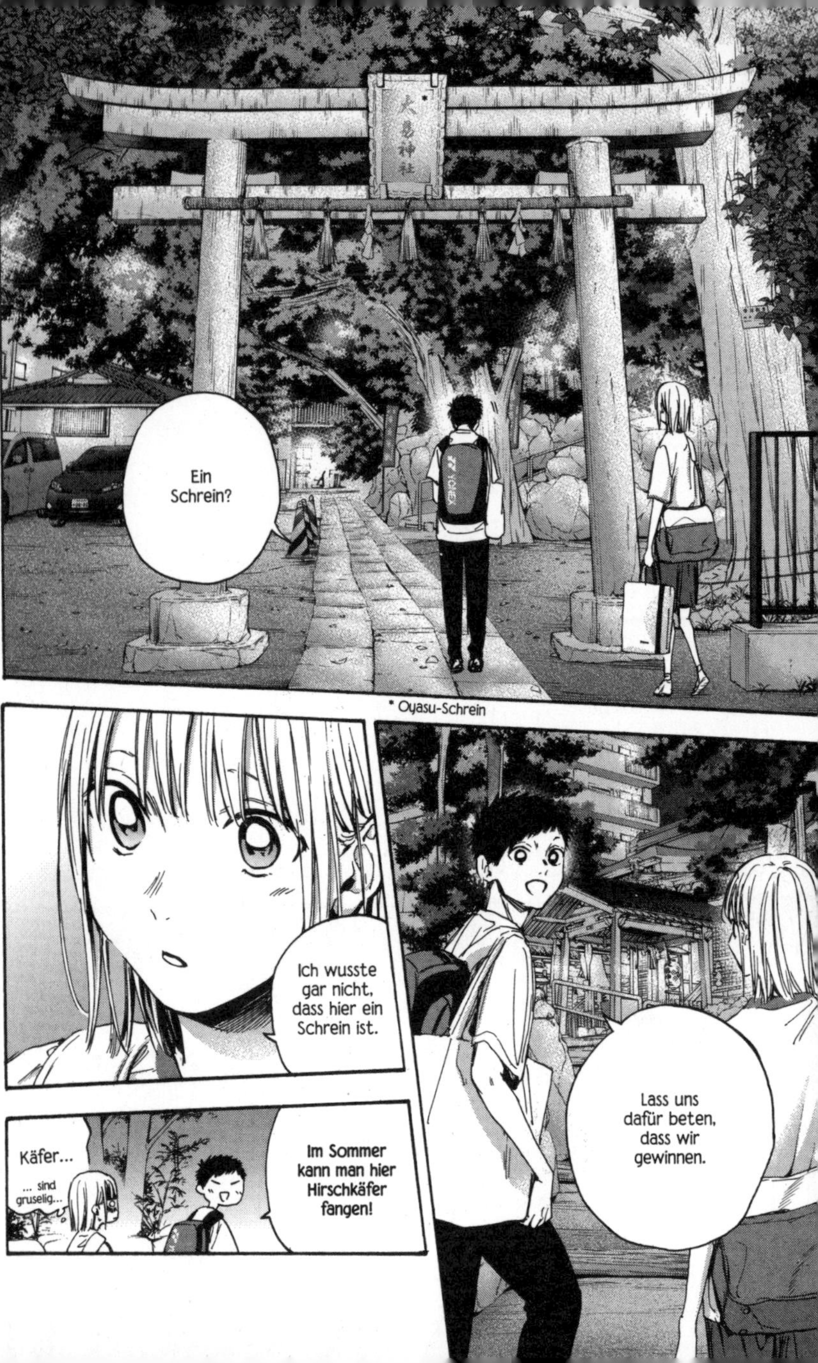

* Oyasu-Schrein

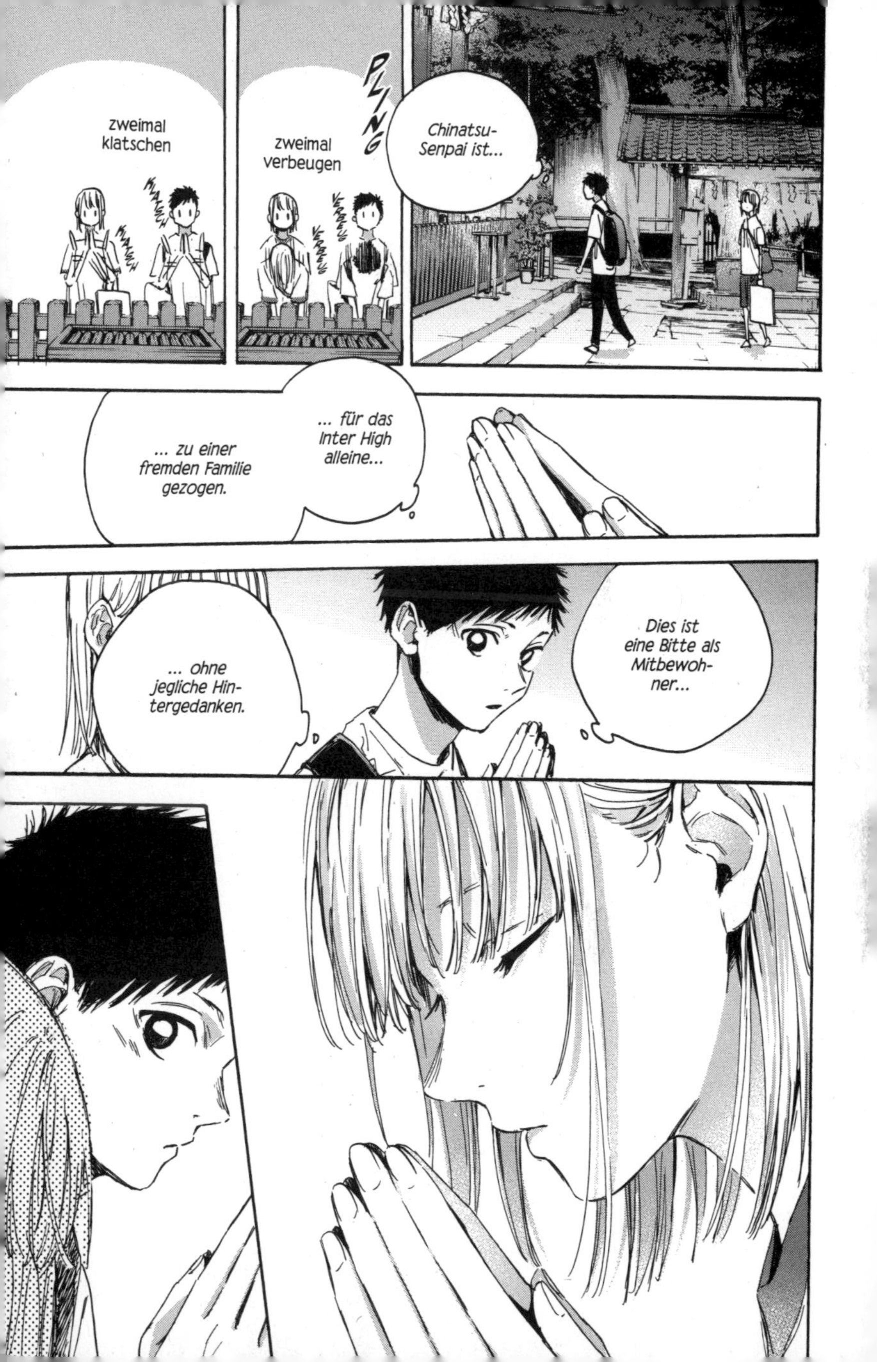
Chinatsu-Senpai ist...
PLING
zweimal verbeugen
VERBEUG
VERBEUG
zweimal klatschen
KLATSCH
KLATSCH
... für das Inter High alleine...
... zu einer fremden Familie gezogen.
Dies ist eine Bitte als Mitbewohner...
... ohne jegliche Hintergedanken.

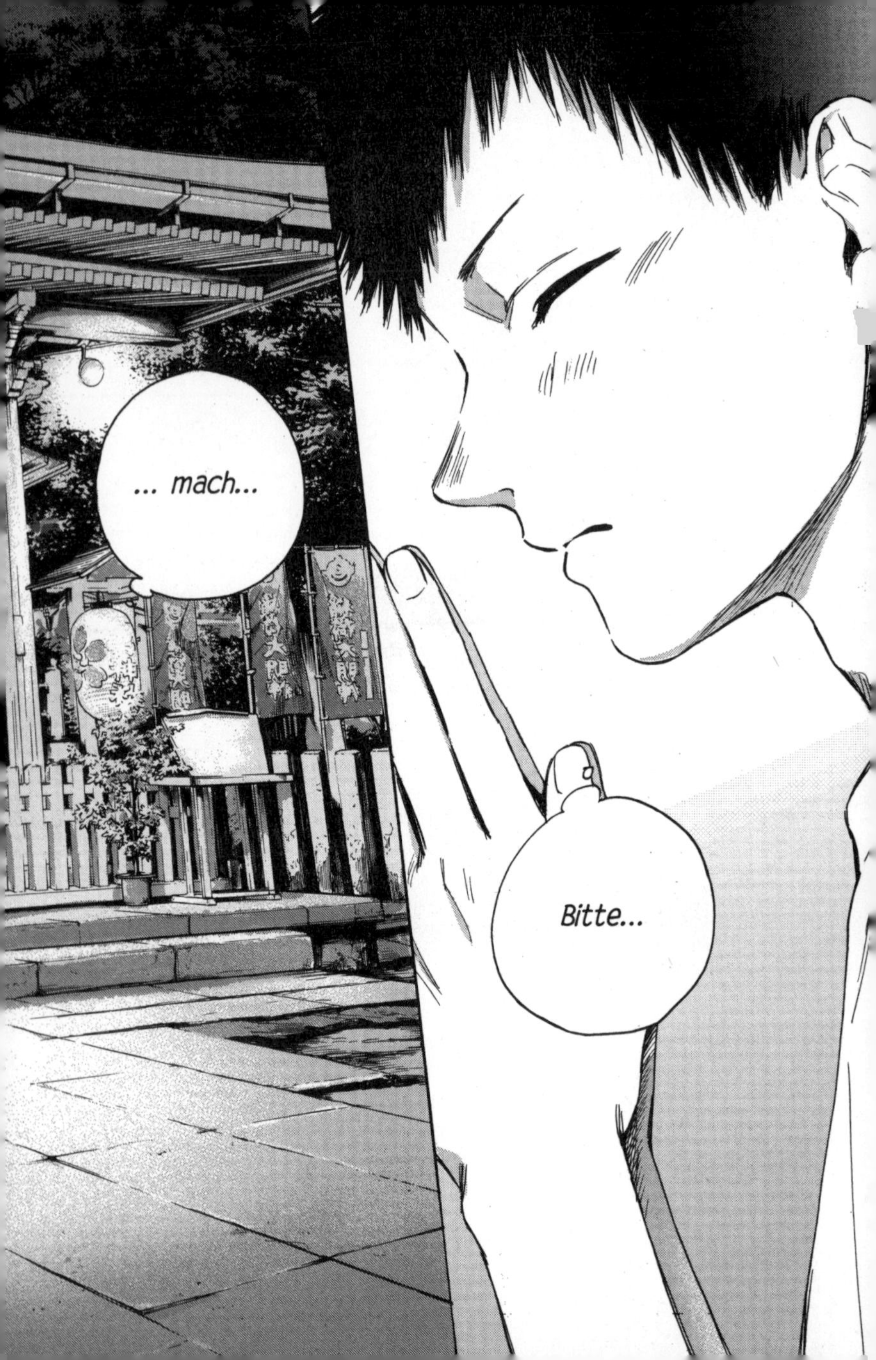
Bitte...
... mach...

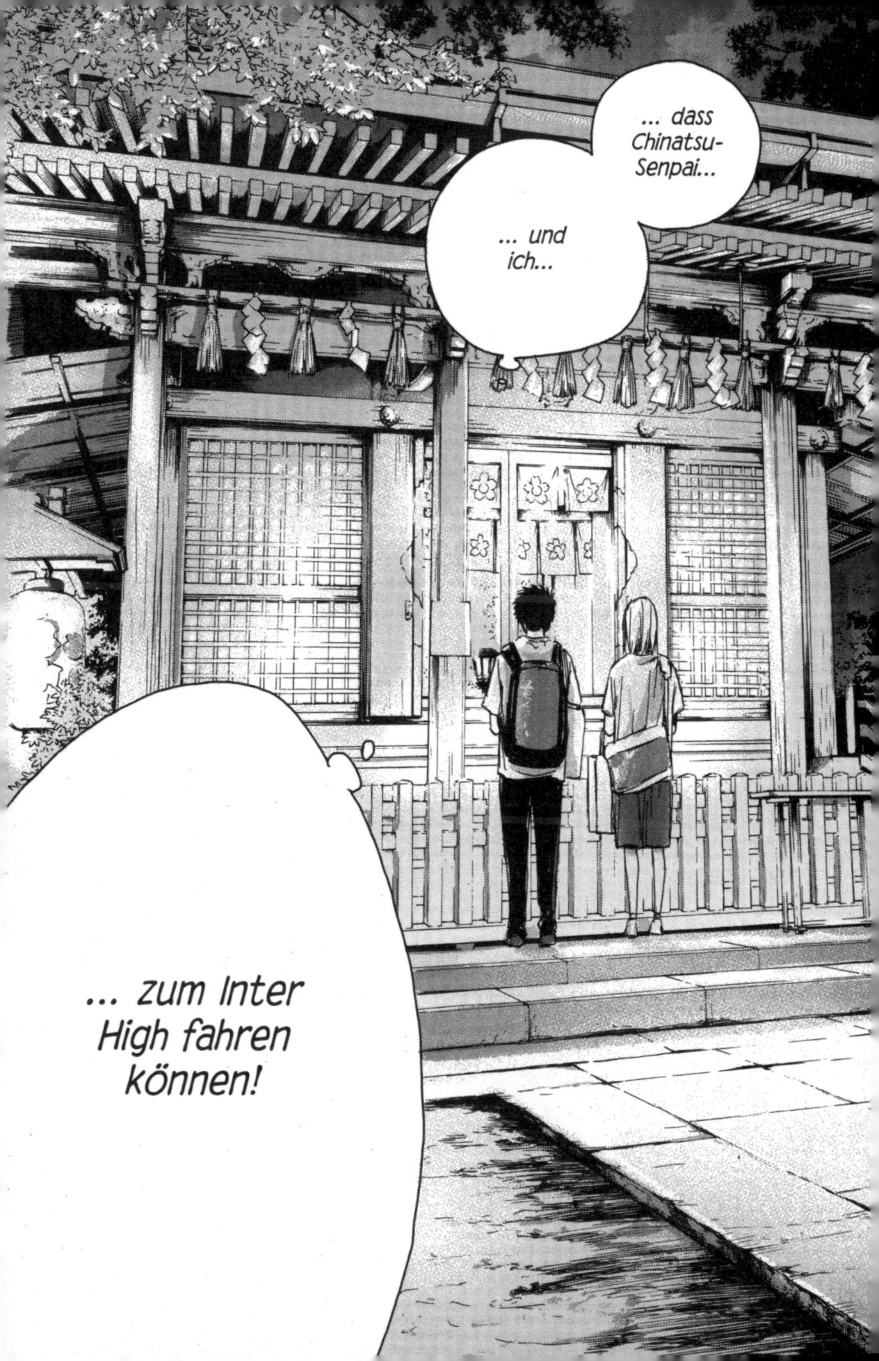
... dass Chinatsu-Senpai...
... und ich...
... zum Inter High fahren können!

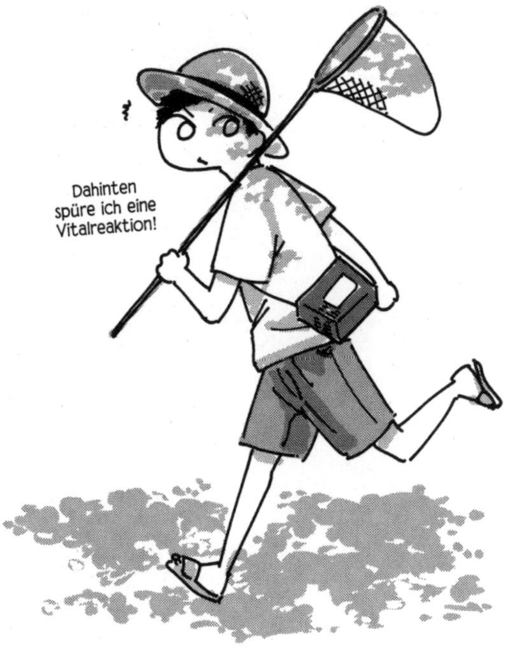
Dahinten
spüre ich eine
Vitalreaktion!

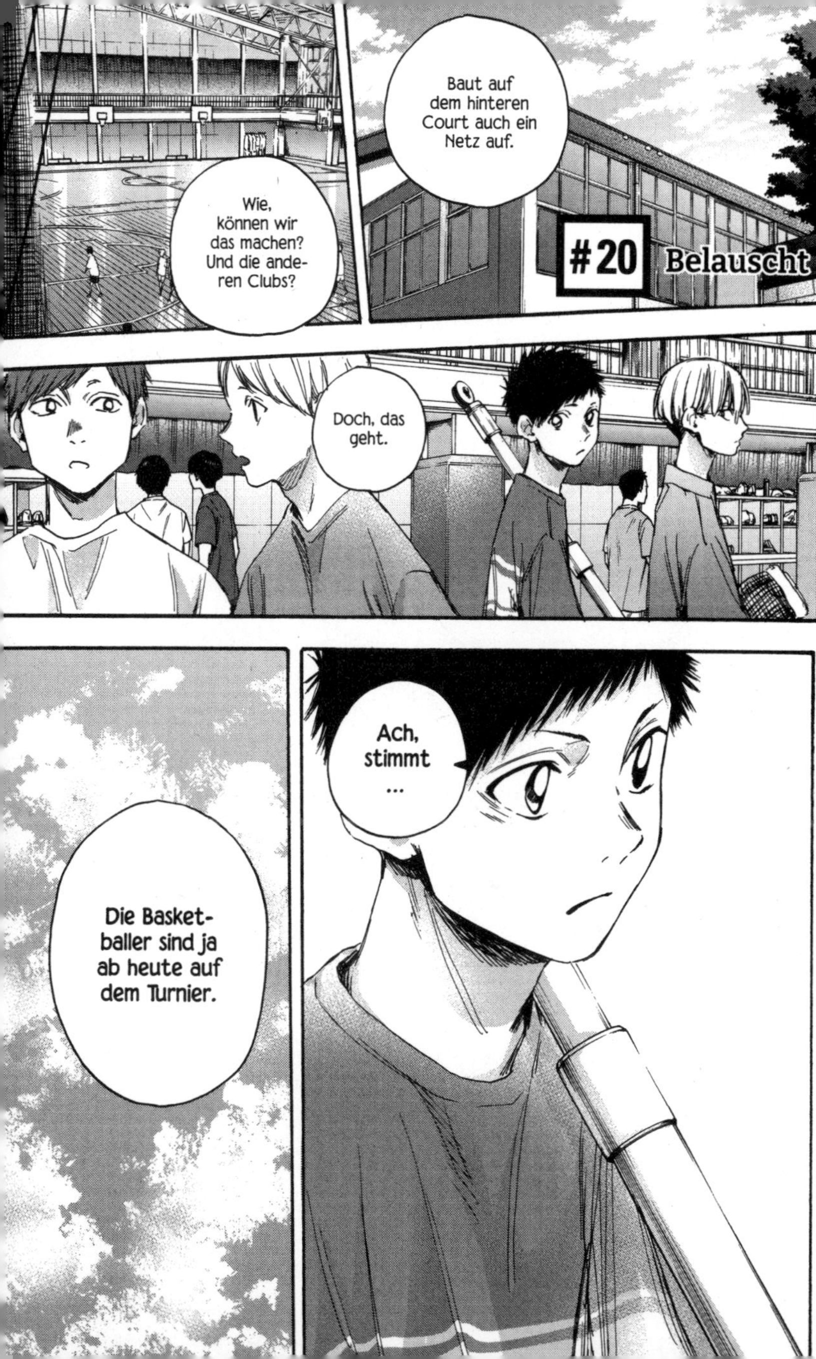
Baut auf dem hinteren Court auch ein Netz auf.
#20 Belauscht
Wie, können wir das machen? Und die anderen Clubs?
Doch, das geht.
Ach, stimmt ...
Die Basketballer sind ja ab heute auf dem Turnier.

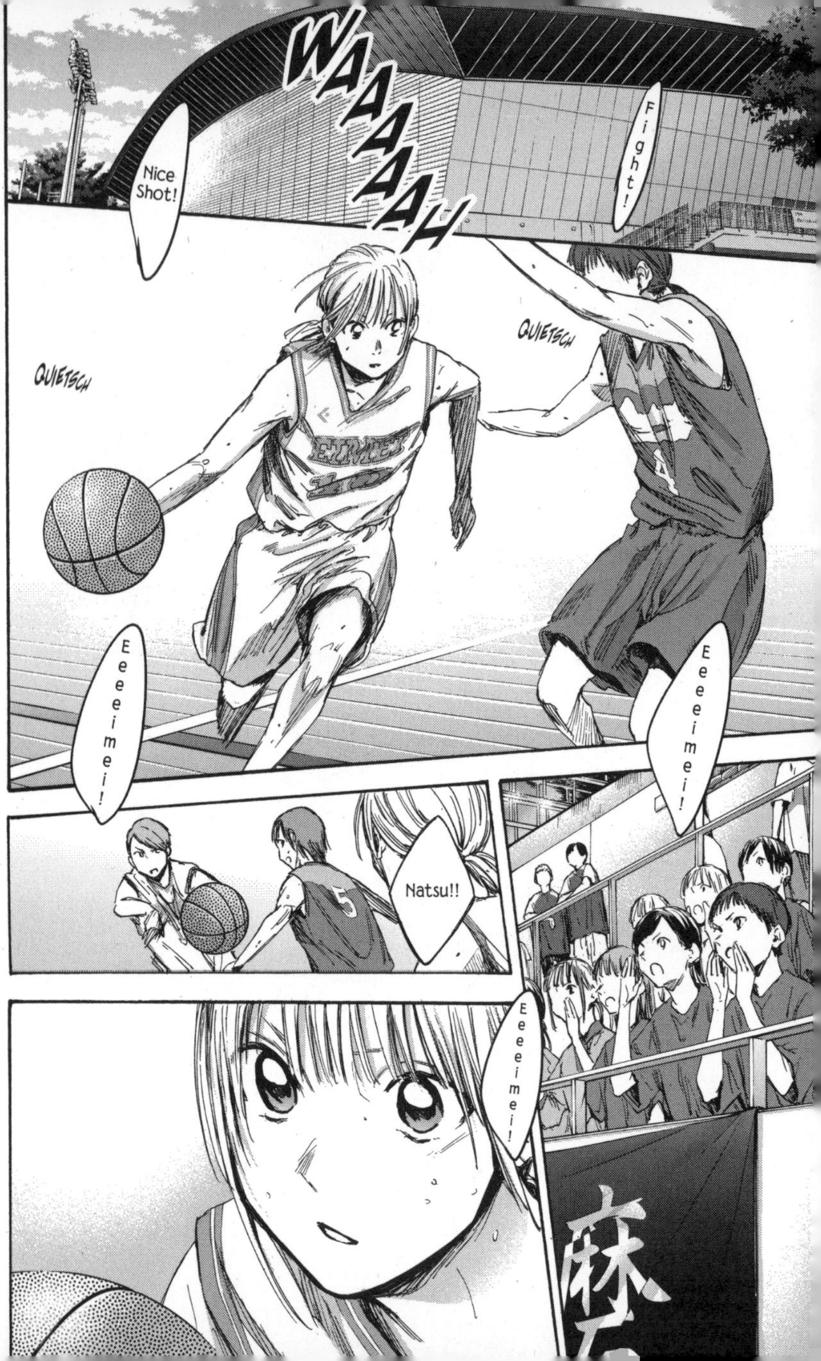
WAAAAAH
Fight!
Nice Shot!
QUIETSCH
QUIETSCH
Eeeeimei!
Eeeeimei!
Natsu!!
Eeeeimei!

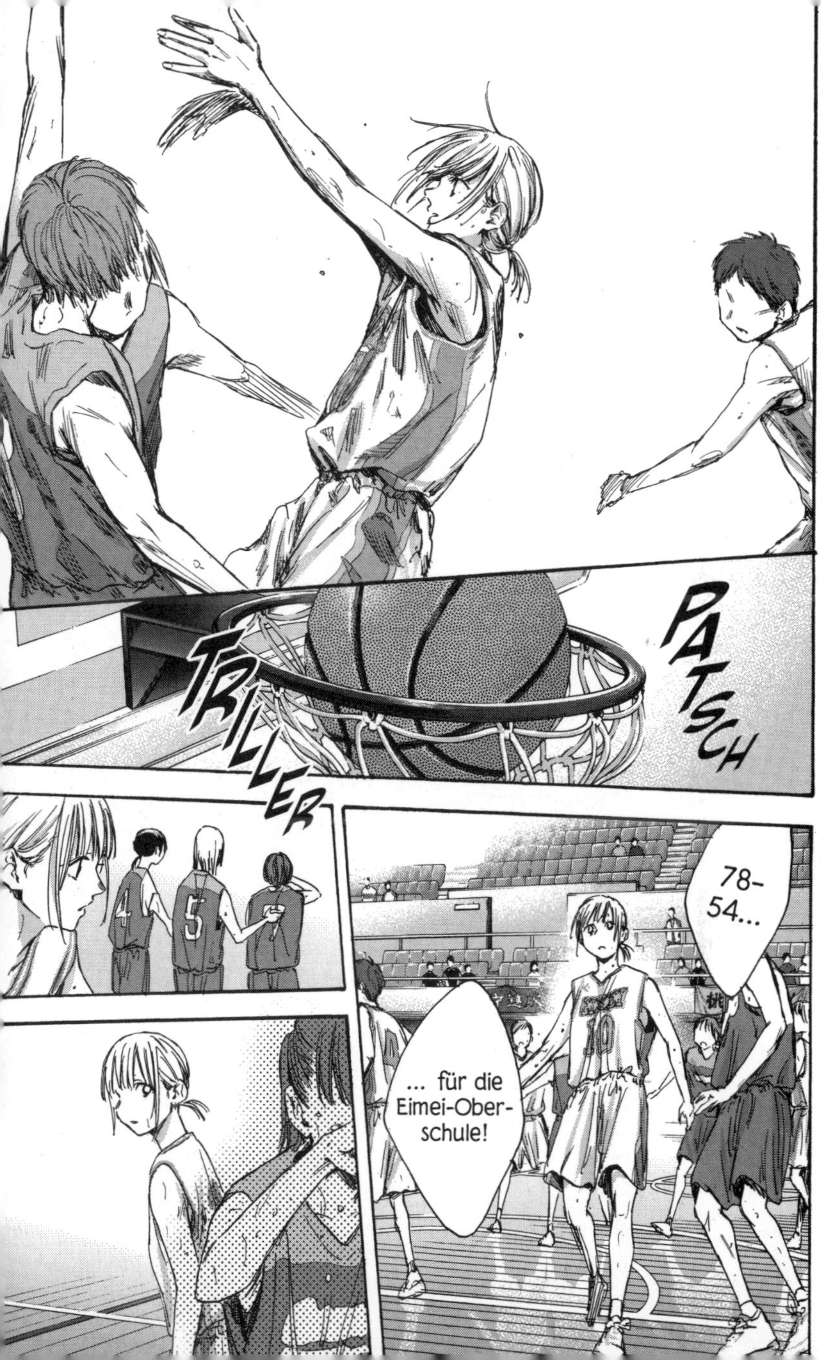
PATSCH
TRILLER
78-54...
... für die Eimei-Oberschule!

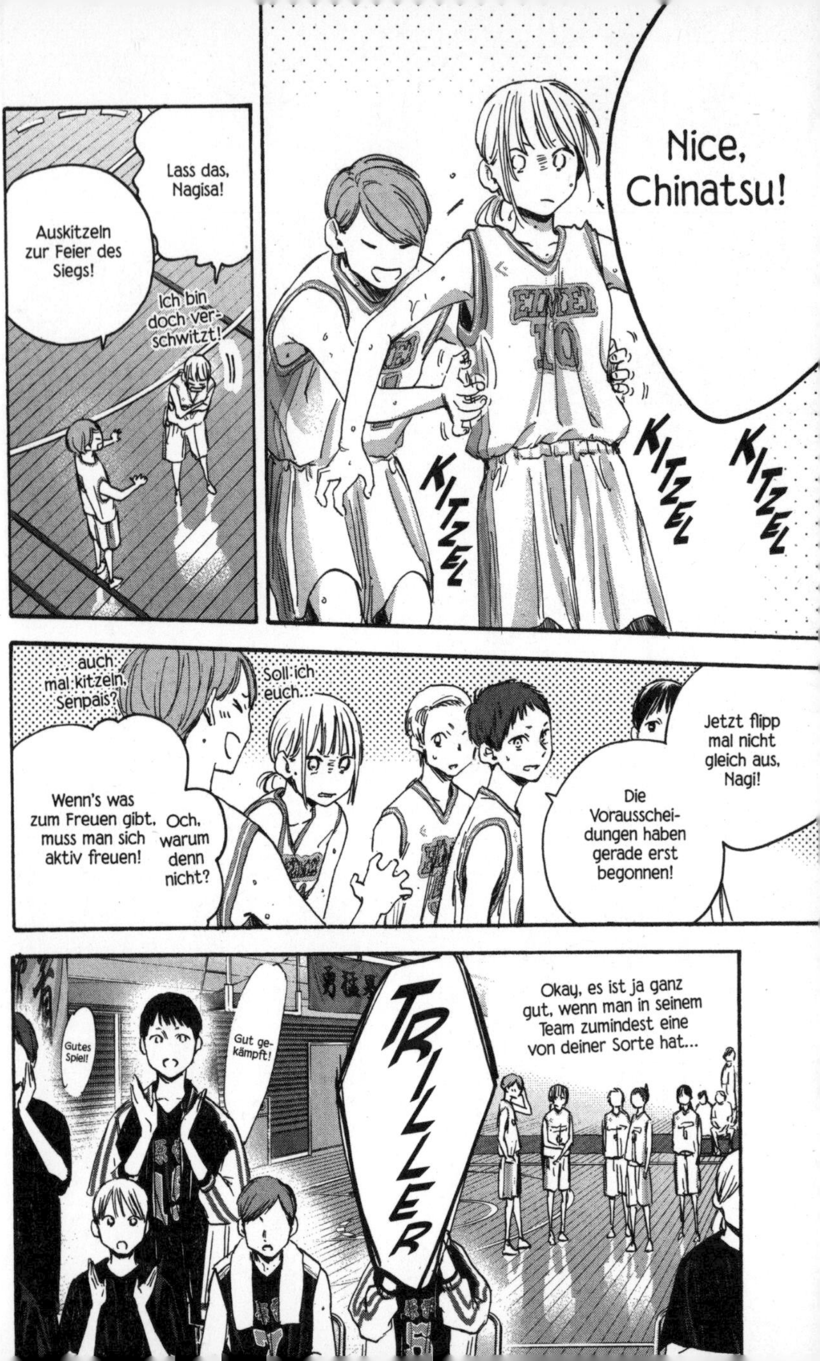
Nice, Chinatsu!
KITZEL
KITZEL
KITZEL
Lass das, Nagisa!
Auskitzeln zur Feier des Siegs!
Ich bin doch ver-schwitzt!
Jetzt flipp mal nicht gleich aus, Nagi!
Die Vorausschei-dungen haben gerade erst begonnen!
Och, warum denn nicht?
Wenn's was zum Freuen gibt, muss man sich aktiv freuen!
Soll ich euch...
auch mal kitzeln, Senpais?
Okay, es ist ja ganz gut, wenn man in seinem Team zumindest eine von deiner Sorte hat...
TRILLER
Gut ge-kämpft!
Gutes Spiel!

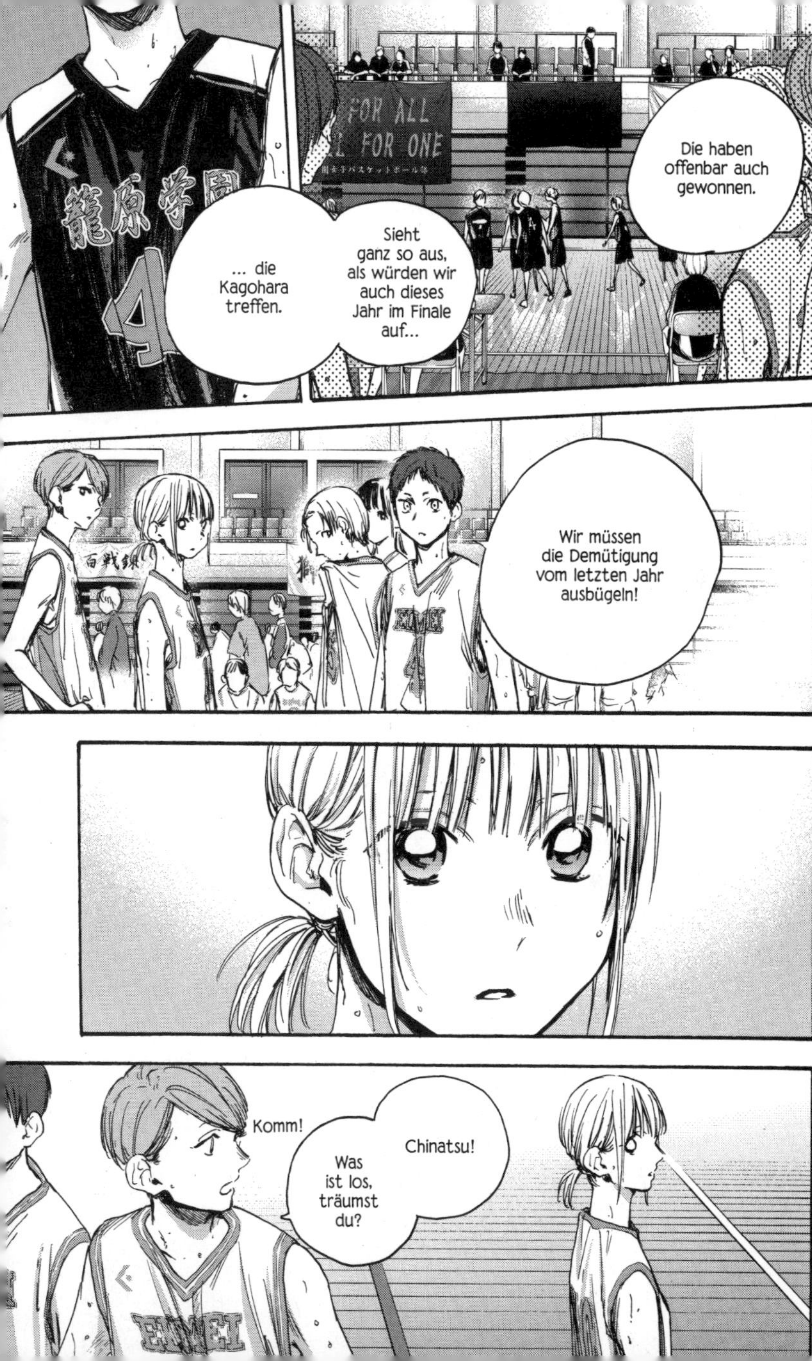
Die haben offenbar auch gewonnen.
Sieht ganz so aus, als würden wir auch dieses Jahr im Finale auf...
... die Kagohara treffen.
Wir müssen die Demütigung vom letzten Jahr ausbügeln!
Chinatsu!
Was ist los, träumst du?
Komm!

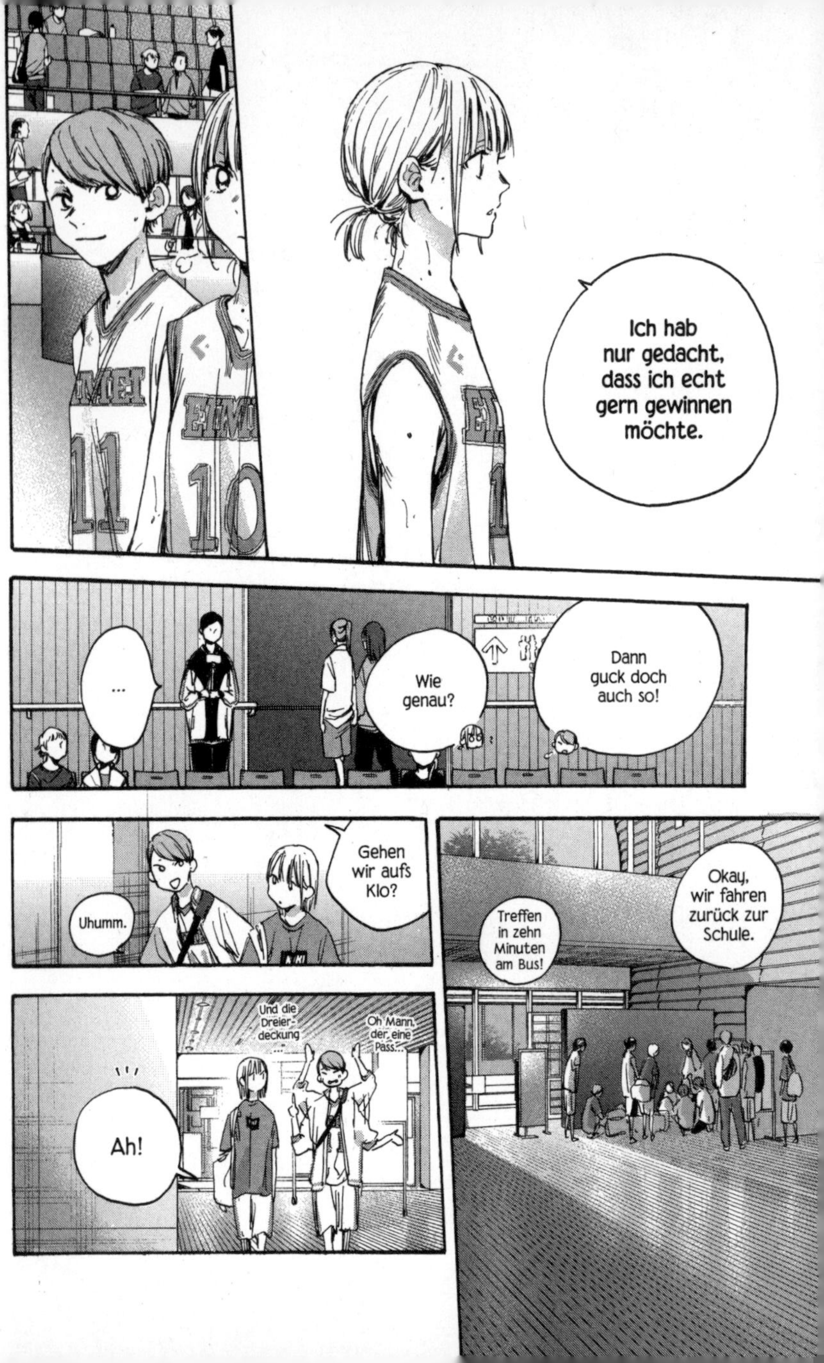
Ich hab nur gedacht, dass ich echt gern gewinnen möchte.
Dann guck doch auch so!
Wie genau?
...
Okay, wir fahren zurück zur Schule.
Treffen in zehn Minuten am Bus!
Gehen wir aufs Klo?
Uhumm.
Oh Mann, der eine Pass...
Und die Dreier-deckung ...
Ah!

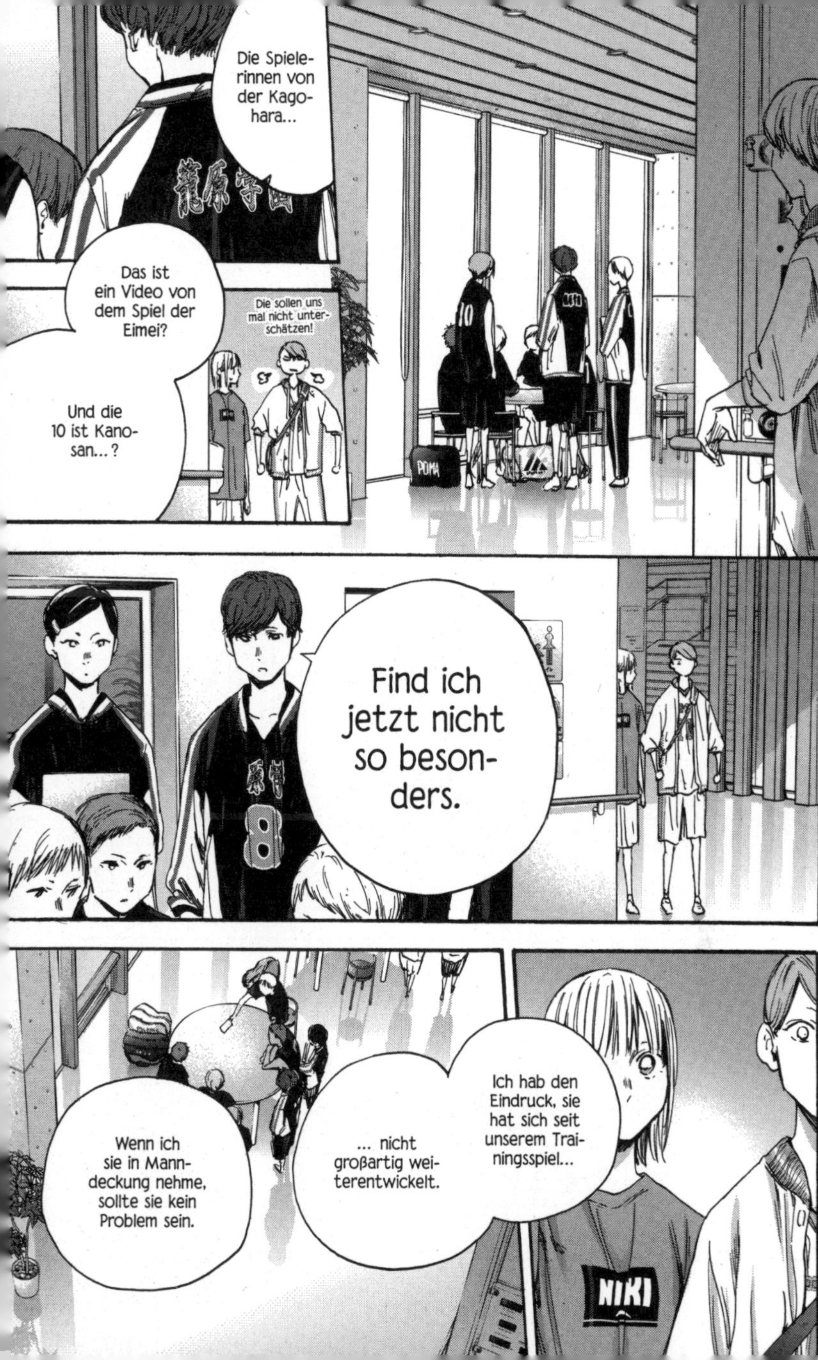
Die Spielerinnen von der Kagohara...
Das ist ein Video von dem Spiel der Eimei?
Die sollen uns mal nicht unterschätzen!
Und die 10 ist Kano-san...?
Find ich jetzt nicht so besonders.
Ich hab den Eindruck, sie hat sich seit unserem Trainingsspiel...
... nicht großartig weiterentwickelt.
Wenn ich sie in Manndeckung nehme, sollte sie kein Problem sein.
NIKI

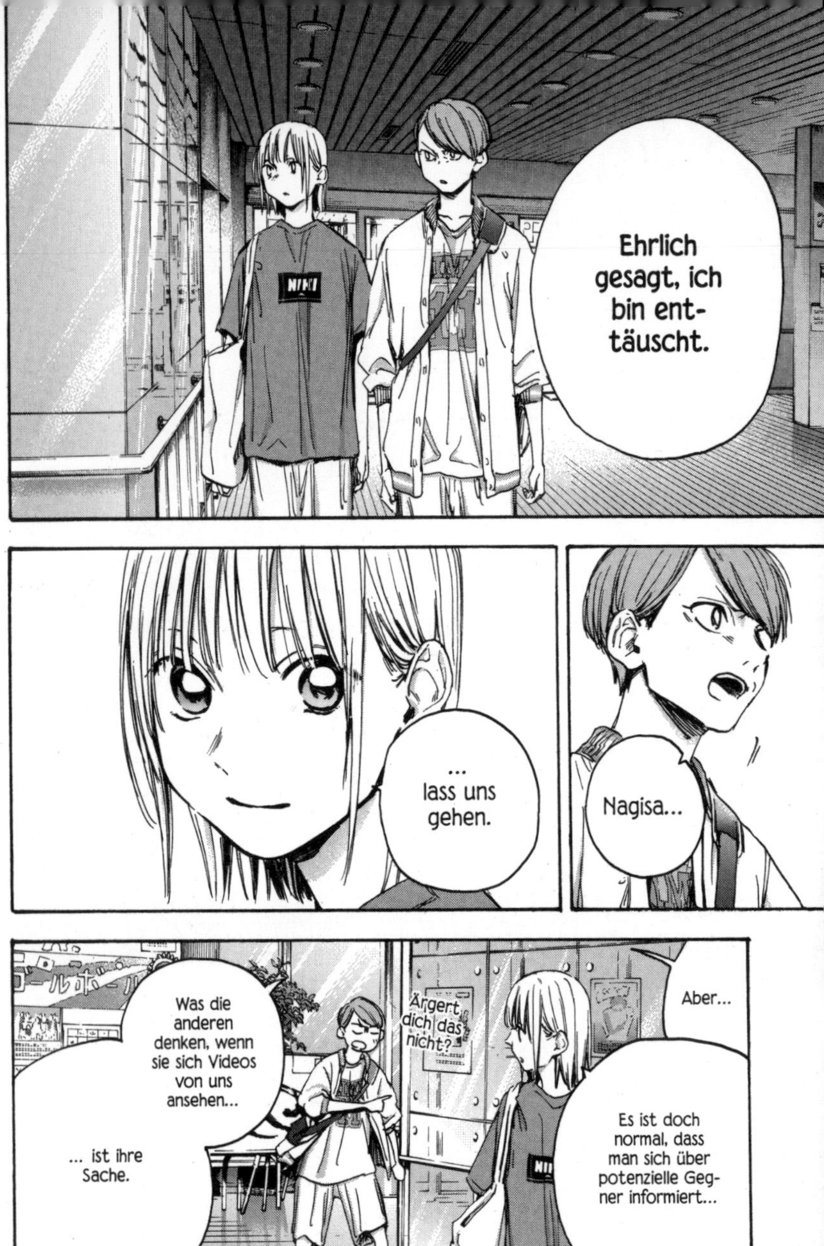
Ehrlich gesagt, ich bin ent-täuscht.
Nagisa...
... lass uns gehen.
Aber...
Es ist doch normal, dass man sich über potenzielle Geg-ner informiert...
Ärgert dich das nicht?
Was die anderen denken, wenn sie sich Videos von uns ansehen...
... ist ihre Sache.

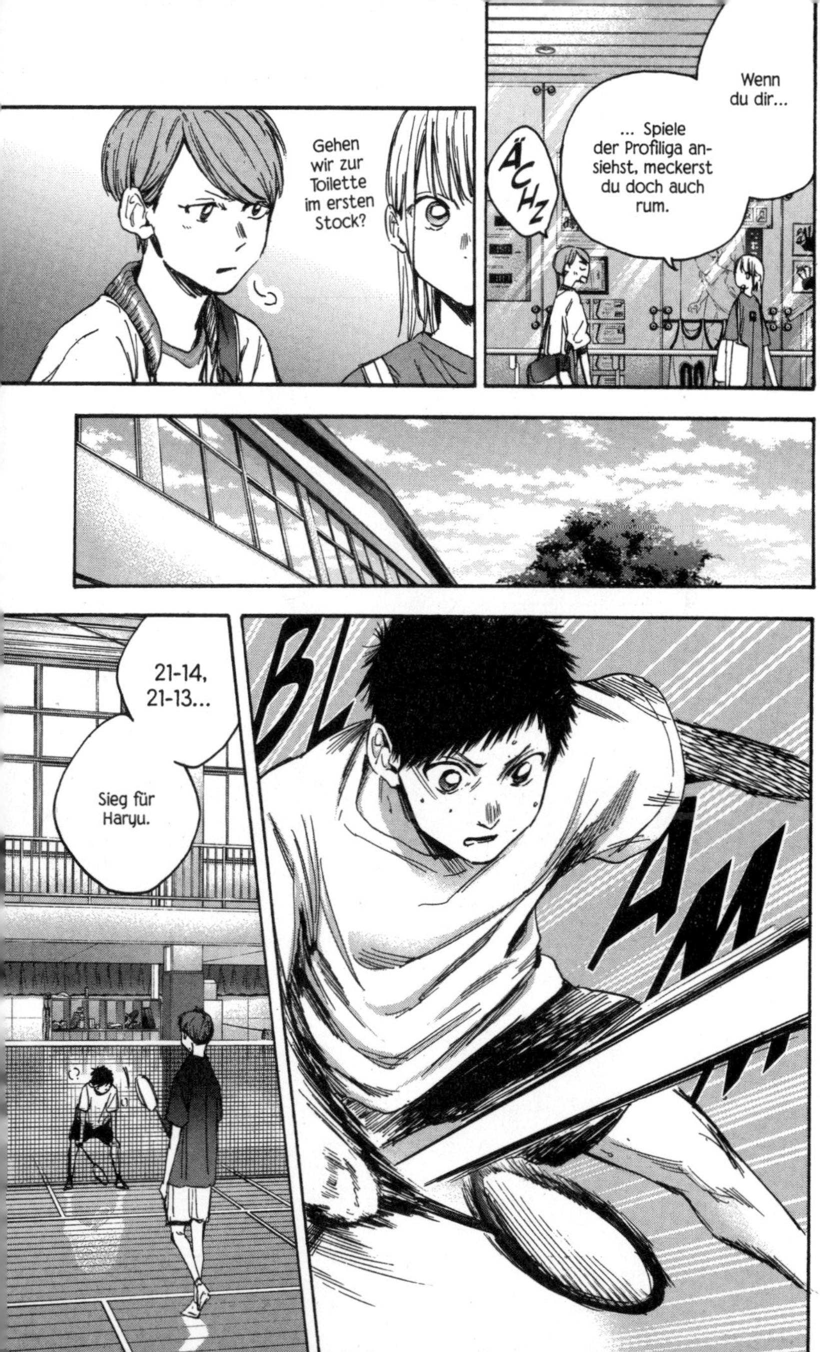
Wenn du dir...
... Spiele der Profiliga ansiehst, meckerst du doch auch rum.
ÄCHZ
Gehen wir zur Toilette im ersten Stock?
BLAM
21-14, 21-13...
Sieg für Haryu.

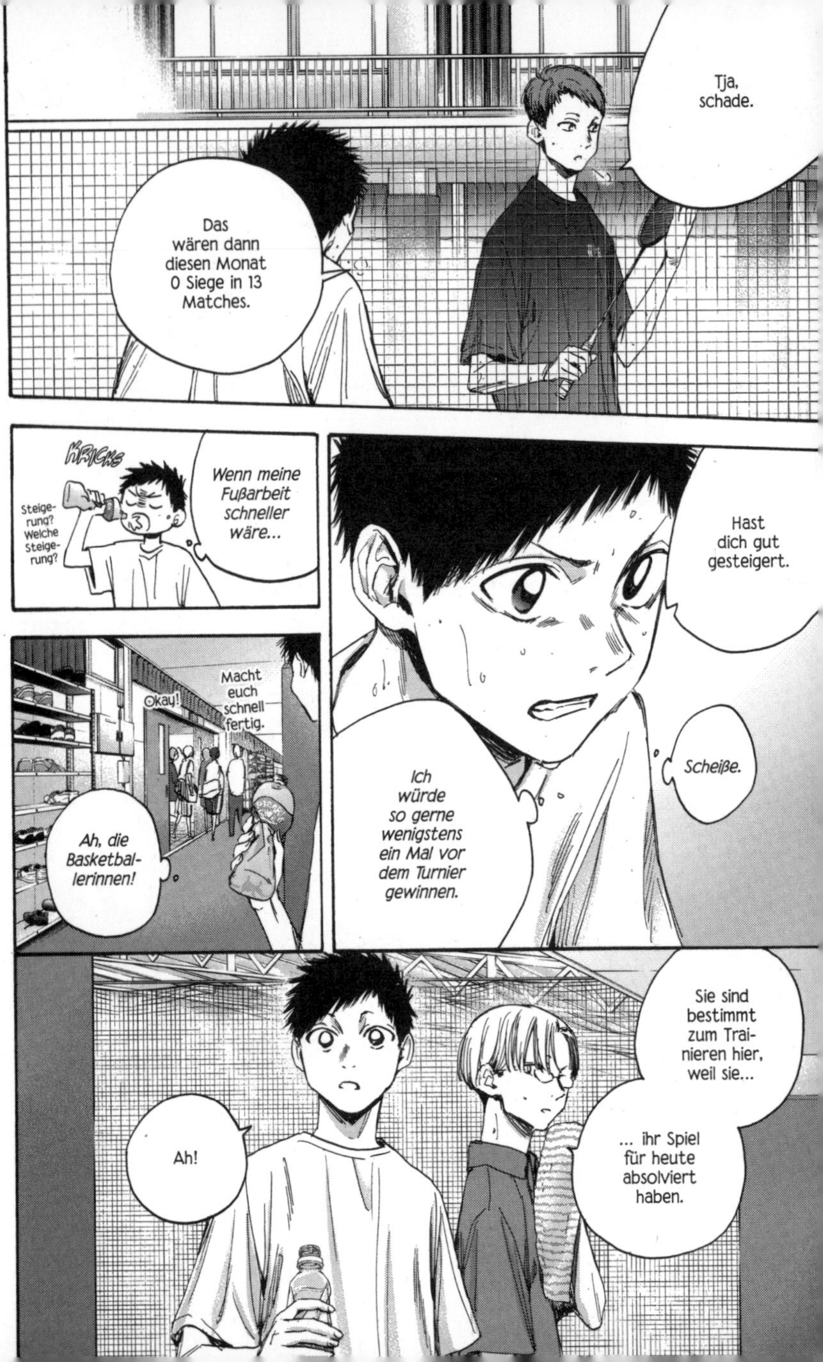
Tja, schade.
Das wären dann diesen Monat 0 Siege in 13 Matches.
Hast dich gut gesteigert.
Scheiße.
Ich würde so gerne wenigstens ein Mal vor dem Turnier gewinnen.
Wenn meine Fußarbeit schneller wäre...
KRICKS
Steigerung? Welche Steigerung?
Macht euch schnell fertig.
Okay!
Ah, die Basketballerinnen!
Sie sind bestimmt zum Trainieren hier, weil sie...
... ihr Spiel für heute absolviert haben.
Ah!

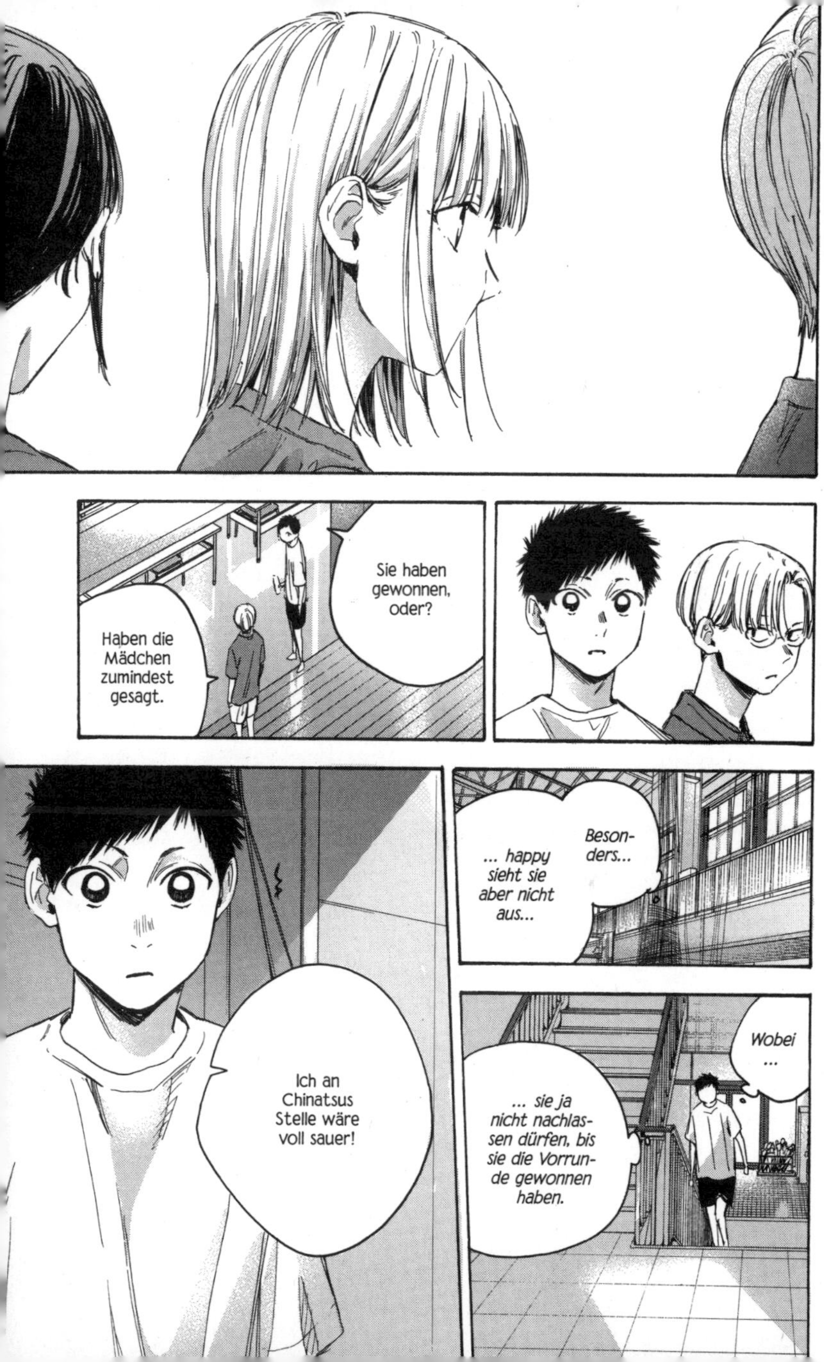
Sie haben gewonnen, oder?
Haben die Mädchen zumindest gesagt.
Besonders...
... happy sieht sie aber nicht aus...
Wobei ...
... sie ja nicht nachlassen dürfen, bis sie die Vorrunde gewonnen haben.
Ich an Chinatsus Stelle wäre voll sauer!

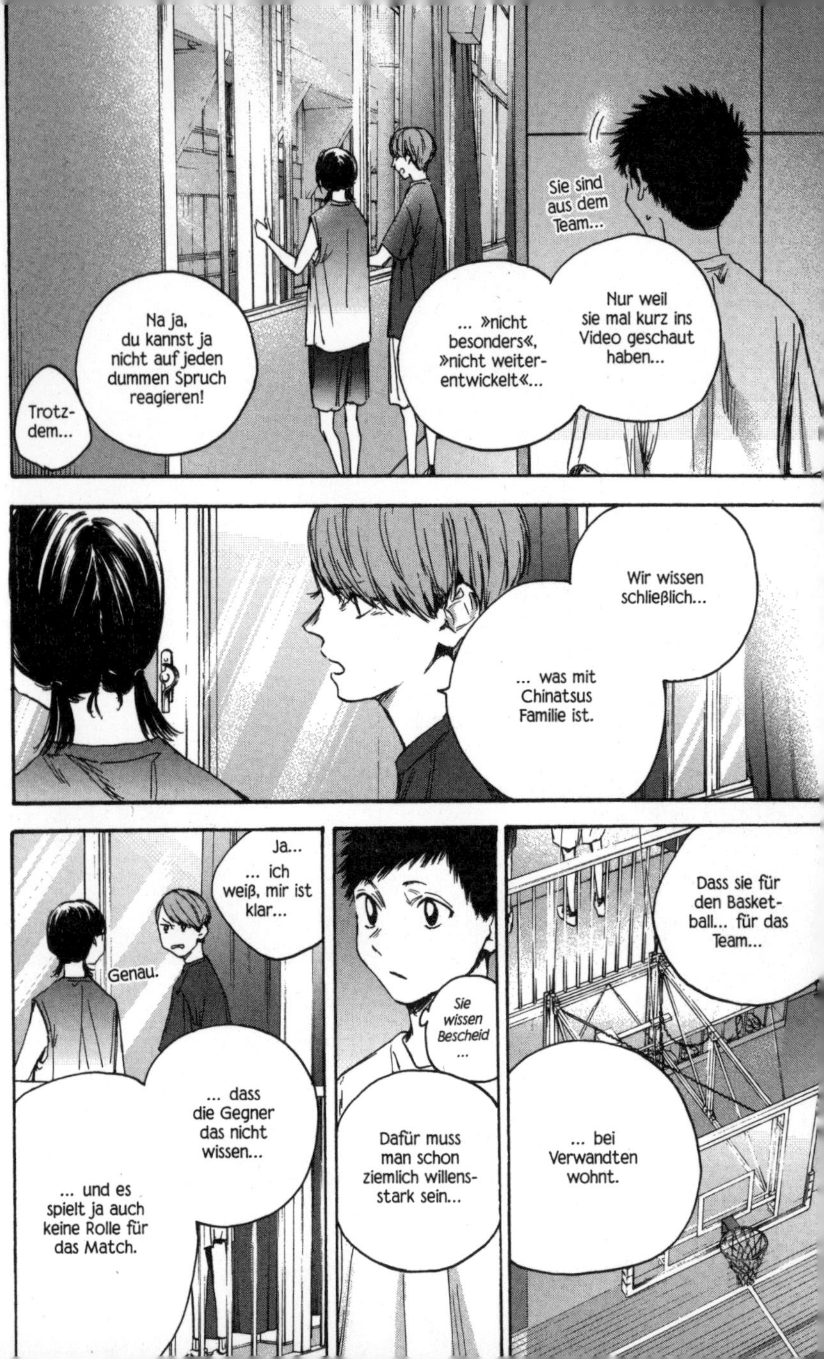
Sie sind aus dem Team...
Nur weil sie mal kurz ins Video geschaut haben...
... »nicht besonders«, »nicht weiter-entwickelt«...
Na ja, du kannst ja nicht auf jeden dummen Spruch reagieren!
Trotz-dem...
Wir wissen schließlich...
... was mit Chinatsus Familie ist.
Dass sie für den Basket-ball... für das Team...
... bei Verwandten wohnt.
Sie wissen Bescheid ...
Dafür muss man schon ziemlich willens-stark sein...
Ja... ... ich weiß, mir ist klar...
Genau.
... dass die Gegner das nicht wissen...
... und es spielt ja auch keine Rolle für das Match.

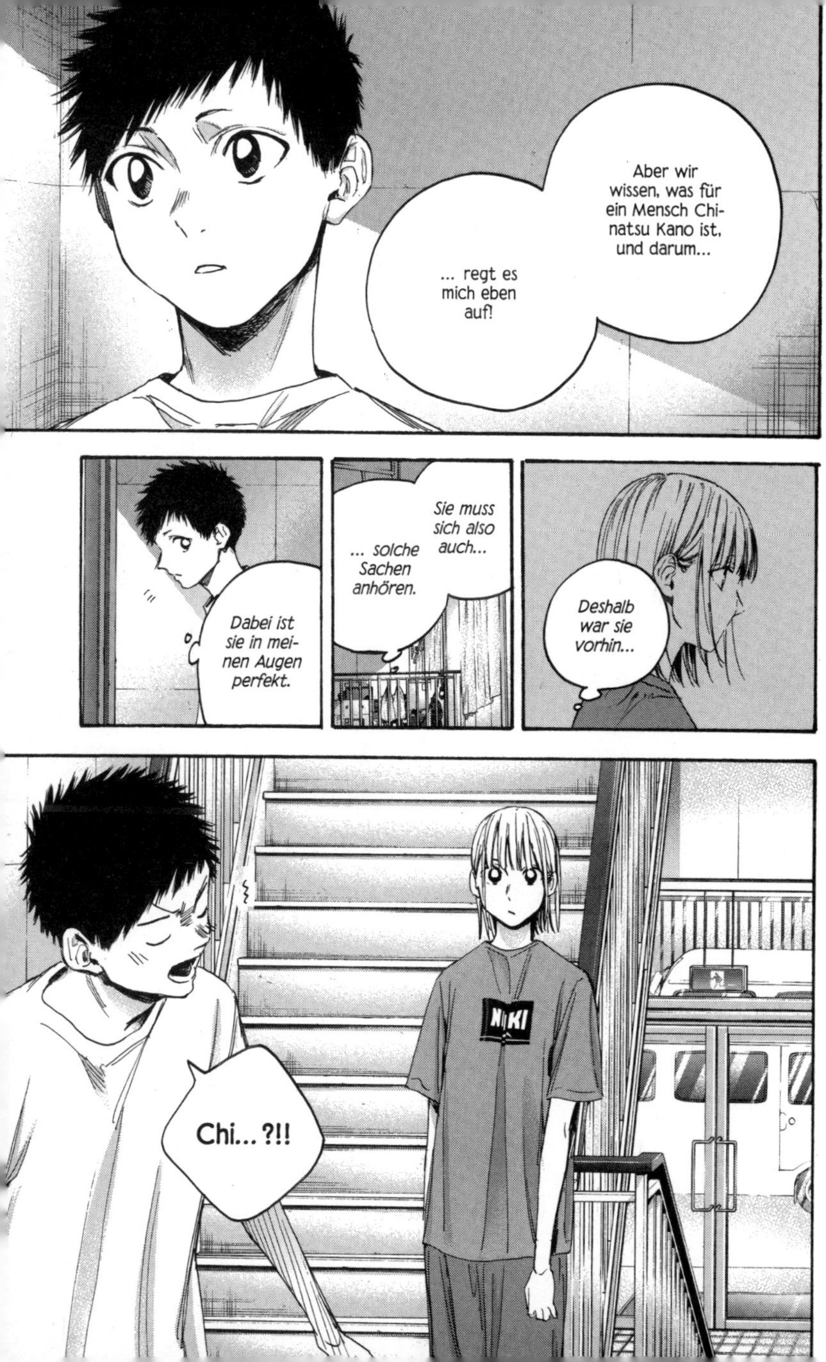
Aber wir wissen, was für ein Mensch Chinatsu Kano ist, und darum...
... regt es mich eben auf!
Deshalb war sie vorhin...
Sie muss sich also auch...
... solche Sachen anhören.
Dabei ist sie in meinen Augen perfekt.
Chi... ?!!

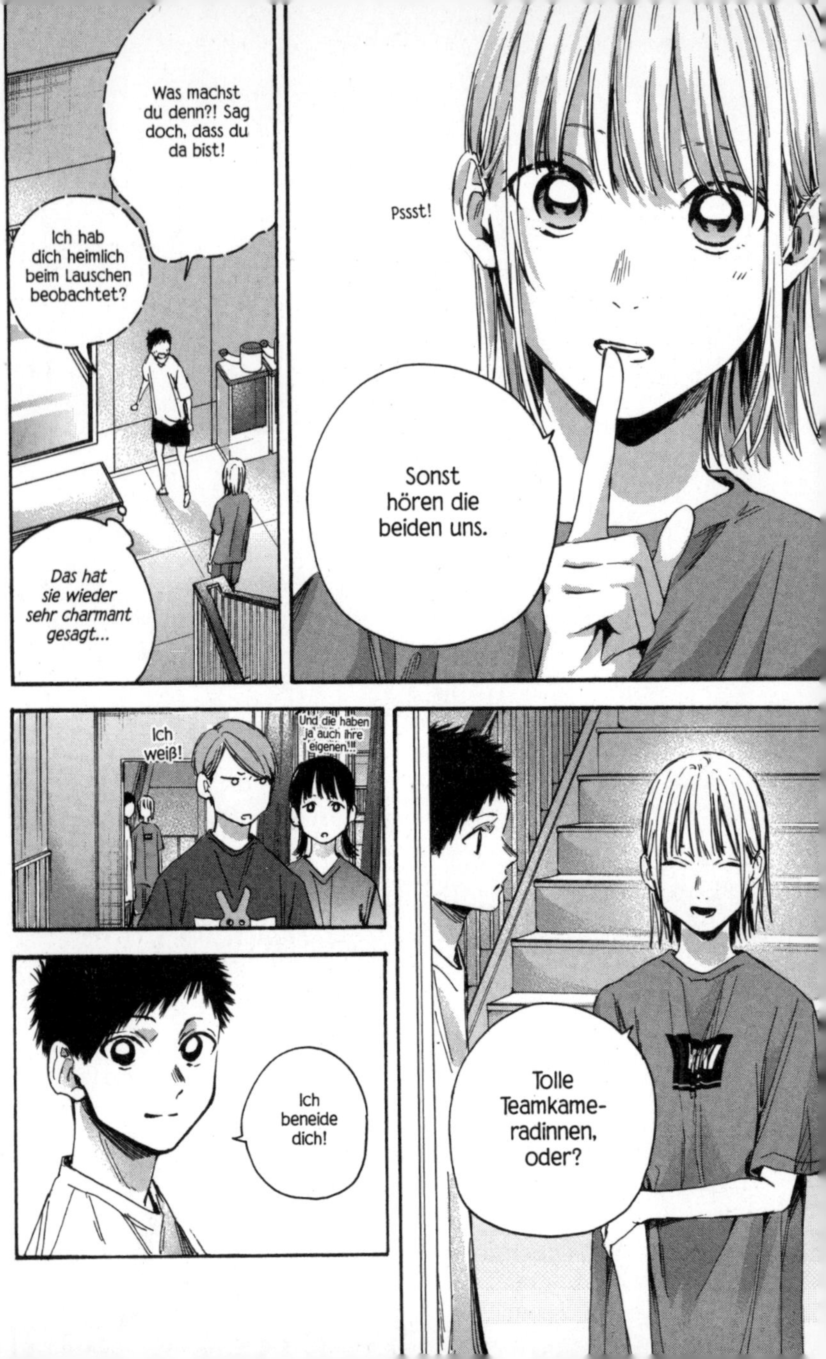
Pssst!
Sonst hören die beiden uns.
Was machst du denn?! Sag doch, dass du da bist!
Ich hab dich heimlich beim Lauschen beobachtet?
Das hat sie wieder sehr charmant gesagt...
Tolle Teamkame-radinnen, oder?
Und die haben ja auch ihre eigenen!!
Ich weiß!
Ich beneide dich!

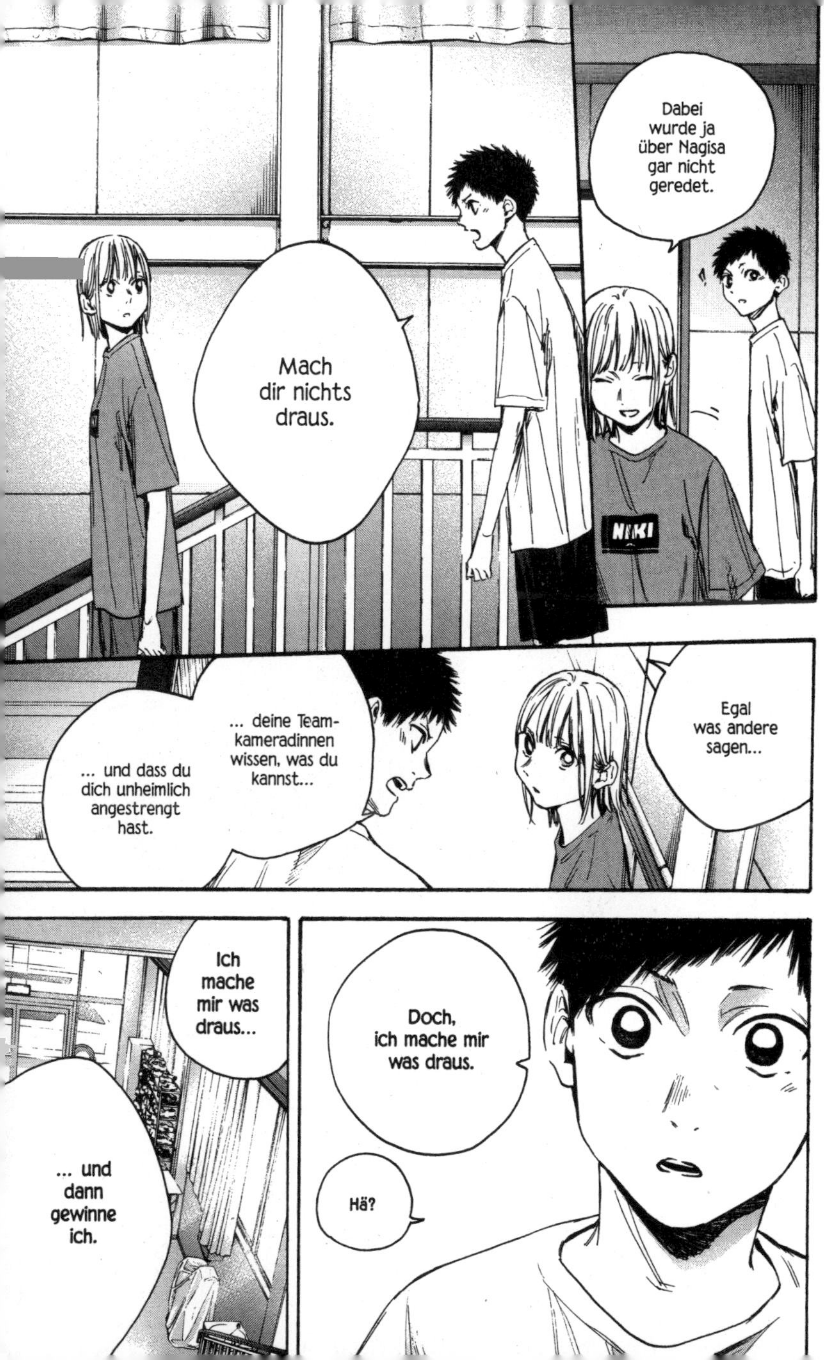
Dabei wurde ja über Nagisa gar nicht geredet.
Mach dir nichts draus.
Egal was andere sagen...
... deine Teamkameradinnen wissen, was du kannst...
... und dass du dich unheimlich angestrengt hast.
Doch, ich mache mir was draus.
Hä?
Ich mache mir was draus...
... und dann gewinne ich.

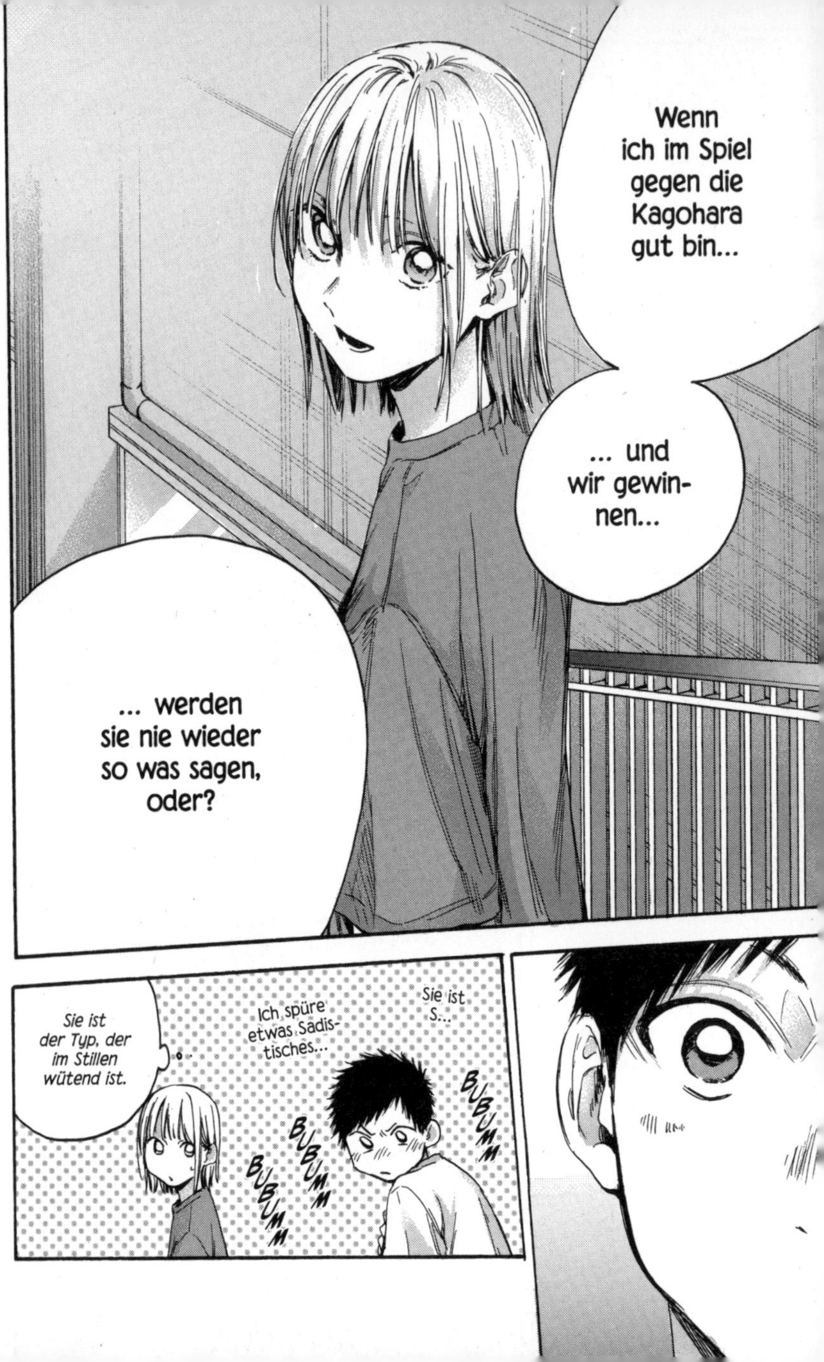
Wenn ich im Spiel gegen die Kagohara gut bin...
... und wir gewinnen...
... werden sie nie wieder so was sagen, oder?
Sie ist S...
BUBUMM
Ich spüre etwas Sadistisches...
BUBUMM
BUBUMM
Sie ist der Typ, der im Stillen wütend ist.

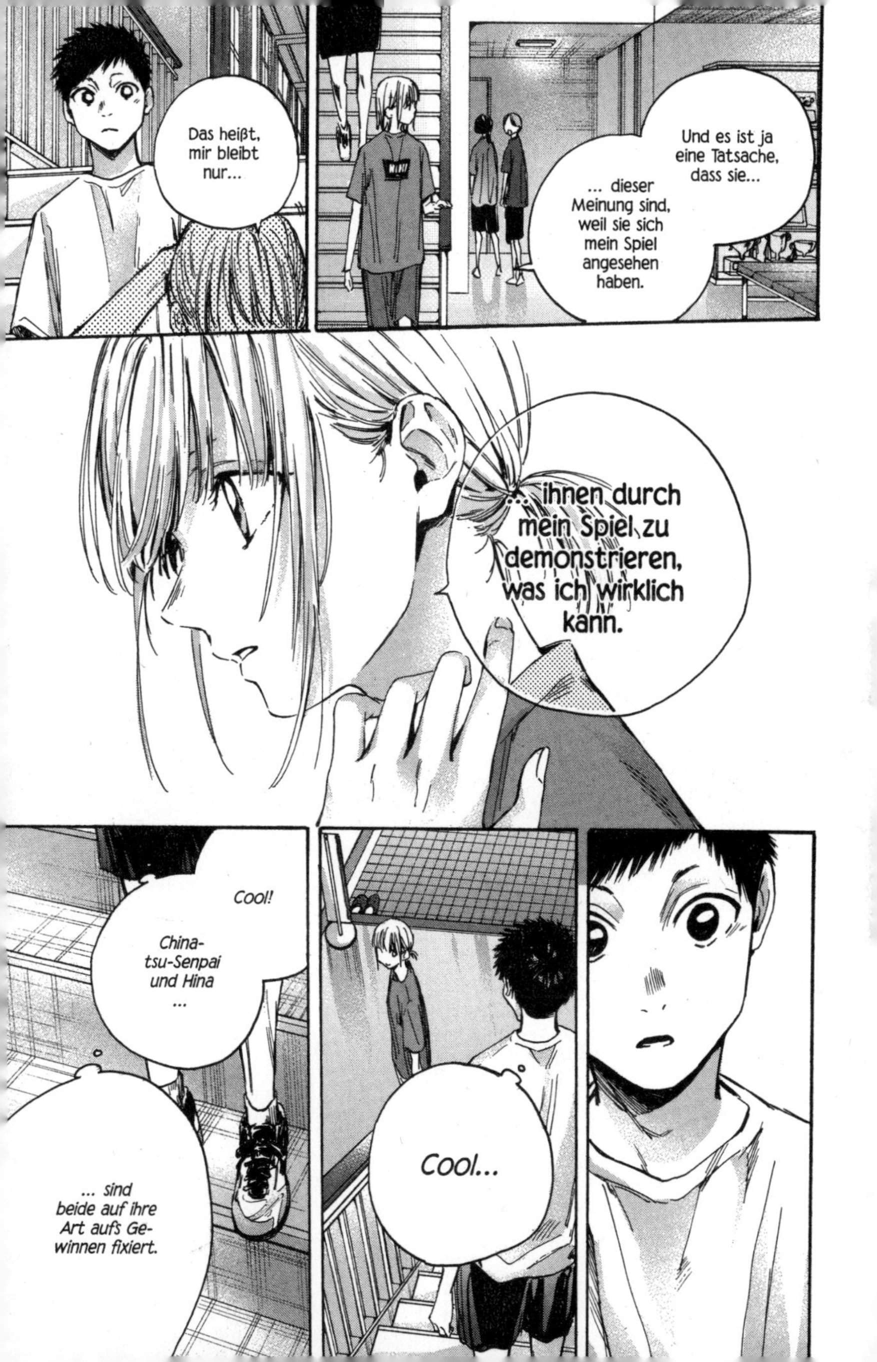
Und es ist ja eine Tatsache, dass sie...
... dieser Meinung sind, weil sie sich mein Spiel angesehen haben.
Das heißt, mir bleibt nur...
... ihnen durch mein Spiel zu demonstrieren, was ich wirklich kann.
Cool...
Cool!
China-tsu-Senpai und Hina ...
... sind beide auf ihre Art aufs Ge-winnen fixiert.

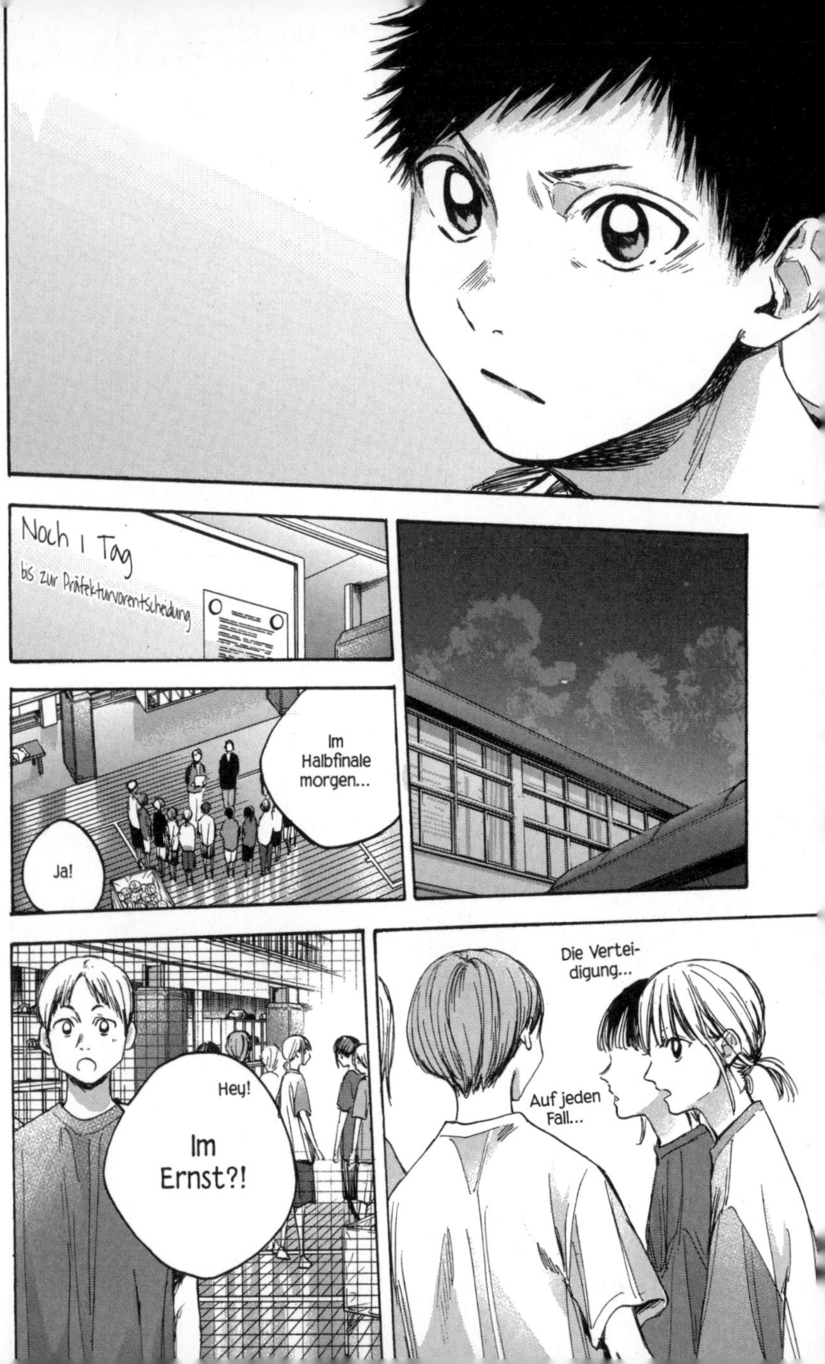
Noch 1 Tag
bis zur Präfekturvorentscheidung
Im Halbfinale morgen...
Ja!
Die Verteidigung...
Auf jeden Fall...
Hey!
Im Ernst?!

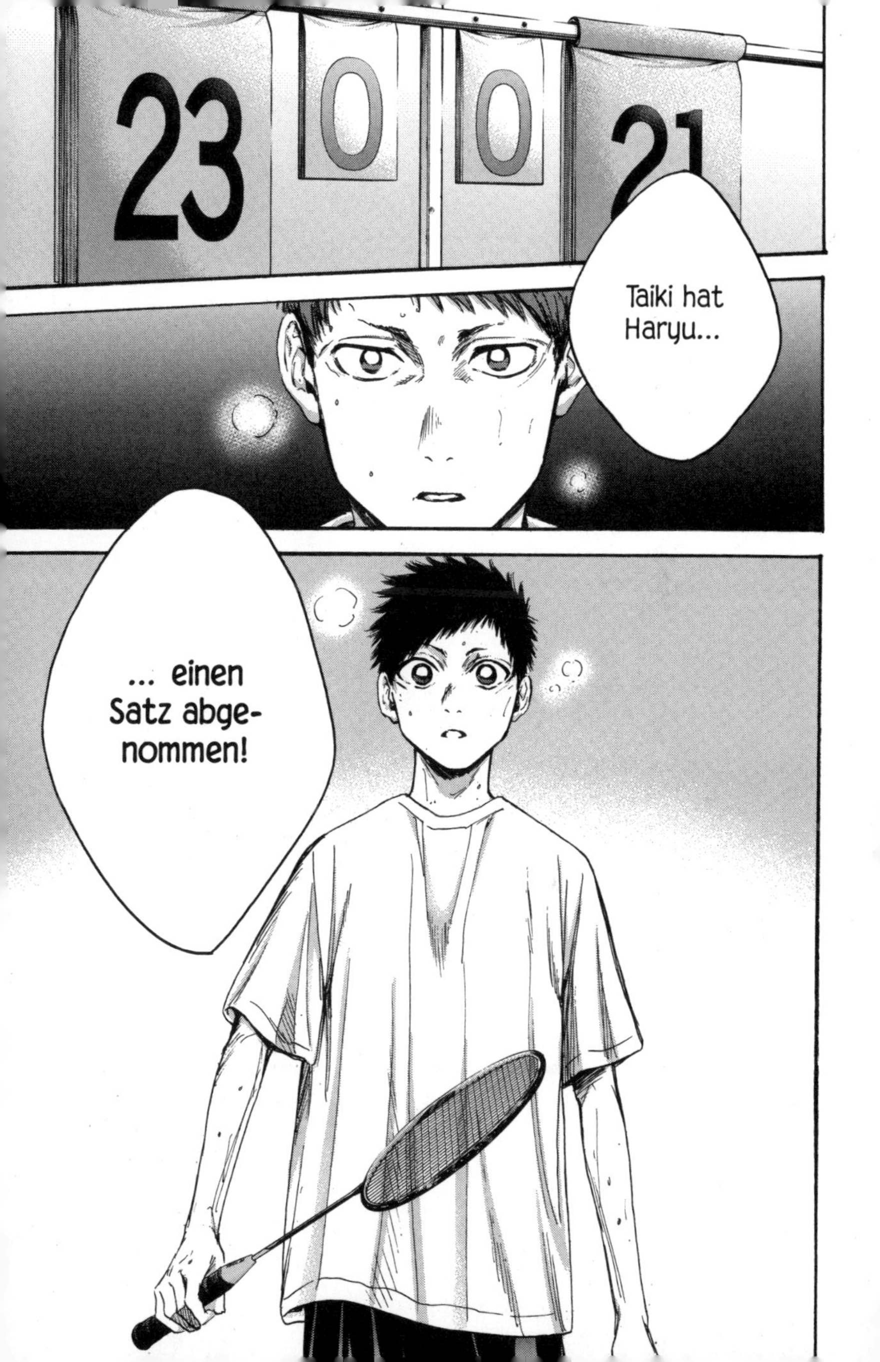
23
0
0
21
Taiki hat Haryu...
... einen Satz abgenommen!

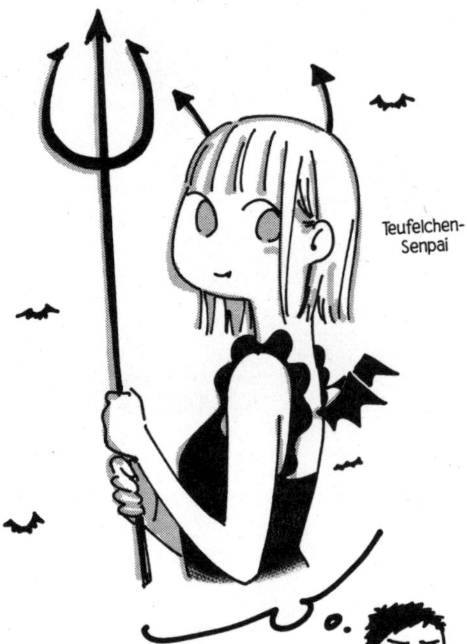
Teufelchen-
Senpai

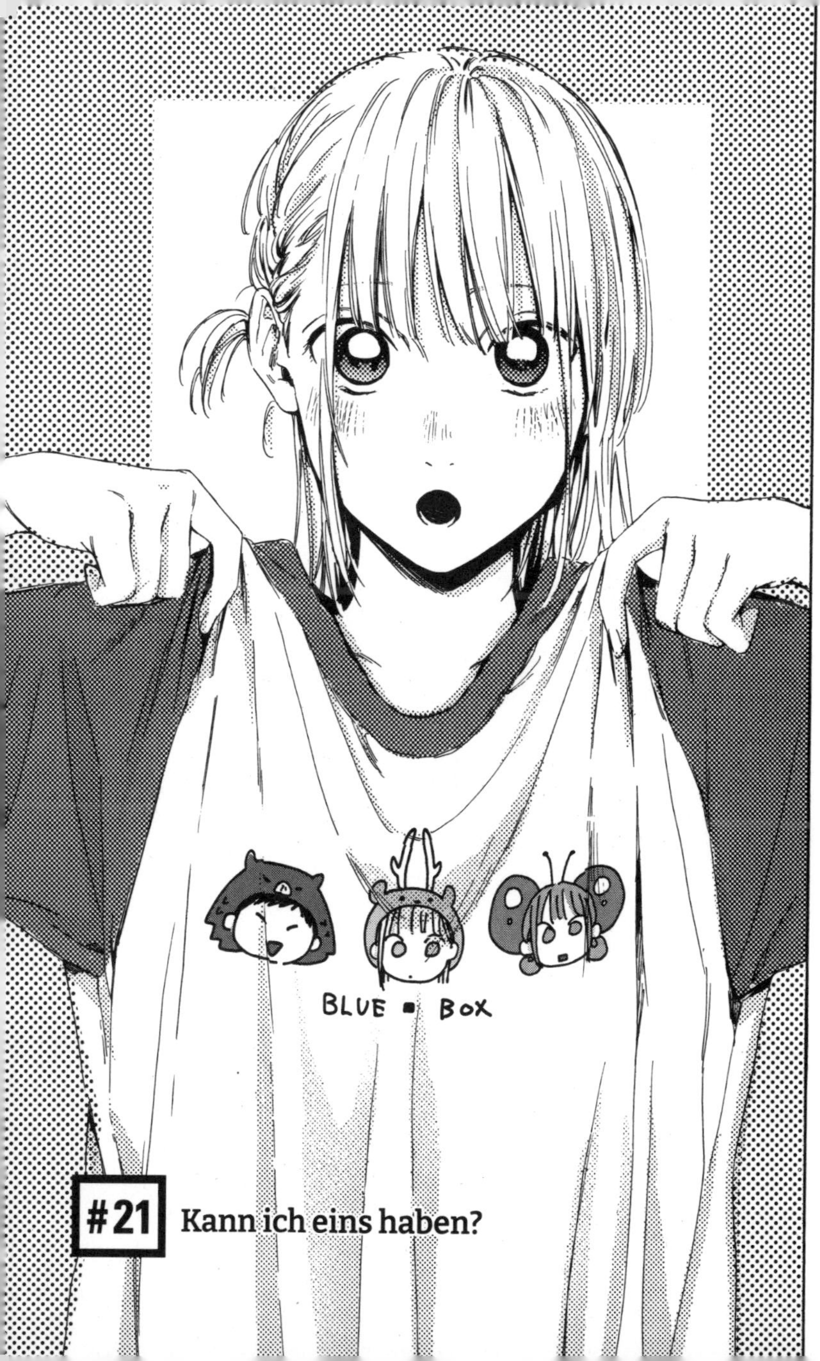
BLUE ■ BOX
#21
Kann ich eins haben?

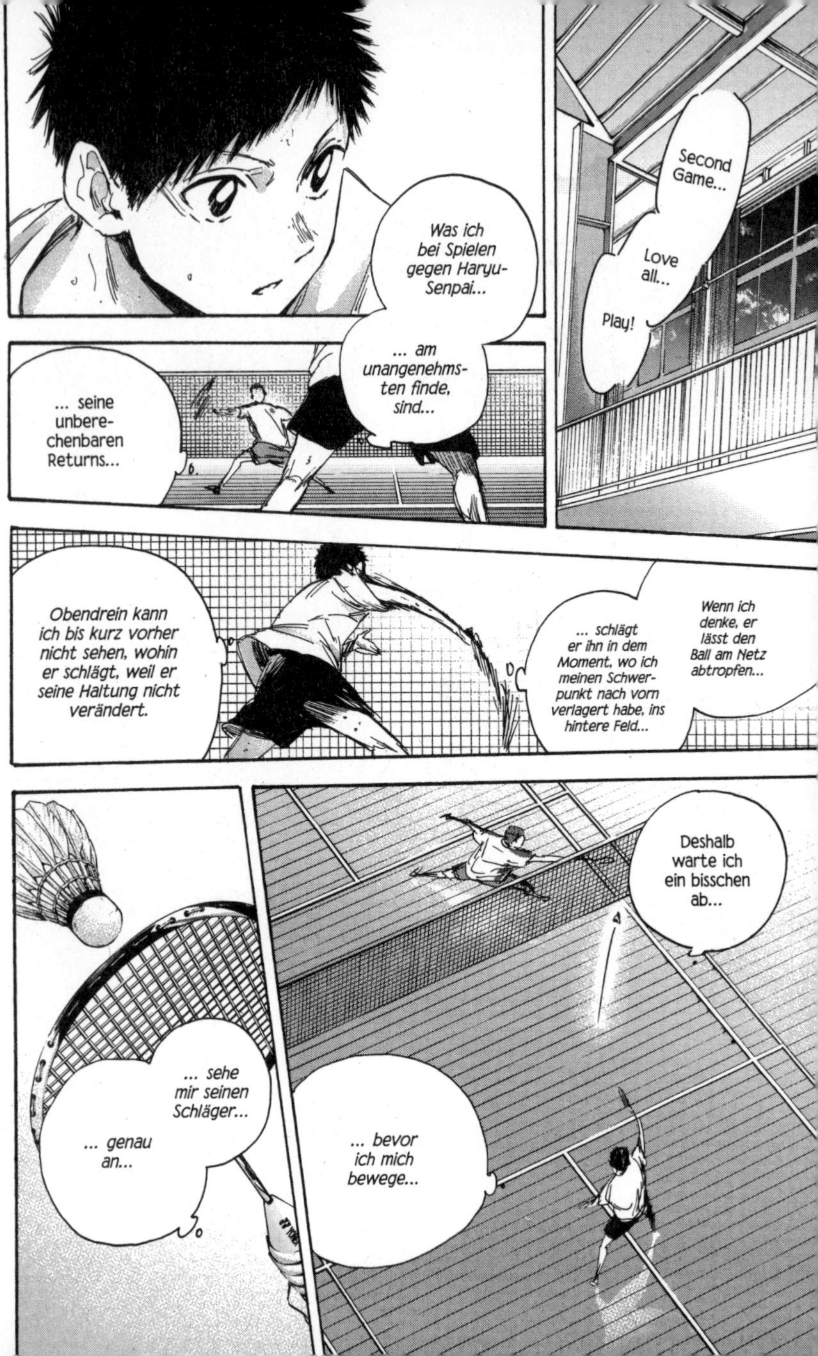
Second Game...
Love all...
Play!
Was ich bei Spielen gegen Haryu-Senpai...
... am unangenehmsten finde, sind...
... seine unberechenbaren Returns...
Wenn ich denke, er lässt den Ball am Netz abtropfen...
... schlägt er ihn in dem Moment, wo ich meinen Schwerpunkt nach vorn verlagert habe, ins hintere Feld...
Obendrein kann ich bis kurz vorher nicht sehen, wohin er schlägt, weil er seine Haltung nicht verändert.
Deshalb warte ich ein bisschen ab...
... bevor ich mich bewege...
... sehe mir seinen Schläger...
... genau an...

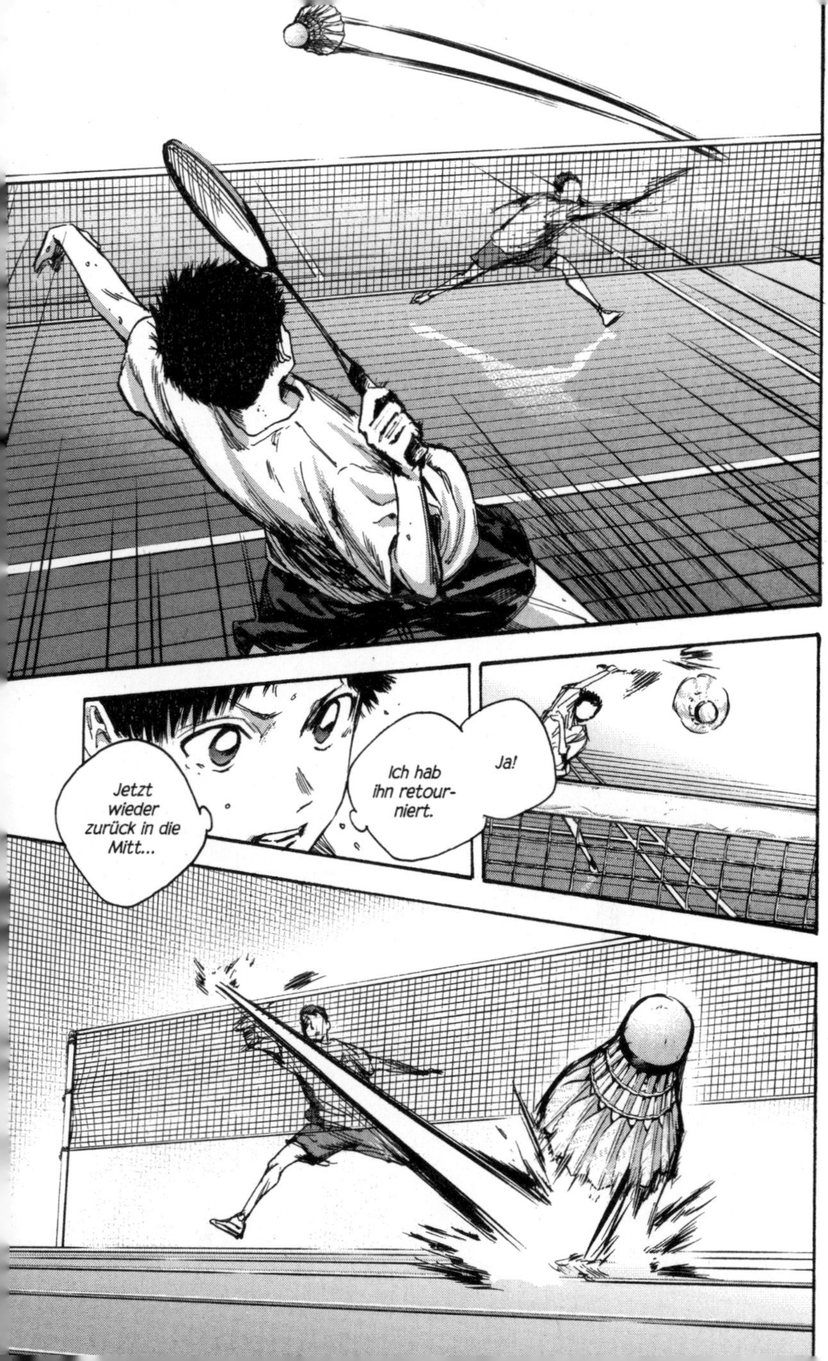
Ja!
Ich hab ihn retourniert.
Jetzt wieder zurück in die Mitt...

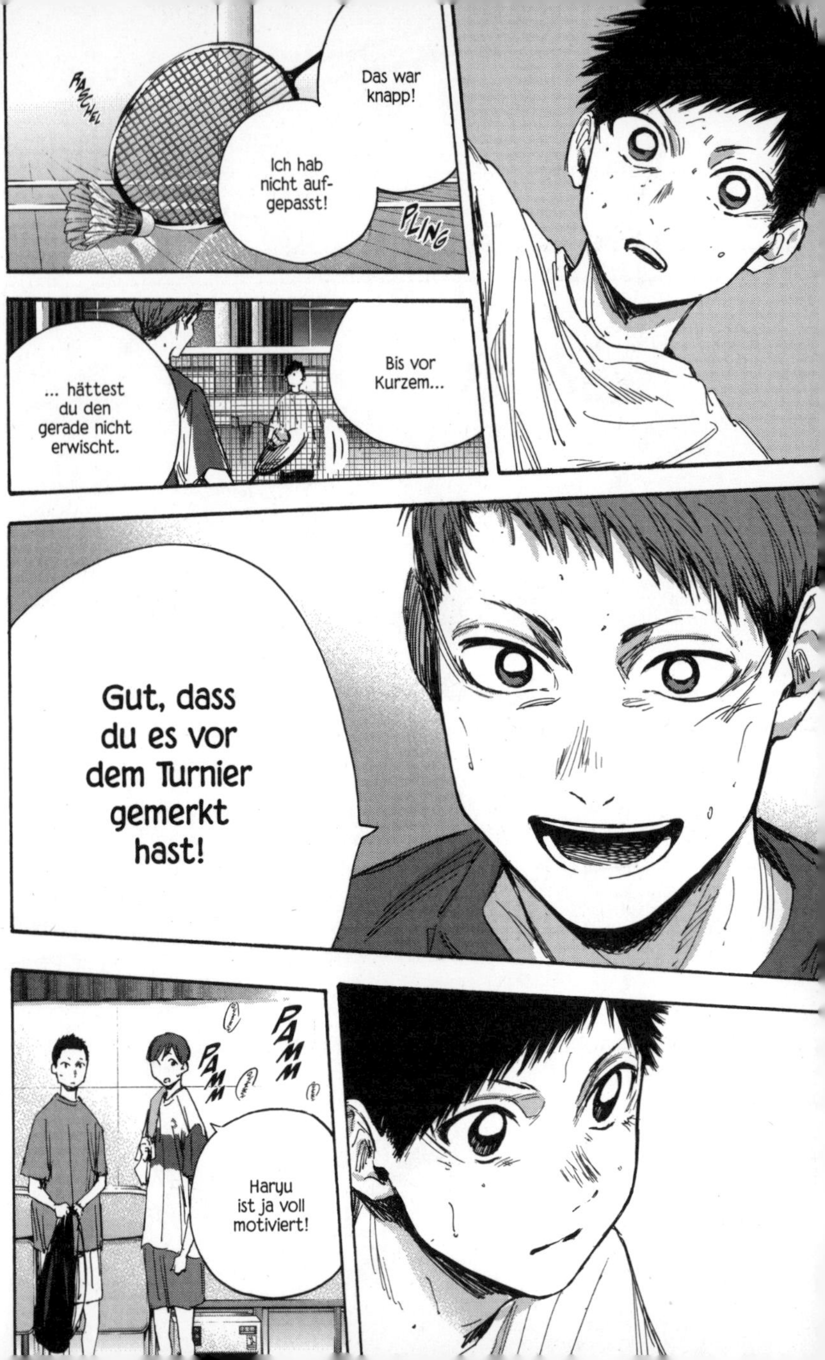
Das war knapp!
Ich hab nicht aufgepasst!
RASCHEL
PLING
Bis vor Kurzem...
... hättest du den gerade nicht erwischt.
Gut, dass du es vor dem Turnier gemerkt hast!
PAMM
PAMM
Haryu ist ja voll motiviert!

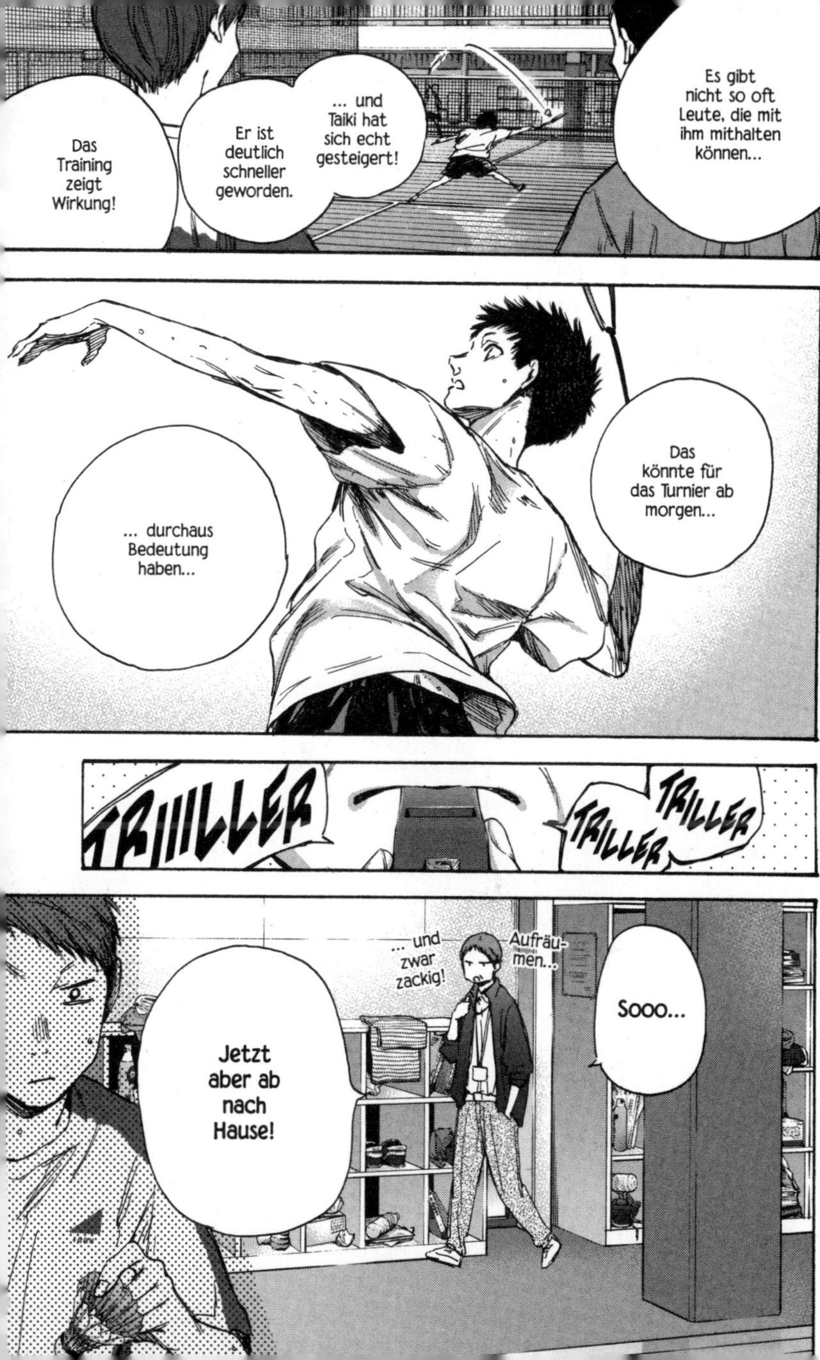
Es gibt nicht so oft Leute, die mit ihm mithalten können...
... und Taiki hat sich echt gesteigert!
Er ist deutlich schneller geworden.
Das Training zeigt Wirkung!
Das könnte für das Turnier ab morgen...
... durchaus Bedeutung haben...
TRILLER TRILLER
TRIIIILLER
Sooo...
Aufräumen...
... und zwar zackig!
Jetzt aber ab nach Hause!

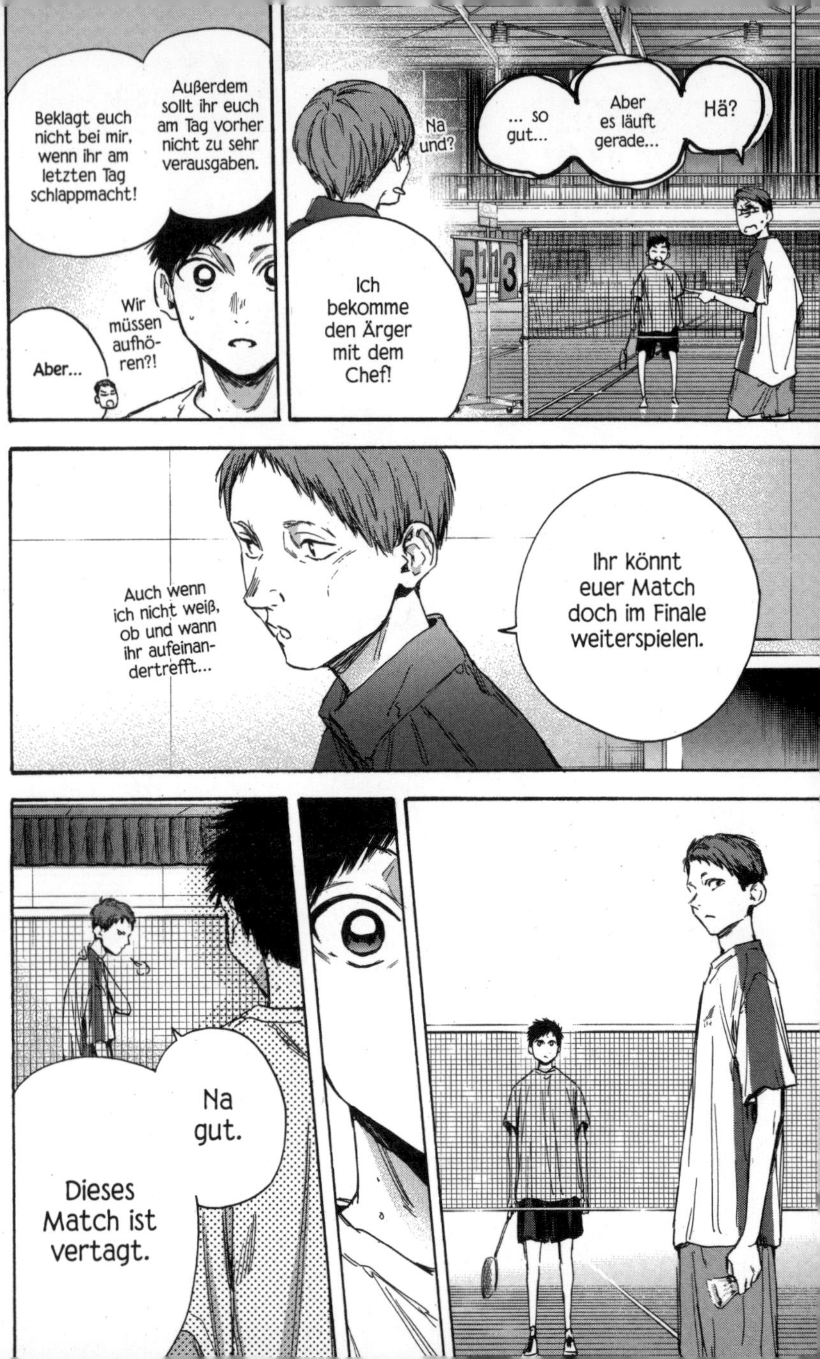
Hä?
Aber es läuft gerade...
... so gut...
Na und?
Ich bekomme den Ärger mit dem Chef!
Außerdem sollt ihr euch am Tag vorher nicht zu sehr verausgaben.
Beklagt euch nicht bei mir, wenn ihr am letzten Tag schlappmacht!
Wir müssen aufhö-ren?!
Aber...
Ihr könnt euer Match doch im Finale weiterspielen.
Auch wenn ich nicht weiß, ob und wann ihr aufeinan-dertrefft...
Na gut.
Dieses Match ist vertagt.

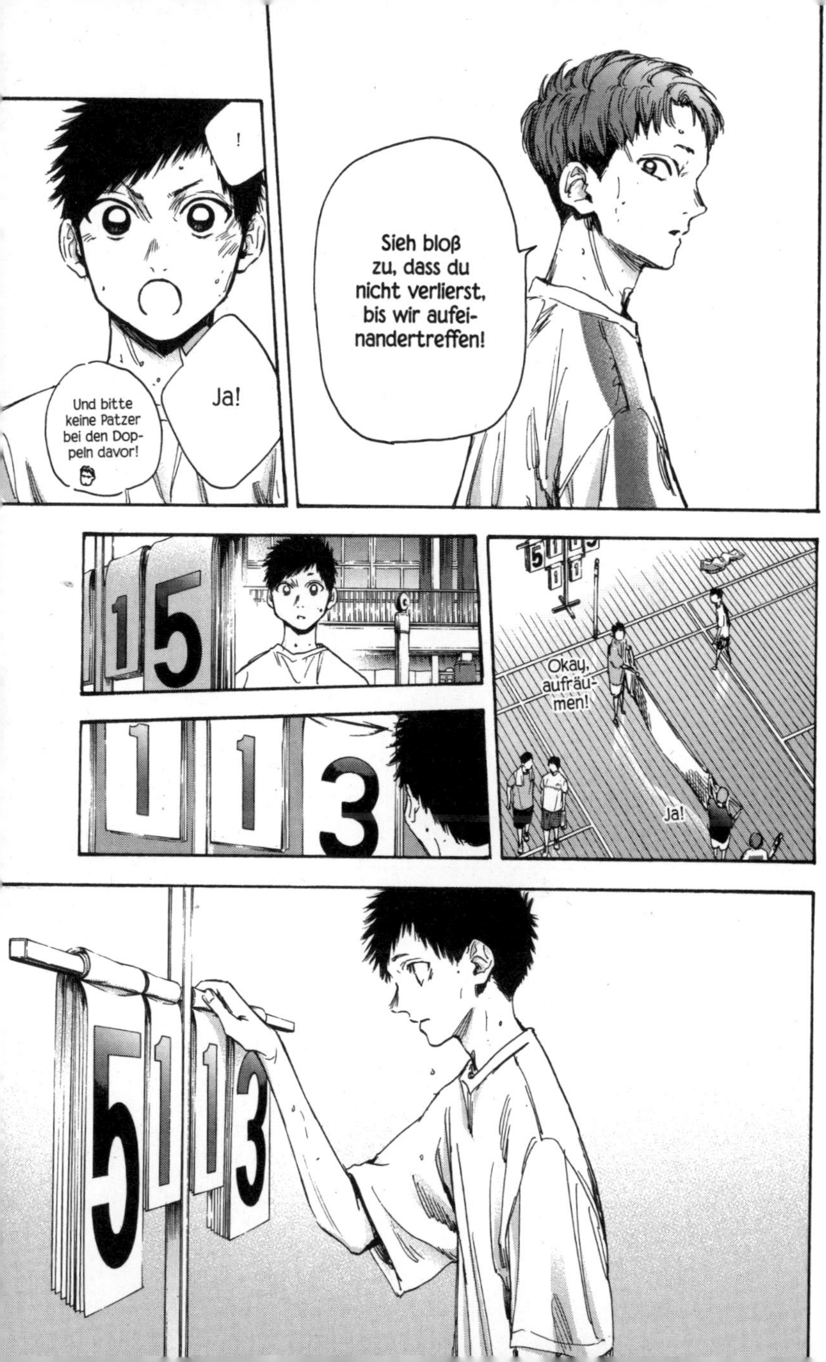
Sieh bloß zu, dass du nicht verlierst, bis wir aufeinandertreffen!
!
Ja!
Und bitte keine Patzer bei den Doppeln davor!
Okay, aufräumen!
Ja!

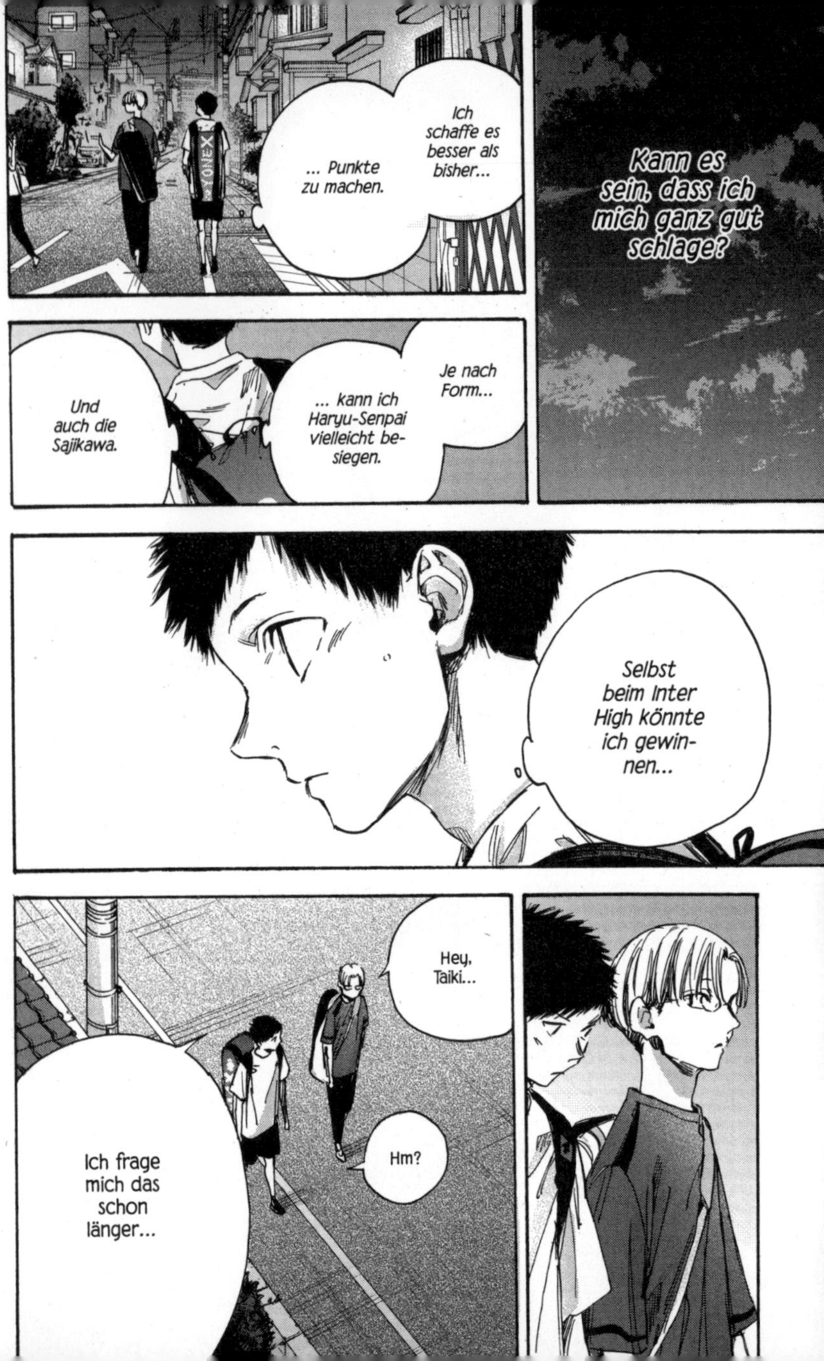
Kann es sein, dass ich mich ganz gut schlage?
Ich schaffe es besser als bisher...
... Punkte zu machen.
Je nach Form...
... kann ich Haryu-Senpai vielleicht besiegen.
Und auch die Sajikawa.
Selbst beim Inter High könnte ich gewinnen...
Hey, Taiki...
Hm?
Ich frage mich das schon länger...

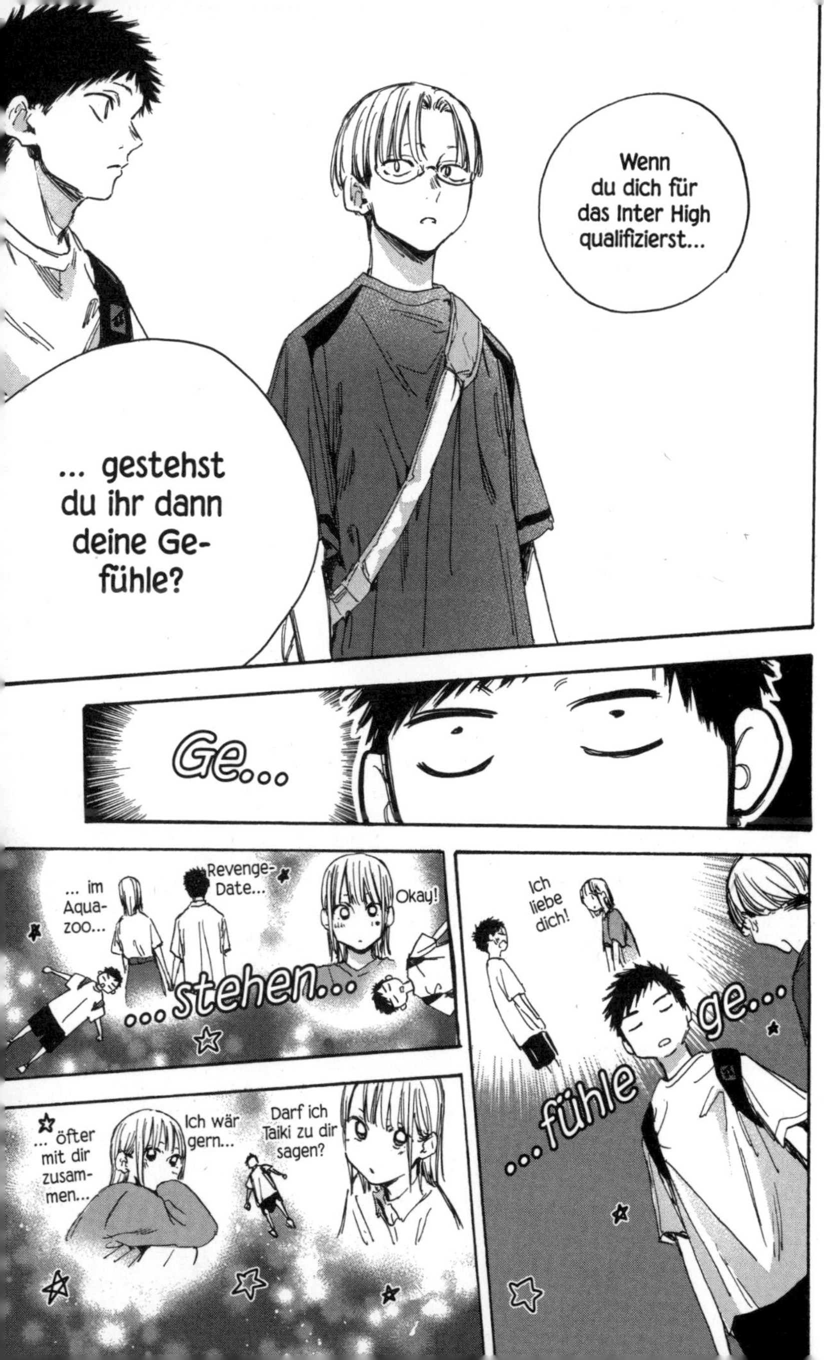
Wenn du dich für das Inter High qualifizierst...
... gestehst du ihr dann deine Gefühle?
Ge...
Okay!
Revenge-Date...
... im Aquazoo...
...stehen...
Ich liebe dich!
...ge...
...fühle
Darf ich Taiki zu dir sagen?
Ich wär gern...
... öfter mit dir zusammen...

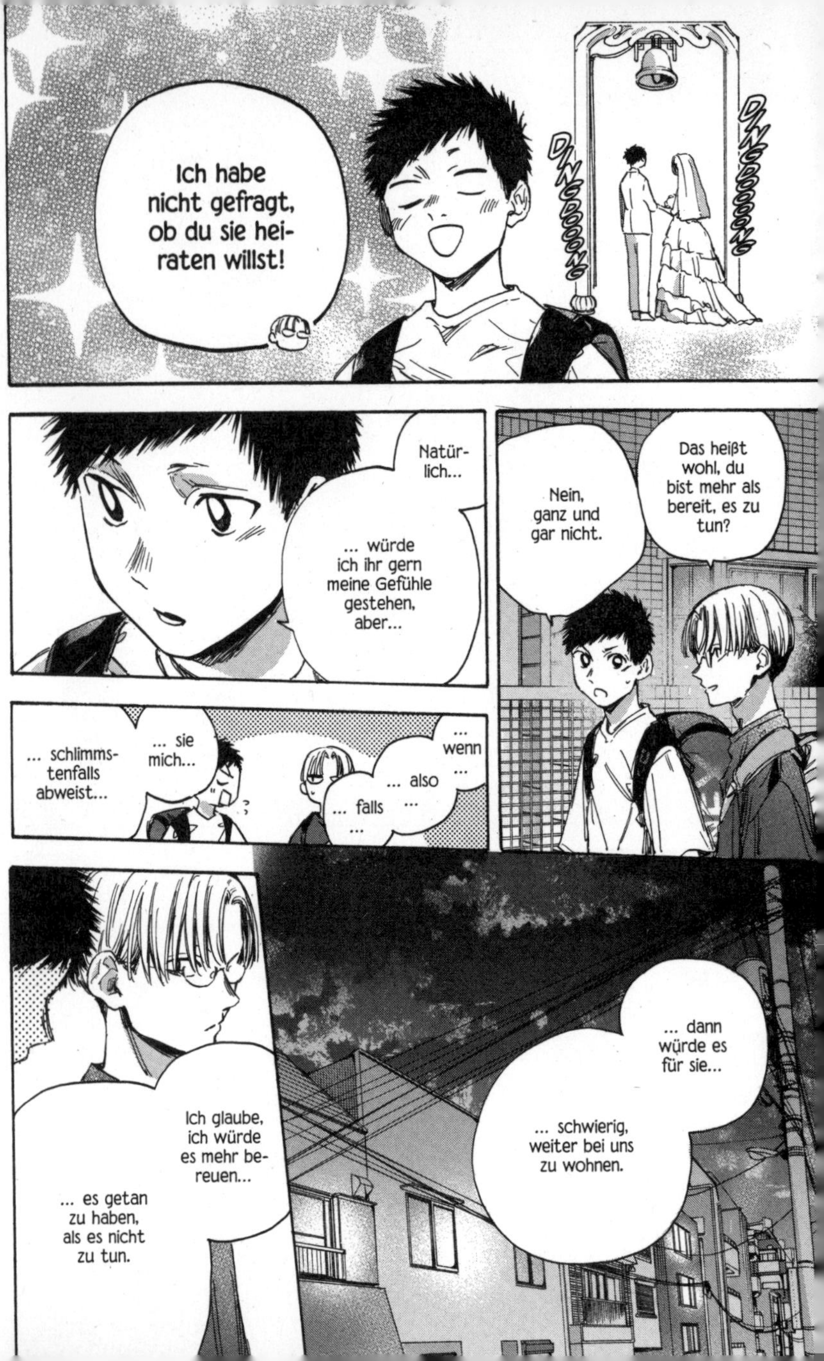
DINGDOOONG
DINGDOOONG
Ich habe nicht gefragt, ob du sie heiraten willst!
Das heißt wohl, du bist mehr als bereit, es zu tun?
Nein, ganz und gar nicht.
Natürlich...
... würde ich ihr gern meine Gefühle gestehen, aber...
... wenn ...
... also ...
... falls ...
... sie mich...
... schlimmstenfalls abweist...
... dann würde es für sie...
... schwierig, weiter bei uns zu wohnen.
Ich glaube, ich würde es mehr bereuen...
... es getan zu haben, als es nicht zu tun.

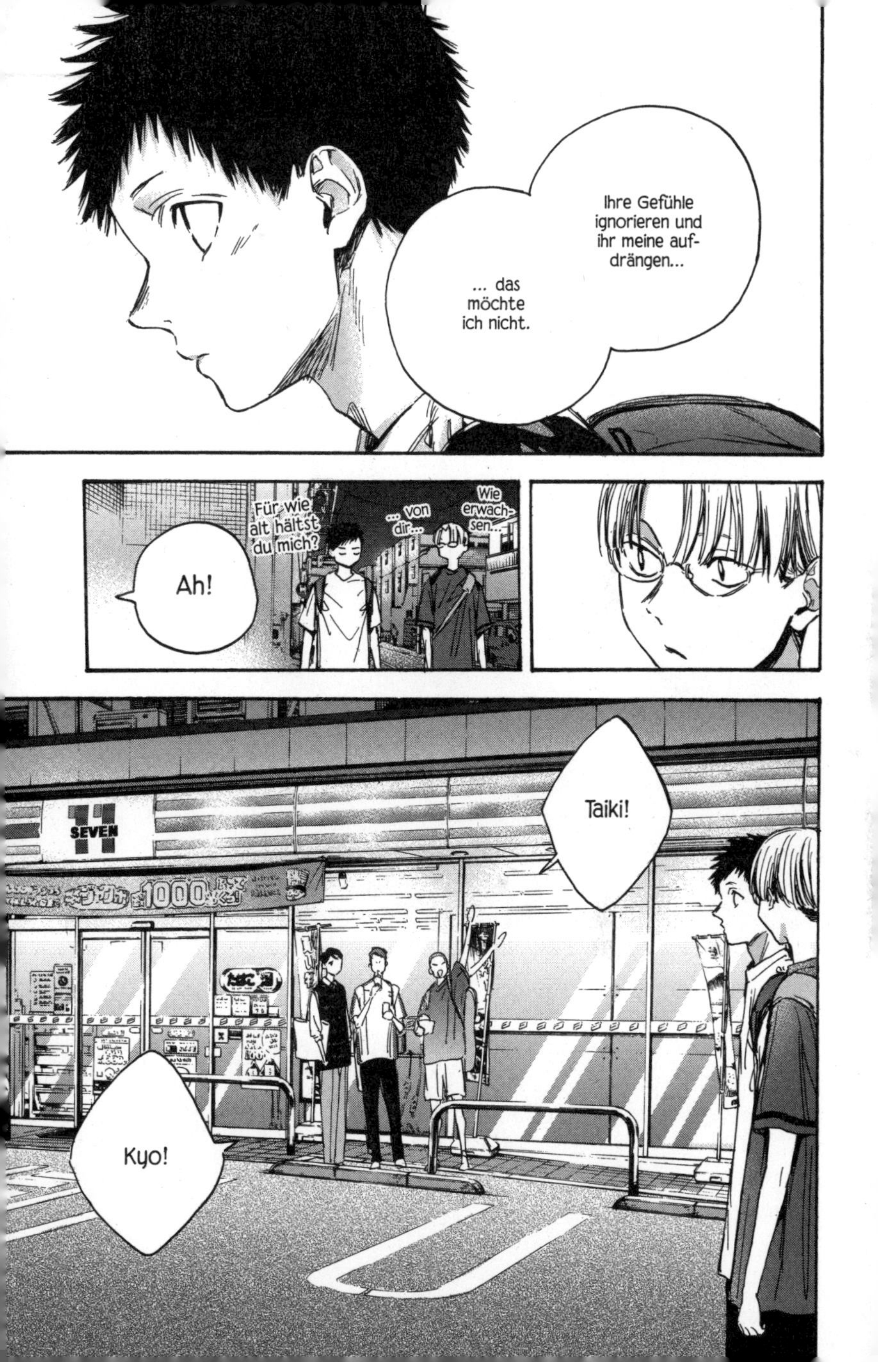
Ihre Gefühle ignorieren und ihr meine auf-drängen...
... das möchte ich nicht.
Wie erwach-sen...
... von dir...
Für wie alt hältst du mich?
Ah!
SEVEN
Taiki!
Kyo!

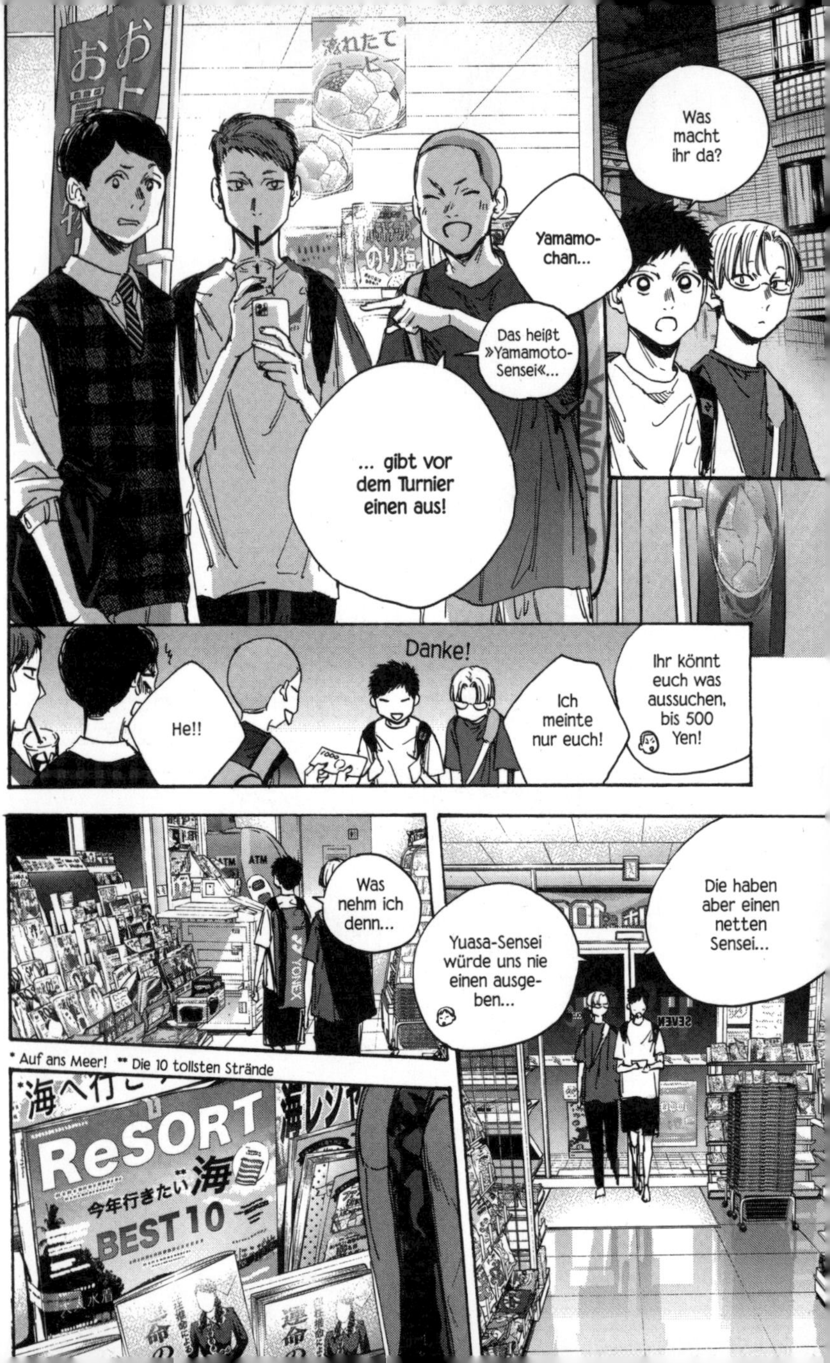

* Auf ans Meer! ** Die 10 tollsten Strände

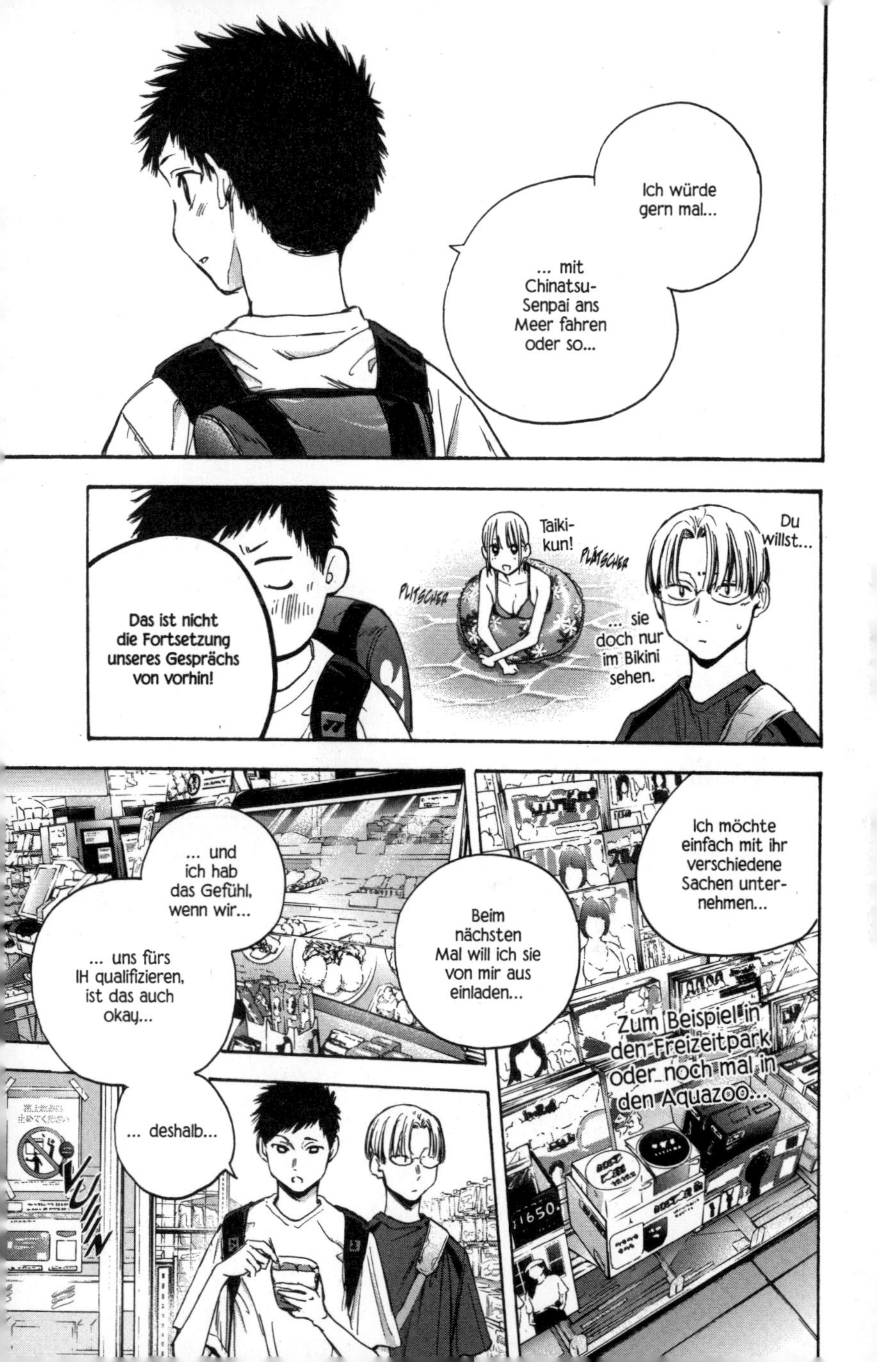

Ich würde gern mal...
... mit Chinatsu-Senpai ans Meer fahren oder so...
Du willst...
... sie doch nur im Bikini sehen.
Taiki-kun!
PLÄTSCHER
PLÄTSCHER
Das ist nicht die Fortsetzung unseres Gesprächs von vorhin!
Ich möchte einfach mit ihr verschiedene Sachen unternehmen...
Zum Beispiel in den Freizeitpark oder noch mal in den Aquazoo...
Beim nächsten Mal will ich sie von mir aus einladen...
... und ich hab das Gefühl, wenn wir...
... uns fürs IH qualifizieren, ist das auch okay...
... deshalb...
VUUN

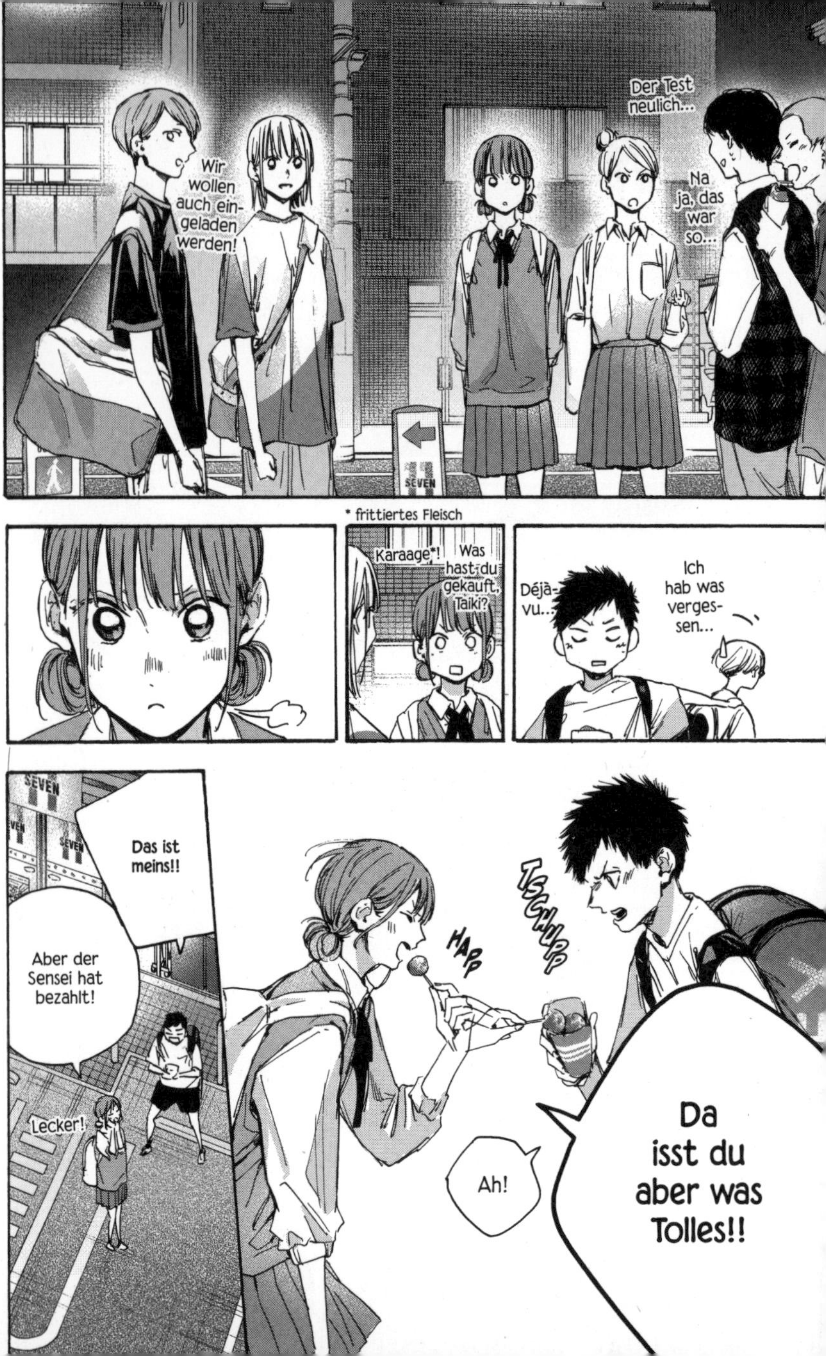
Der Test neulich...
Na ja, das war so...
Wir wollen auch eingeladen werden!
* frittiertes Fleisch
Ich hab was vergessen...
Déjà-vu...
Was hast du gekauft, Taiki?
Karaage*!
TSCHUPP
HAPP
Da isst du aber was Tolles!!
Ah!
Das ist meins!!
Aber der Sensei hat bezahlt!
Lecker!

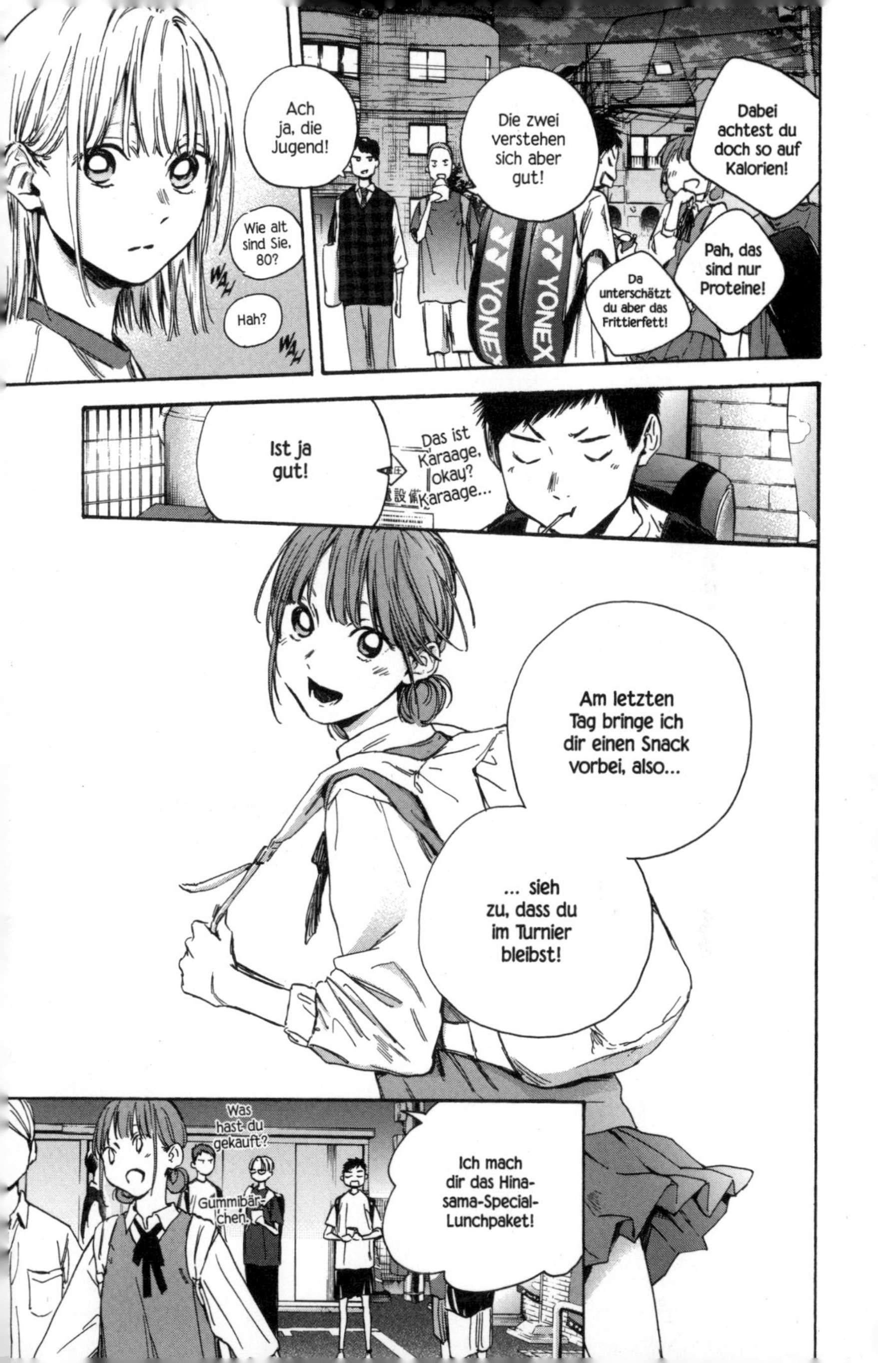
Dabei achtest du doch so auf Kalorien!
Pah, das sind nur Proteine!
Da unterschätzt du aber das Frittierfett!
Die zwei verstehen sich aber gut!
Ach ja, die Jugend!
Wie alt sind Sie, 80?
Hah?
WAH
WAH
Das ist Karaage, okay? Karaage...
Ist ja gut!
Am letzten Tag bringe ich dir einen Snack vorbei, also...
... sieh zu, dass du im Turnier bleibst!
Ich mach dir das Hina-sama-Special-Lunchpaket!
Was hast du gekauft?
Gummibärchen.

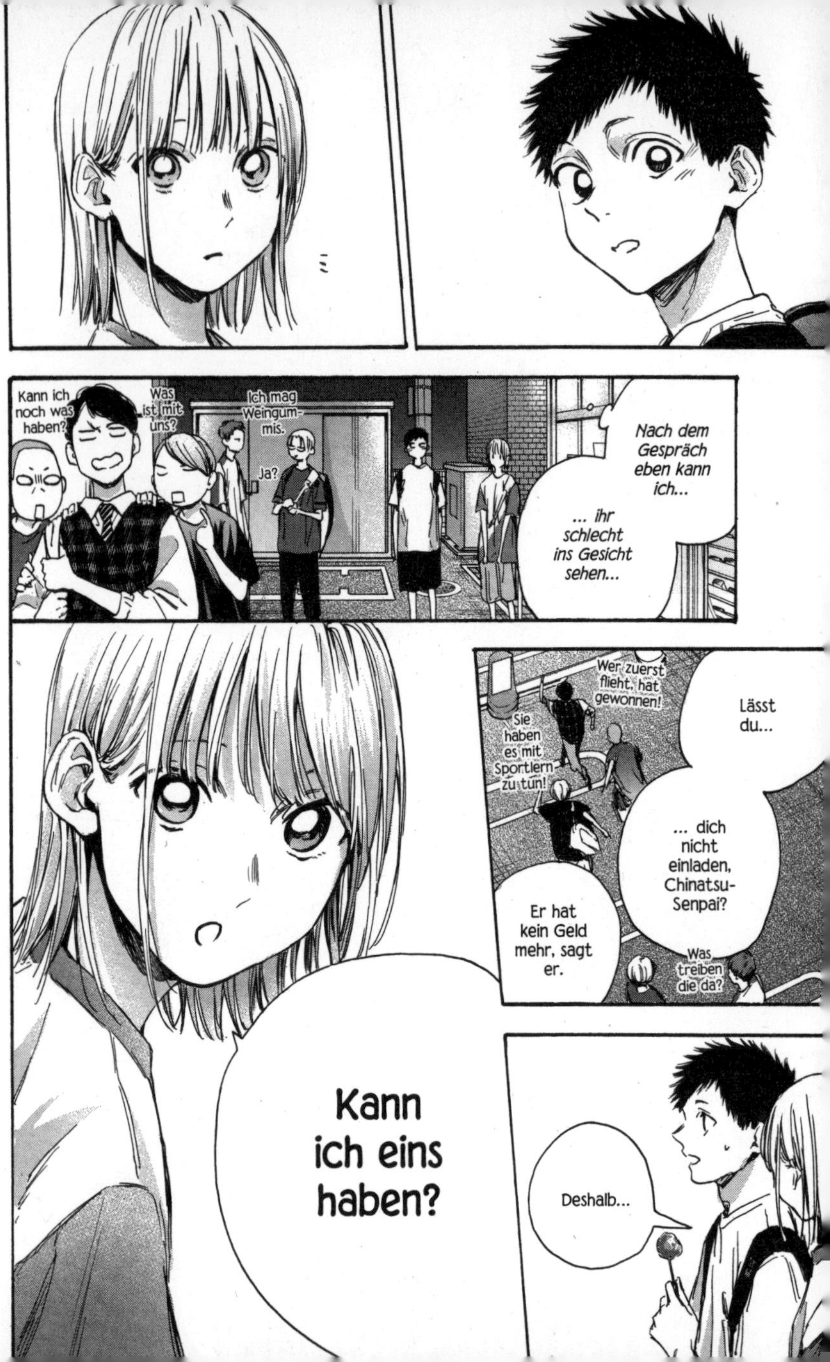
Nach dem Gespräch eben kann ich...
... ihr schlecht ins Gesicht sehen...
Ich mag Weingum-mis.
Ja?
Was ist mit uns?
Kann ich noch was haben?
Lässt du...
... dich nicht einladen, Chinatsu-Senpai?
Wer zuerst flieht, hat gewonnen!
Sie haben es mit Sportlern zu tun!
Er hat kein Geld mehr, sagt er.
Was treiben die da?
Kann ich eins haben?
Deshalb...

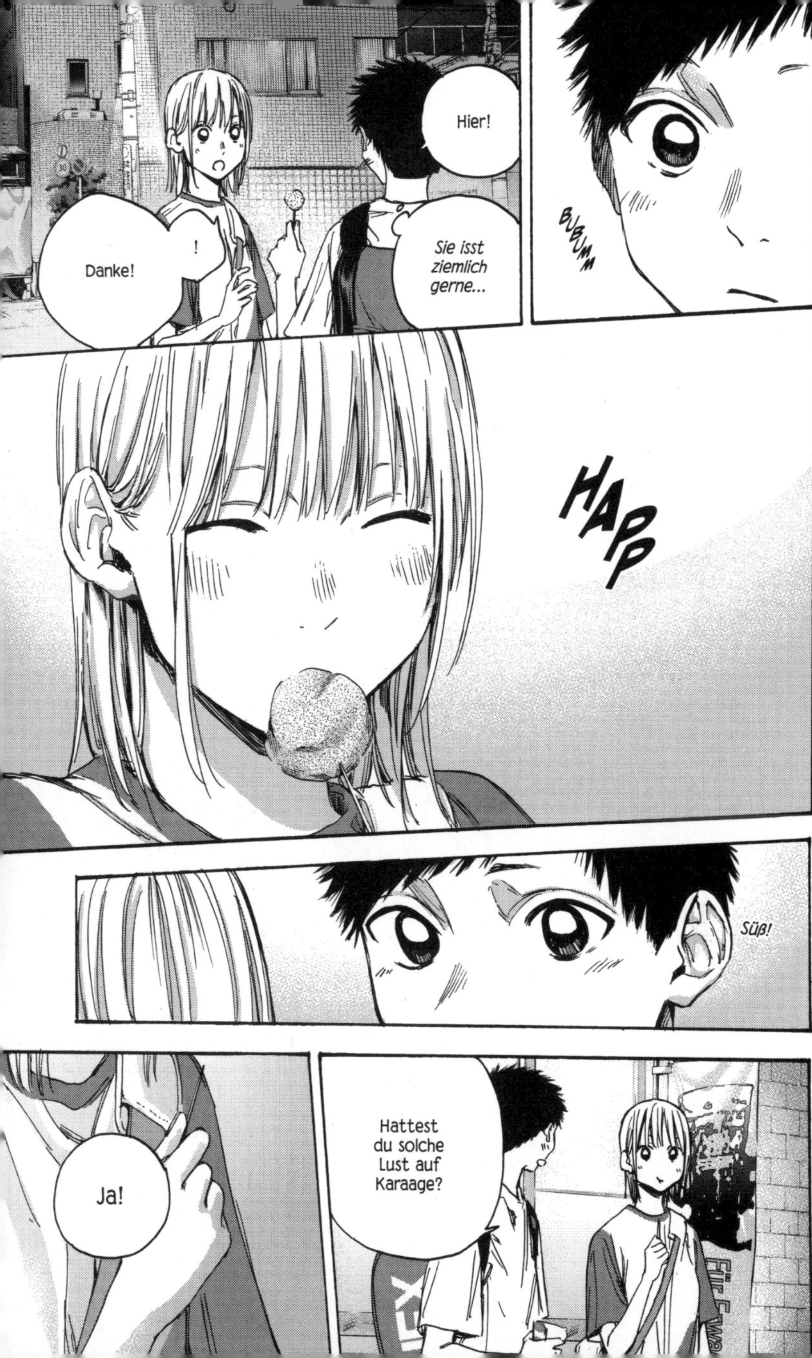
BUBUMM
Hier!
Sie isst ziemlich gerne...
!
Danke!
HAPP
Süß!
Hattest du solche Lust auf Karaage?
Ja!

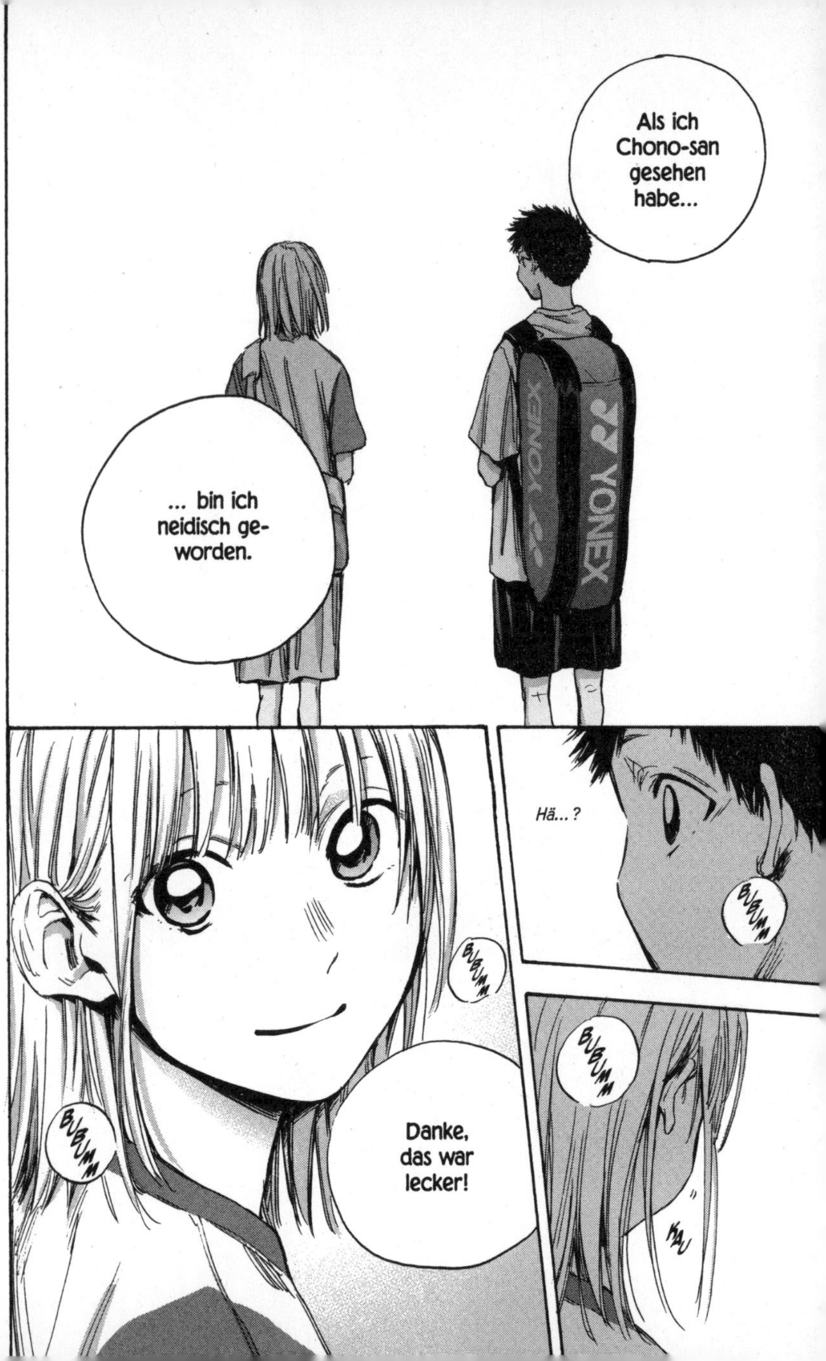
Als ich Chono-san gesehen habe...
... bin ich neidisch geworden.
Hä...?
BUBUMM
BUBUMM
BUBUMM
Danke, das war lecker!
BUBUMM
KAU

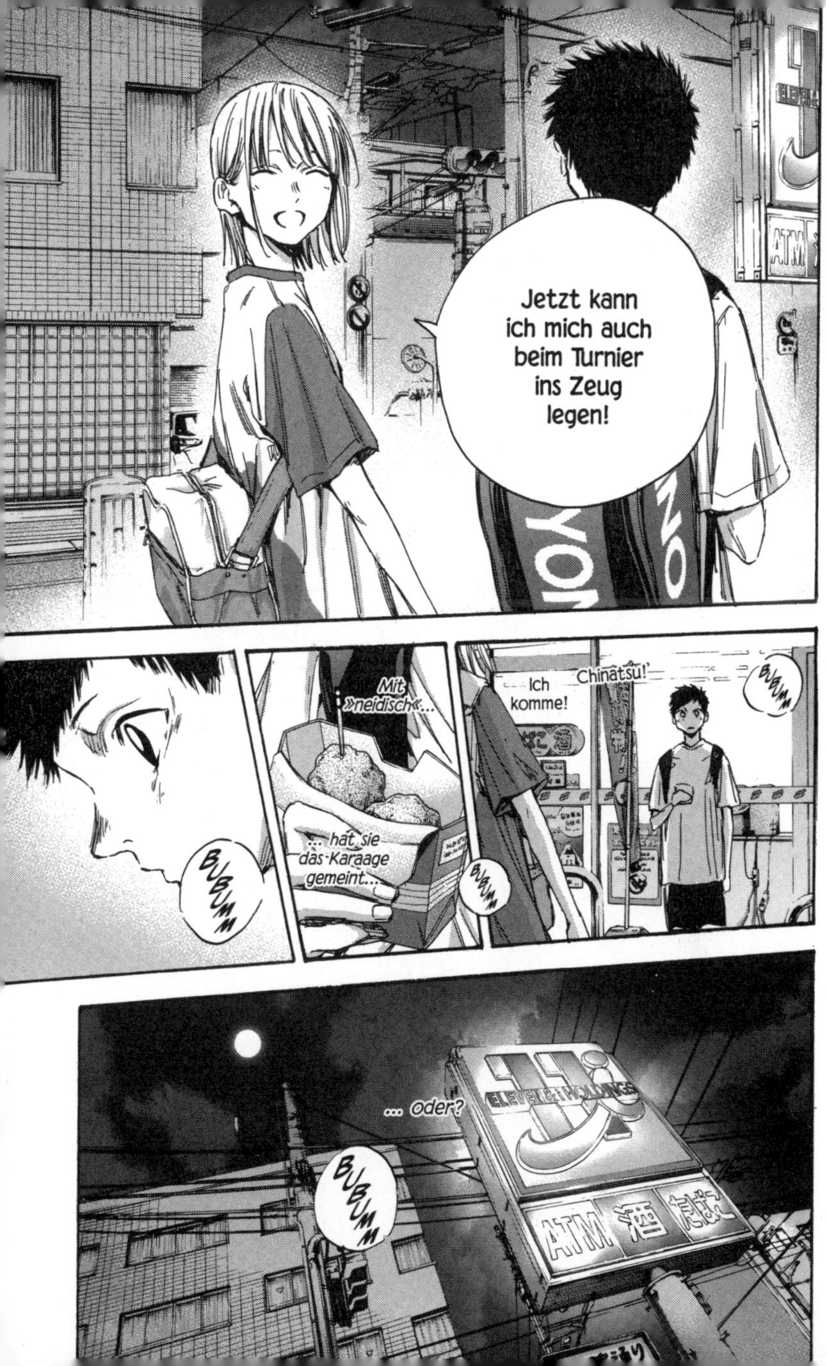
Jetzt kann ich mich auch beim Turnier ins Zeug legen!
Chinatsu!
Ich komme!
BUBUMM
Mit »neidisch«...
... hat sie das Karaage gemeint...
BUBUMM
BUBUMM
... oder?
BUBUMM
ATM

Blue Box

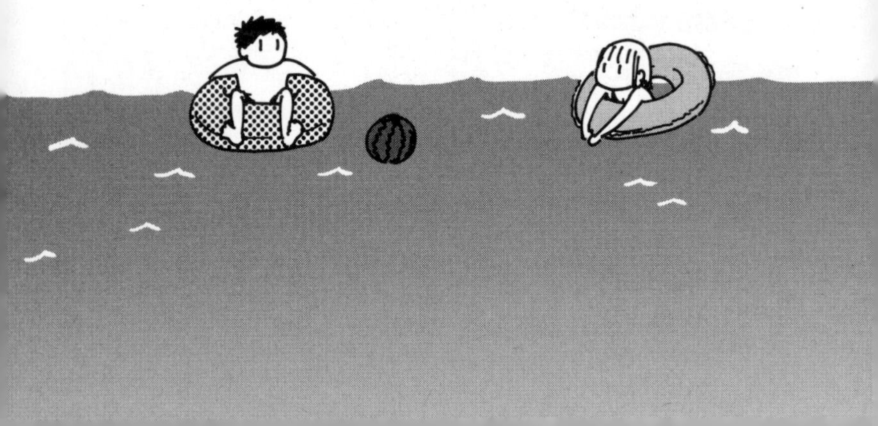

#22 Hau drauf!

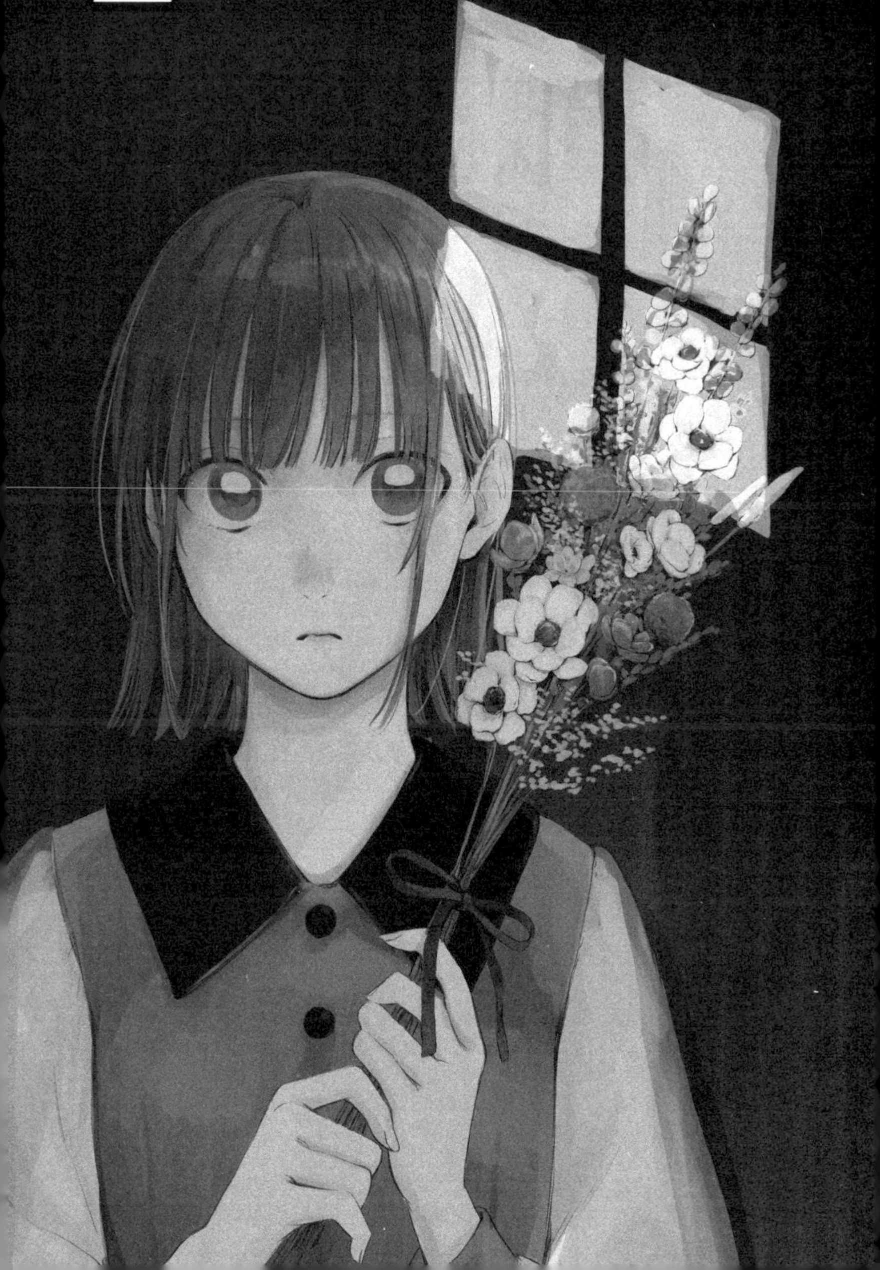

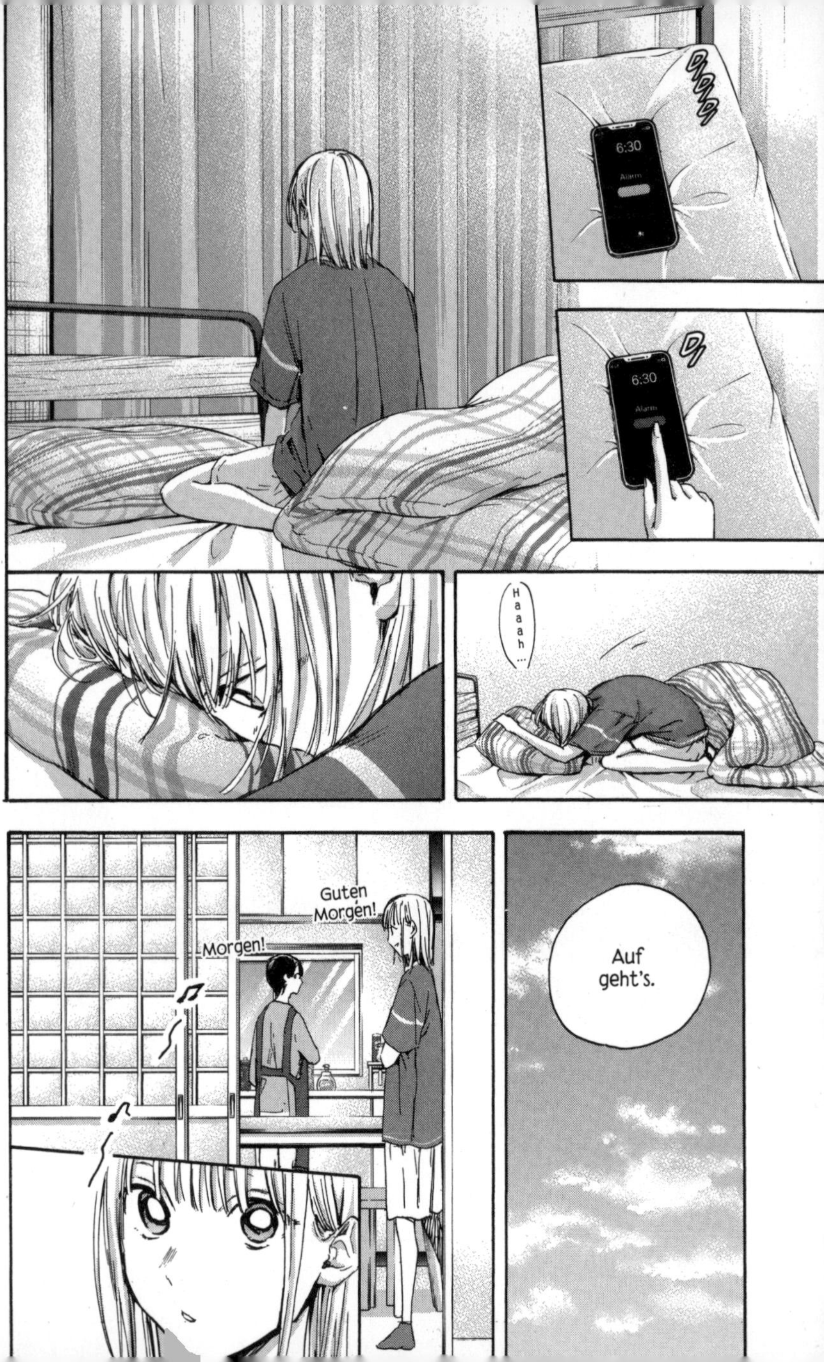

DiDiDi
6:30
Alarm
Di
6:30
Alarm
Haaah...
Auf geht's.
Guten Morgen!
Morgen!

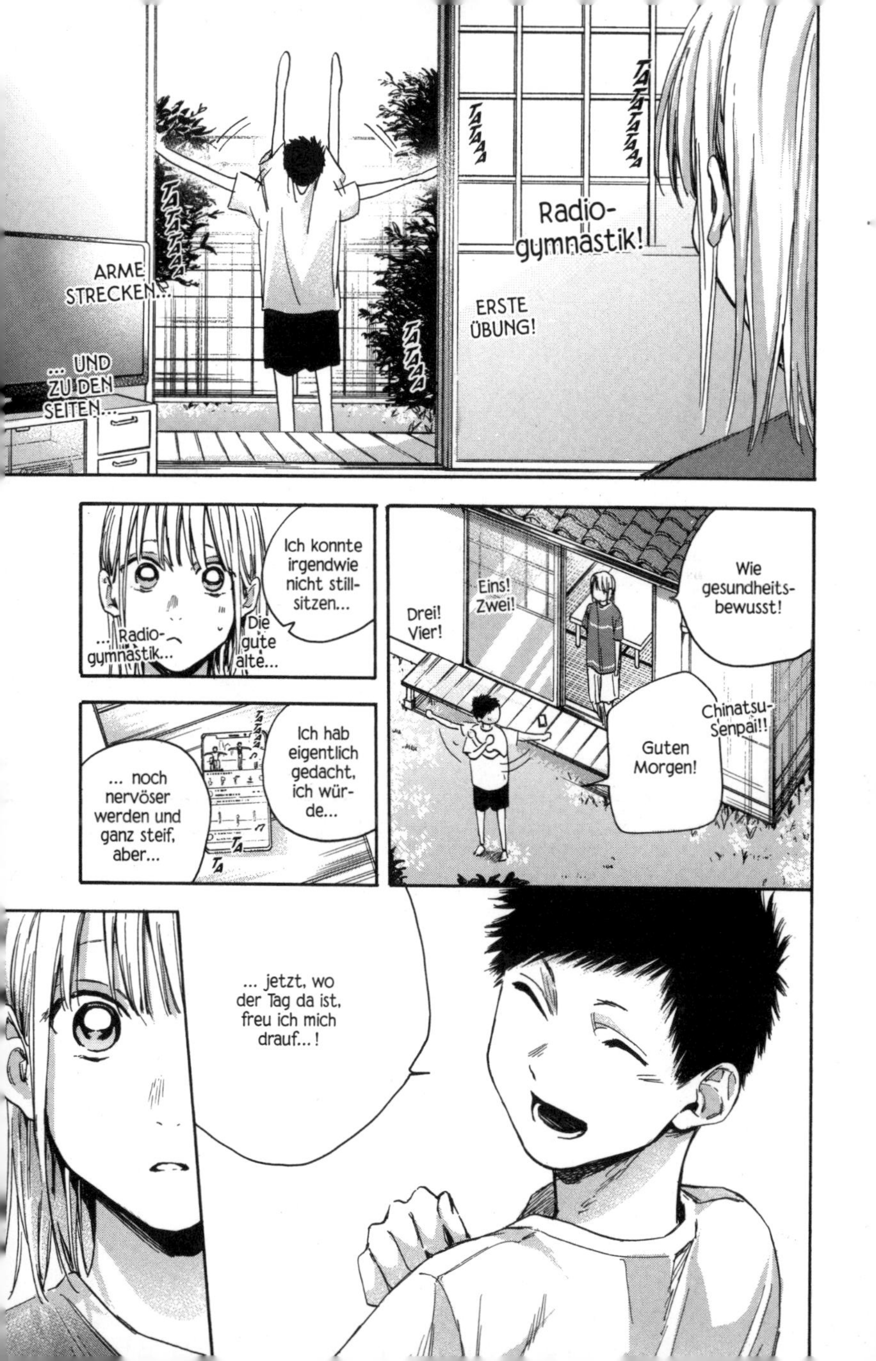
TATATATAAA
TATAAA
Radio-gymnastik!
ERSTE ÜBUNG!
TATATAAA
ARME STRECKEN...
TATAAA
... UND ZU DEN SEITEN...
Wie gesundheitsbewusst!
Chinatsu-Senpai!!
Guten Morgen!
Eins! Zwei!
Drei! Vier!
Ich konnte irgendwie nicht stillsitzen...
Die gute alte...
... Radiogymnastik...
Ich hab eigentlich gedacht, ich würde...
... noch nervöser werden und ganz steif, aber...
... jetzt, wo der Tag da ist, freu ich mich drauf... !

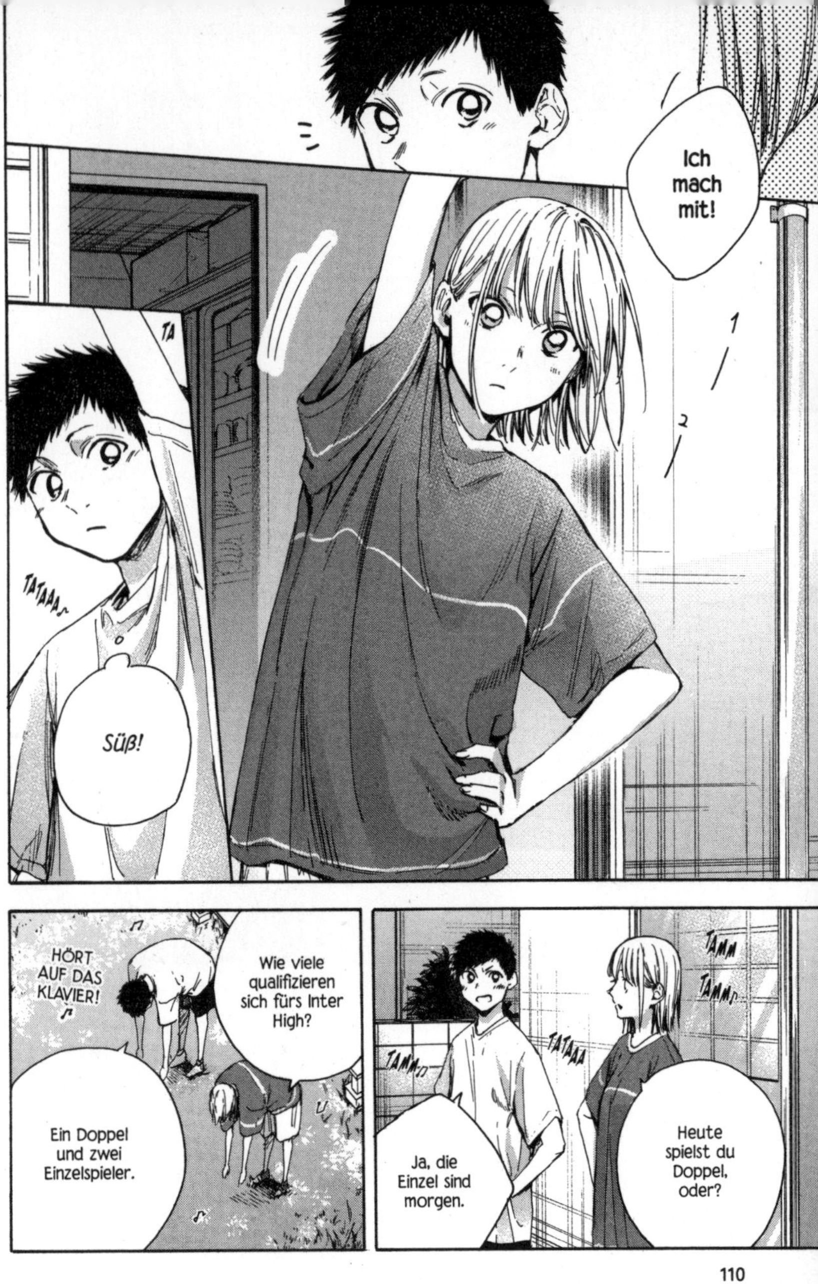
Ich mach mit!
TA
TATAAA
Süß!
TAMM
TAMM
TATAAA
TAMM
Heute spielst du Doppel, oder?
Ja, die Einzel sind morgen.
Wie viele qualifizieren sich fürs Inter High?
HÖRT AUF DAS KLAVIER!
Ein Doppel und zwei Einzelspieler.

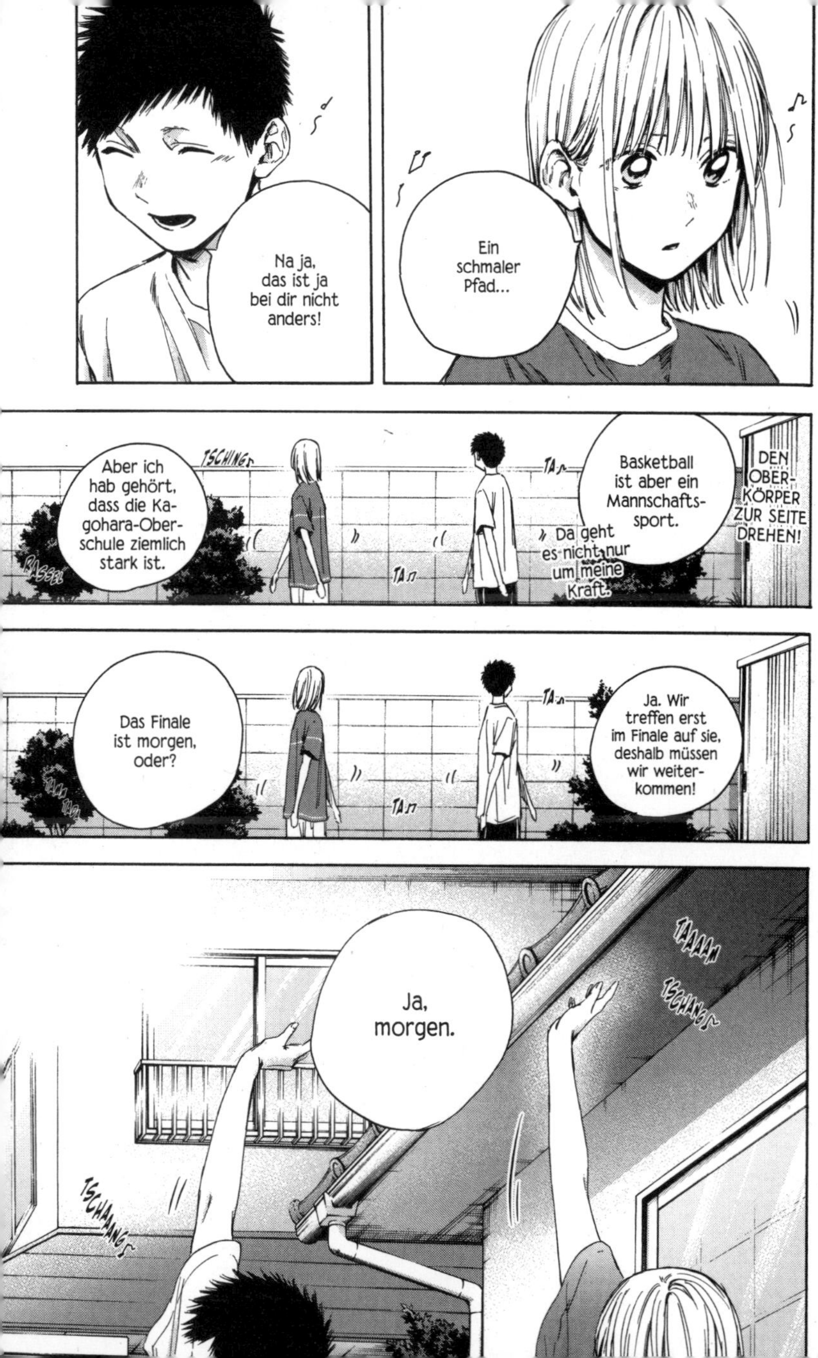
Ein schmaler Pfad...
Na ja, das ist ja bei dir nicht anders!
DEN OBER-KÖRPER ZUR SEITE DREHEN!
Basketball ist aber ein Mannschafts-sport.
Da geht es nicht nur um meine Kraft.
TA
TA
TSCHING
Aber ich hab gehört, dass die Ka-gohara-Ober-schule ziemlich stark ist.
RASSEL
TA
Ja. Wir treffen erst im Finale auf sie, deshalb müssen wir weiter-kommen!
TA
Das Finale ist morgen, oder?
TAAM TAM
TAAAAM
TSCHANG
Ja, morgen.
TSCHAANG

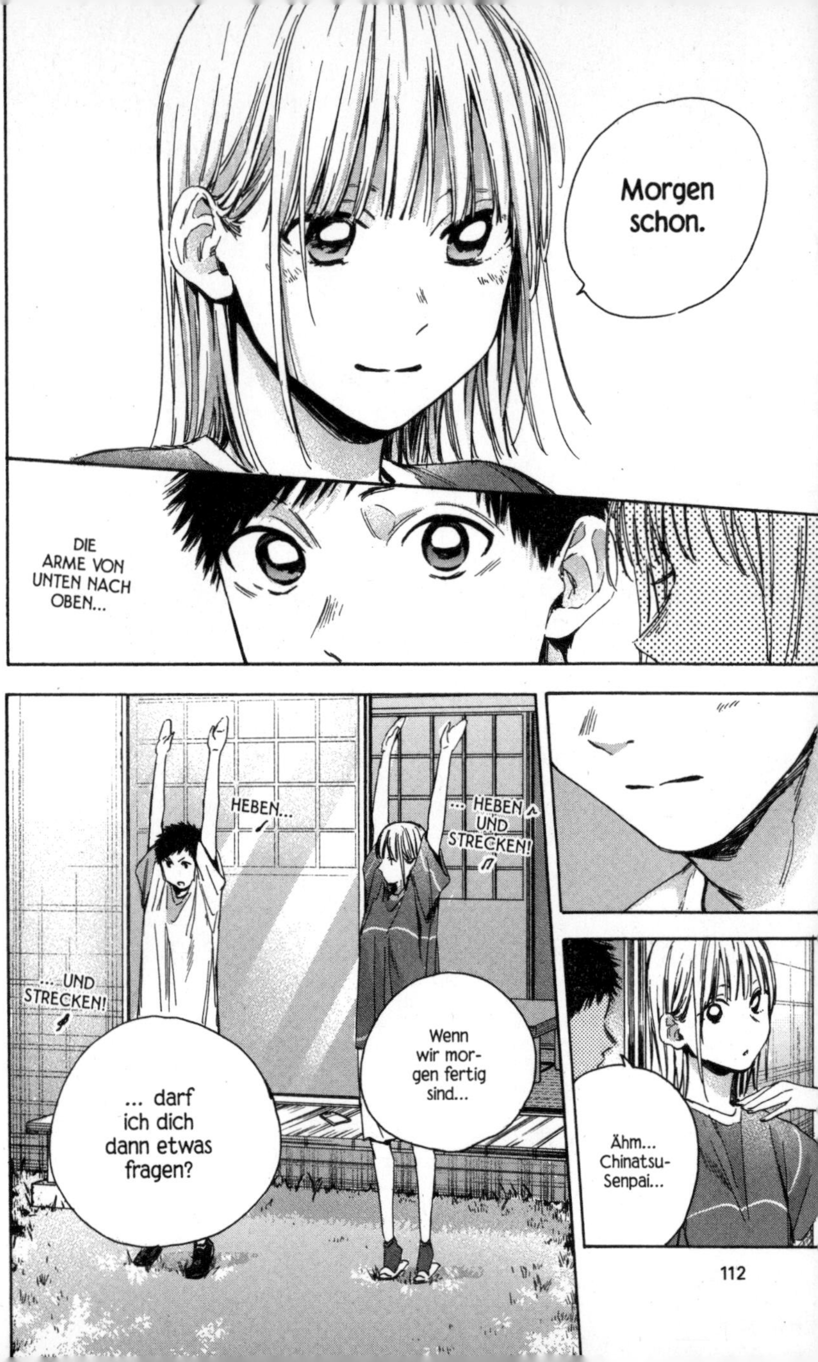
Morgen schon.
DIE ARME VON UNTEN NACH OBEN...
Ähm... Chinatsu-Senpai...
... HEBEN UND STRECKEN!
HEBEN...
... UND STRECKEN!
Wenn wir morgen fertig sind...
... darf ich dich dann etwas fragen?

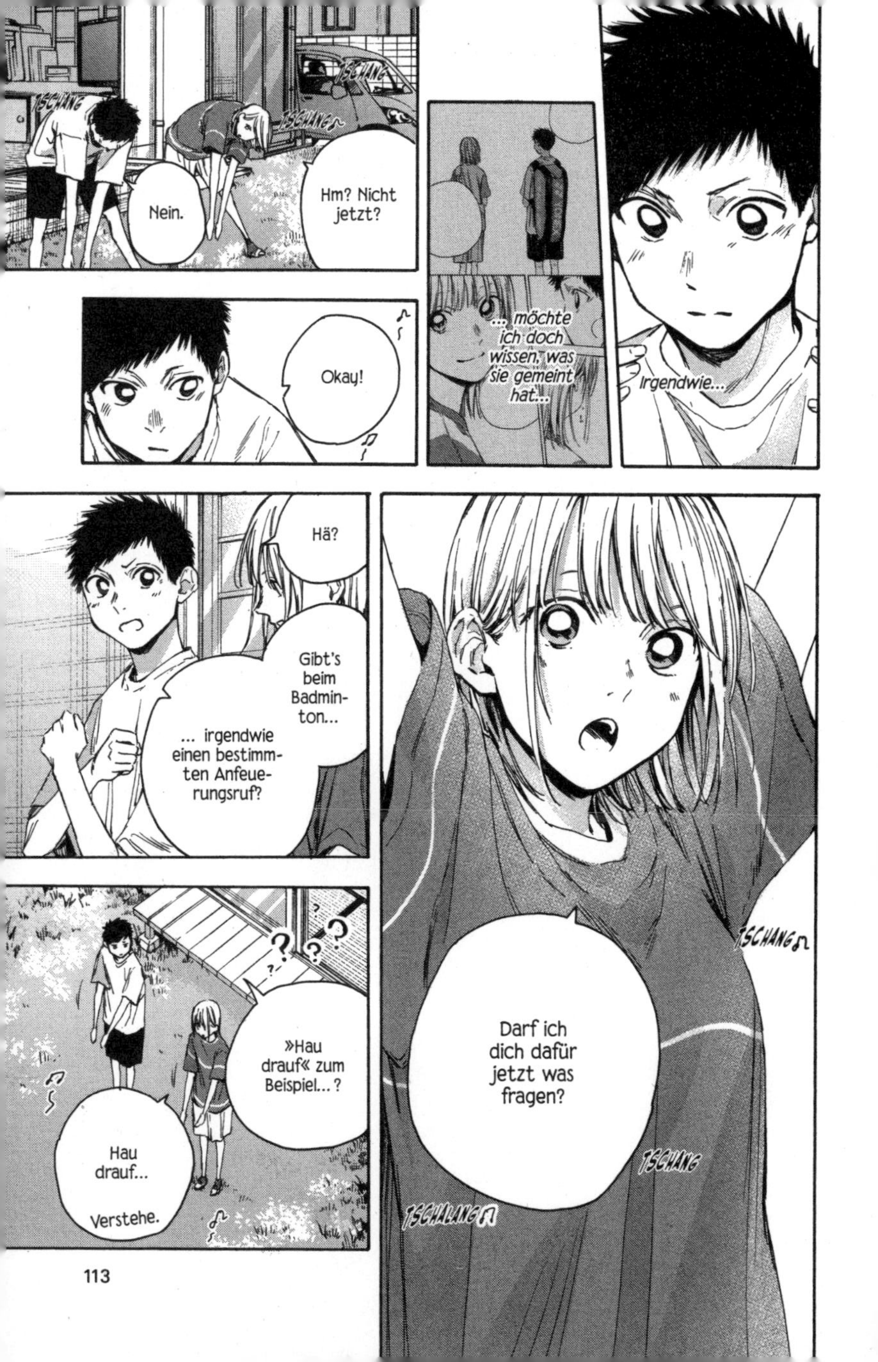
TSCHANG
TSCHANG
TSCHANG♫
Hm? Nicht jetzt?
Nein.
Okay!
Irgendwie...
... möchte ich doch wissen, was sie gemeint hat...
TSCHANG♫
Darf ich dich dafür jetzt was fragen?
TSCHANG
TSCHALANG♫
Hä?
Gibt's beim Badminton...
... irgendwie einen bestimmten Anfeuerungsruf?
»Hau drauf« zum Beispiel...?
Hau drauf...
Verstehe.

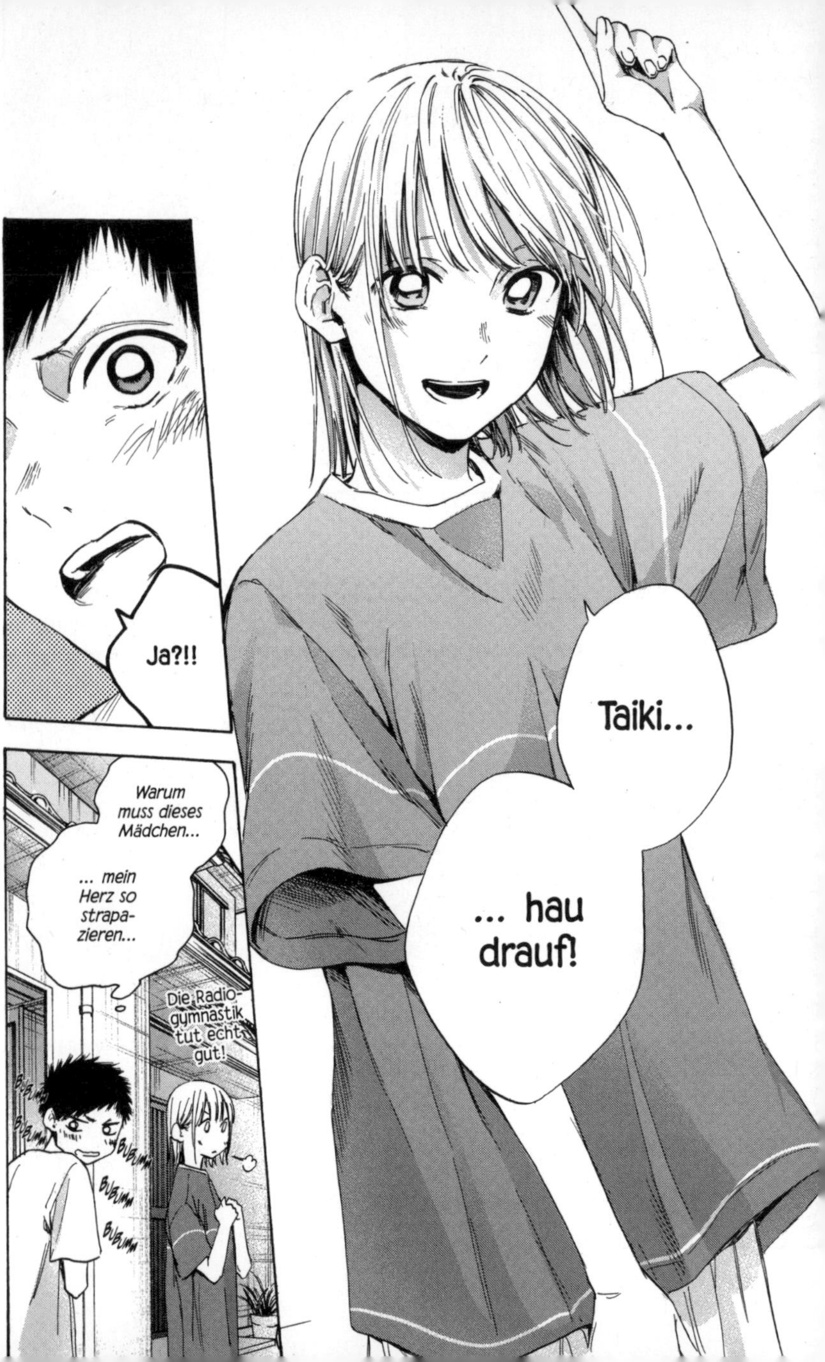

Taiki...
... hau drauf!
Ja?!!
Warum muss dieses Mädchen...
... mein Herz so strapazieren...
Die Radiogymnastik tut echt gut!
BUBUMM
BUBUMM
BUBUMM
BUBUMM
BUBUMM
BUBUMM

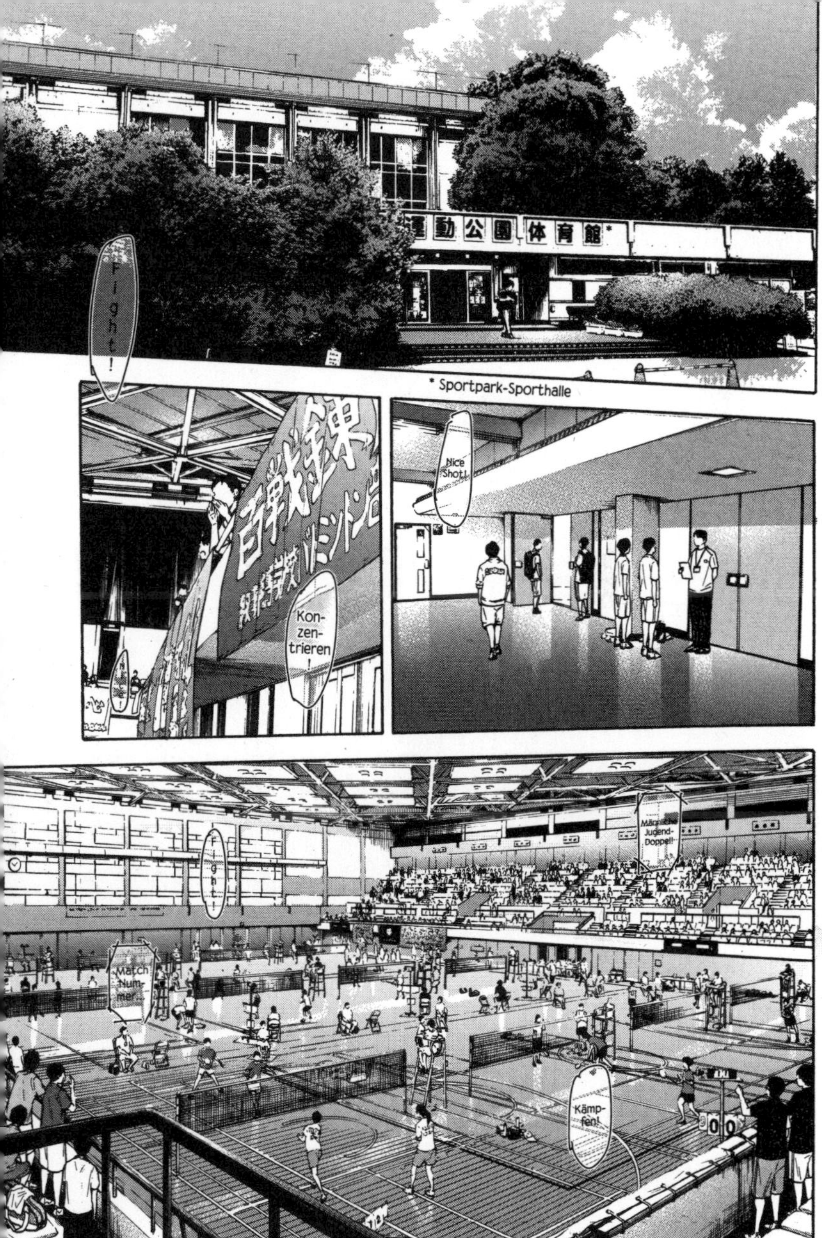
運動公園体育館*
Fight!
* Sportpark-Sporthalle
Nice Shot!
Konzentrieren!
Männliche Jugend-Doppel!
Fight!
Match Nummer...
Kämpfen!

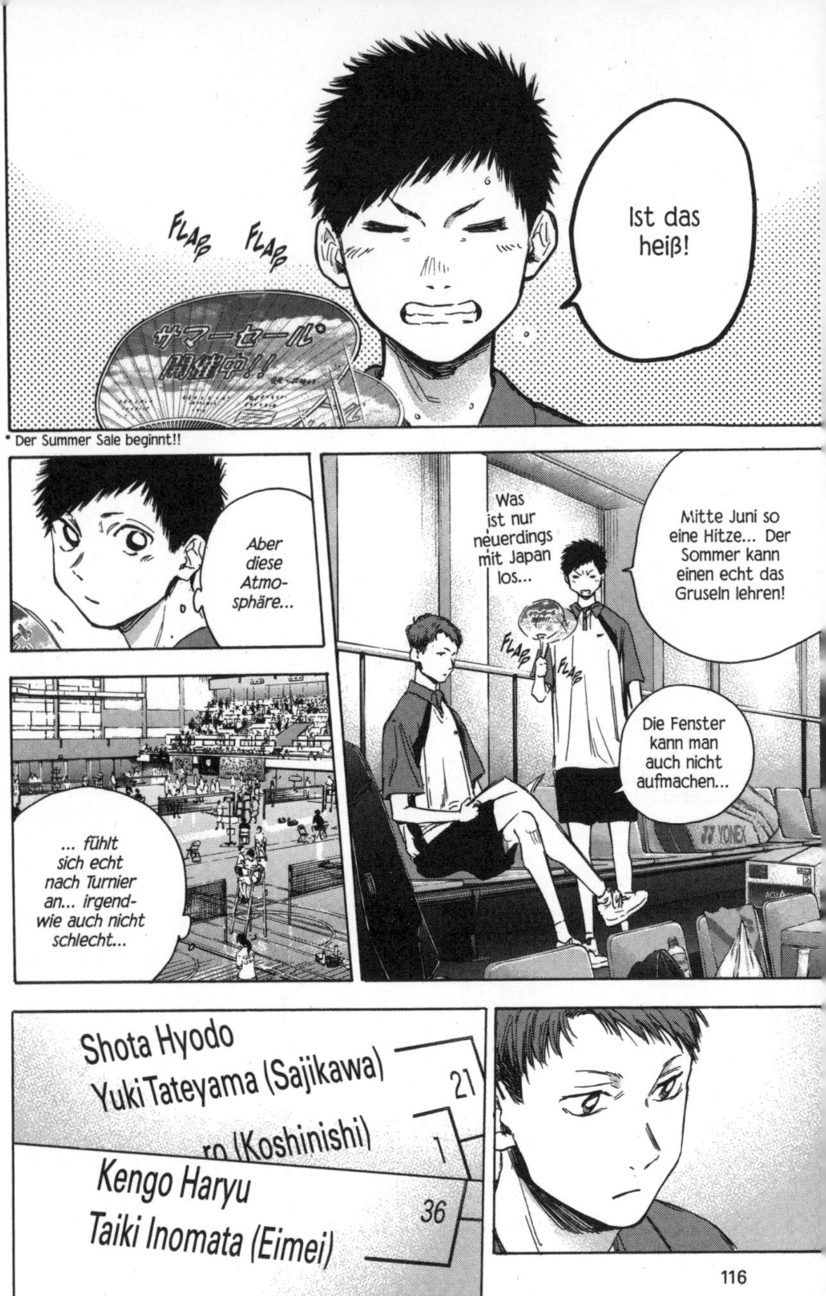
FLAPP FLAPP
Ist das heiß!
サマーセール*
開催中!!
* Der Summer Sale beginnt!!
Mitte Juni so eine Hitze... Der Sommer kann einen echt das Gruseln lehren!
Was ist nur neuerdings mit Japan los...
FLAPP FLAPP
Die Fenster kann man auch nicht aufmachen...
YONEX
Aber diese Atmosphäre...
... fühlt sich echt nach Turnier an... irgendwie auch nicht schlecht...
Shota Hyodo
Yuki Tateyama (Sajikawa)
21
ro (Koshinishi)
Kengo Haryu
36
Taiki Inomata (Eimei)

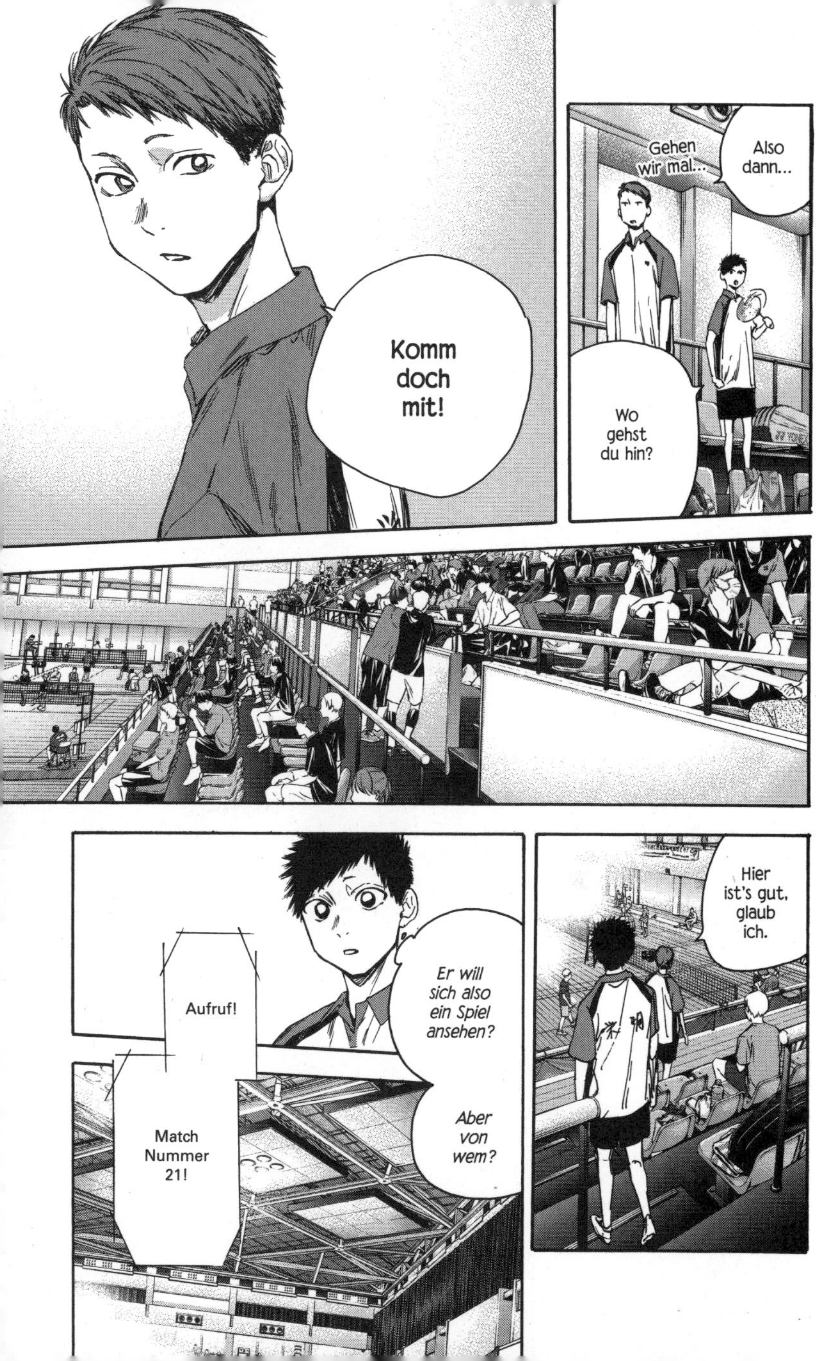
Also dann...
Gehen wir mal...
Wo gehst du hin?
Komm doch mit!
Hier ist's gut, glaub ich.
Er will sich also ein Spiel ansehen?
Aber von wem?
Aufruf!
Match Nummer 21!

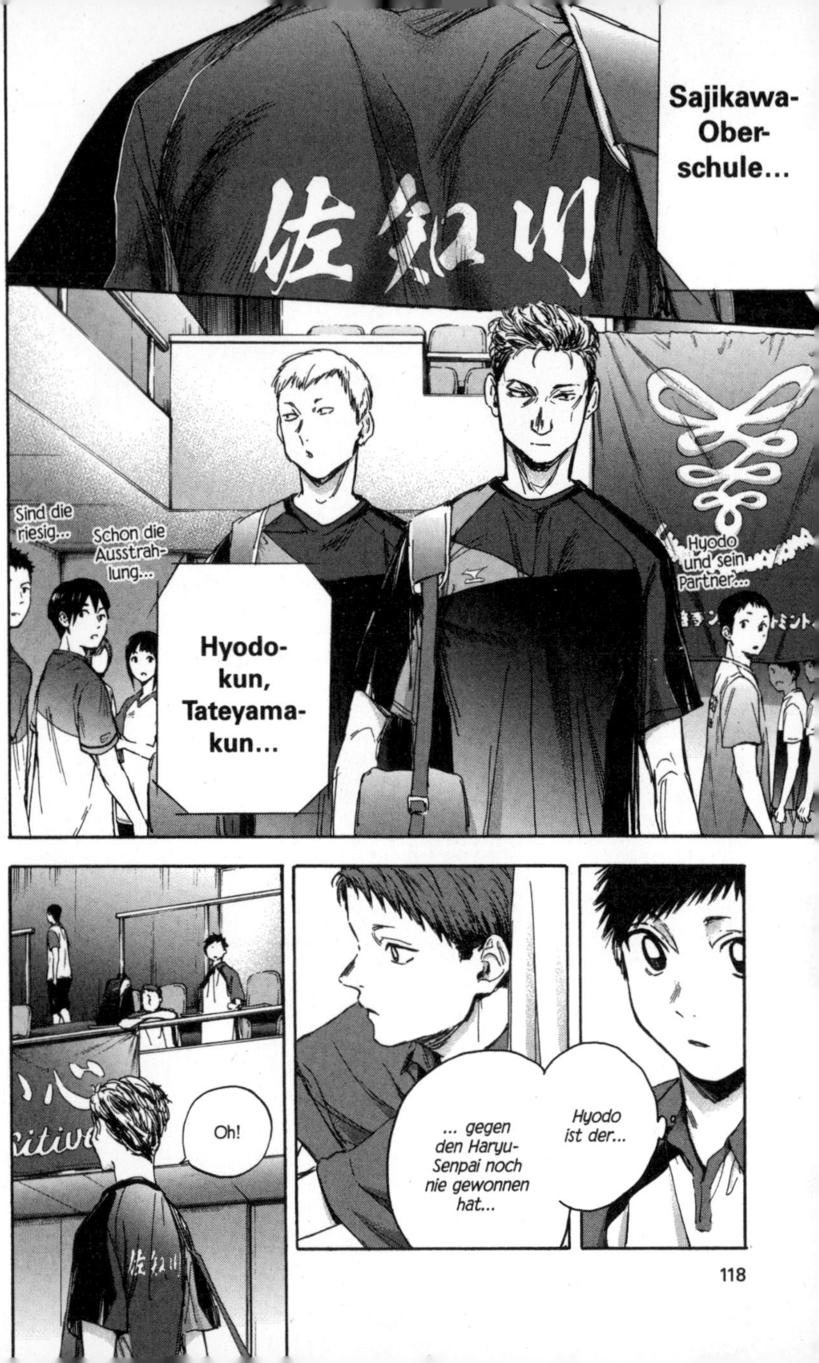
Sajikawa-Oberschule...
佐知川
Hyodo und sein Partner...
Hyodo-kun, Tateyama-kun...
Schon die Ausstrahlung...
Sind die riesig...
Hyodo ist der...
... gegen den Haryu-Senpai noch nie gewonnen hat...
Oh!

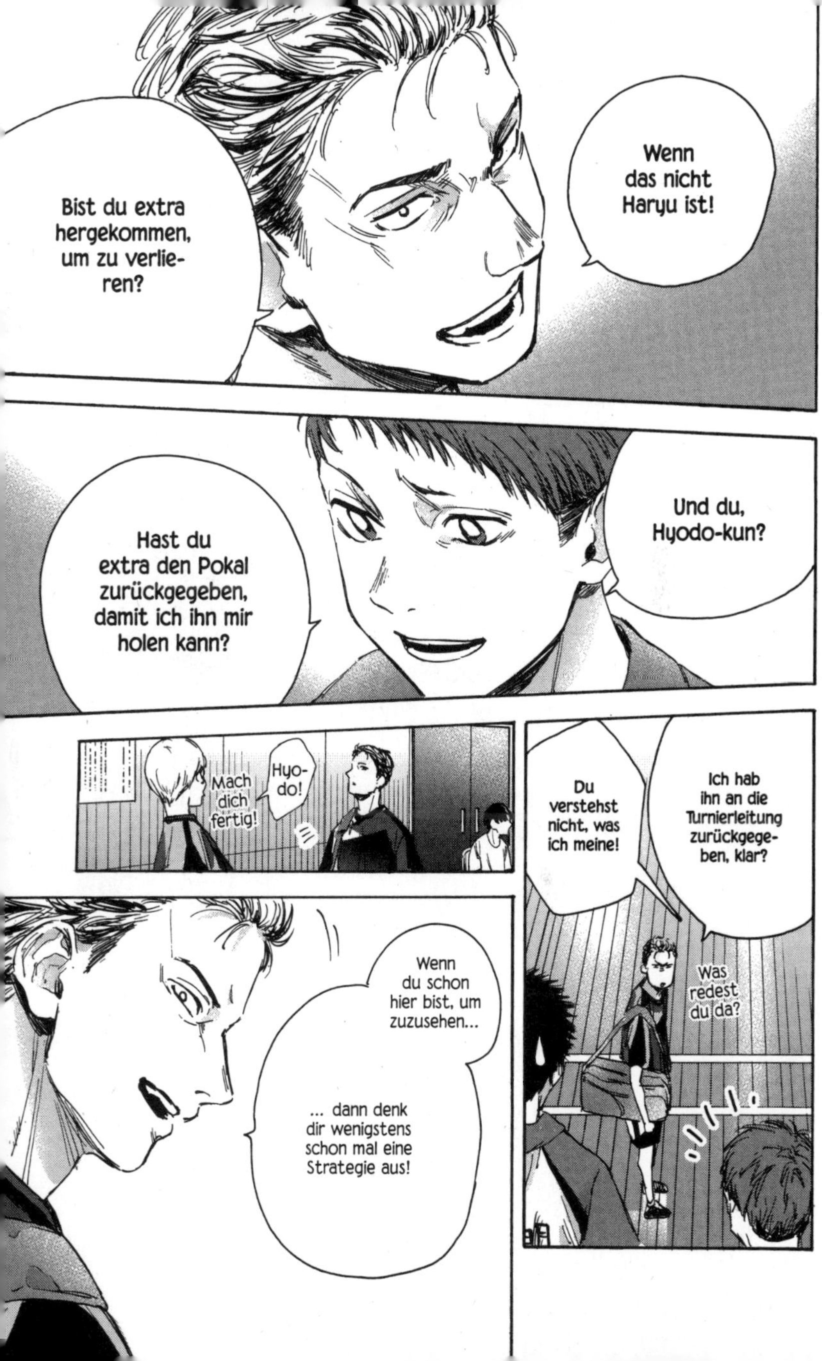
Wenn das nicht Haryu ist!
Bist du extra hergekommen, um zu verlie-ren?
Und du, Hyodo-kun?
Hast du extra den Pokal zurückgegeben, damit ich ihn mir holen kann?
Ich hab ihn an die Turnierleitung zurückgegeben, klar?
Du verstehst nicht, was ich meine!
Was redest du da?
Hyo-do!
Mach dich fertig!
Wenn du schon hier bist, um zuzusehen...
... dann denk dir wenigstens schon mal eine Strategie aus!

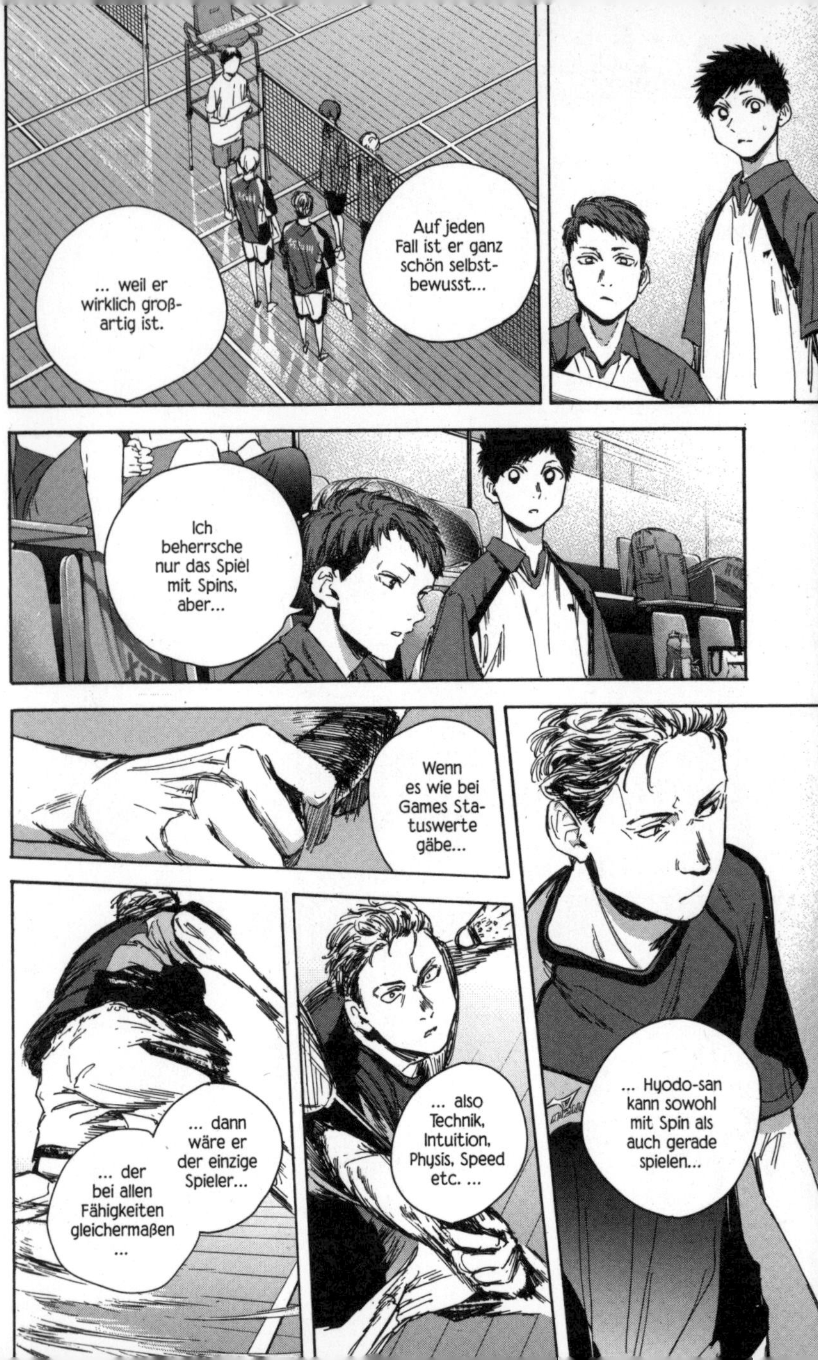
Auf jeden Fall ist er ganz schön selbstbewusst...
... weil er wirklich großartig ist.
Ich beherrsche nur das Spiel mit Spins, aber...
... Hyodo-san kann sowohl mit Spin als auch gerade spielen...
Wenn es wie bei Games Statuswerte gäbe...
... also Technik, Intuition, Physis, Speed etc. ...
... dann wäre er der einzige Spieler...
... der bei allen Fähigkeiten gleichermaßen ...

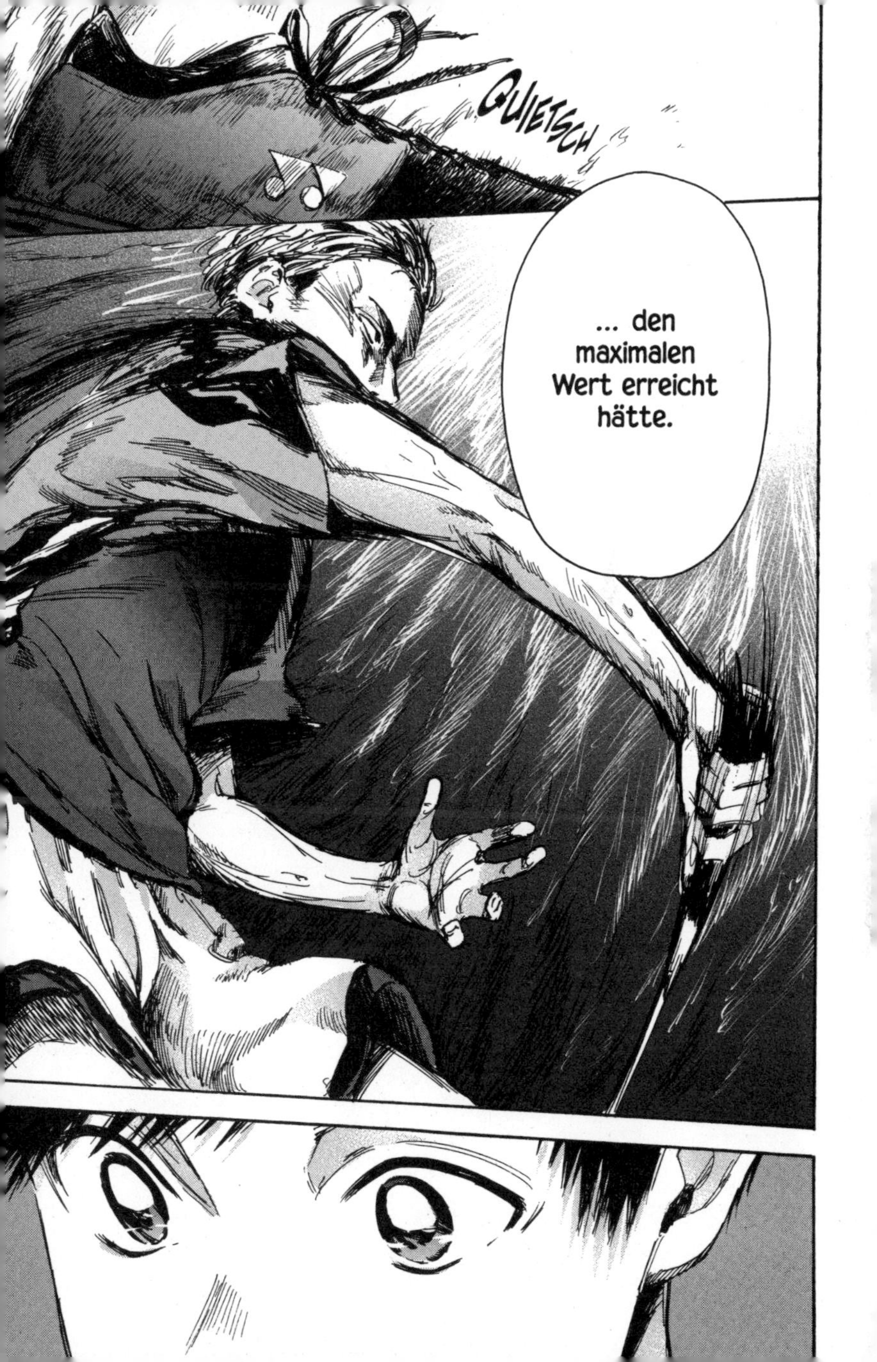
QUIETSCH
... den maximalen Wert erreicht hätte.

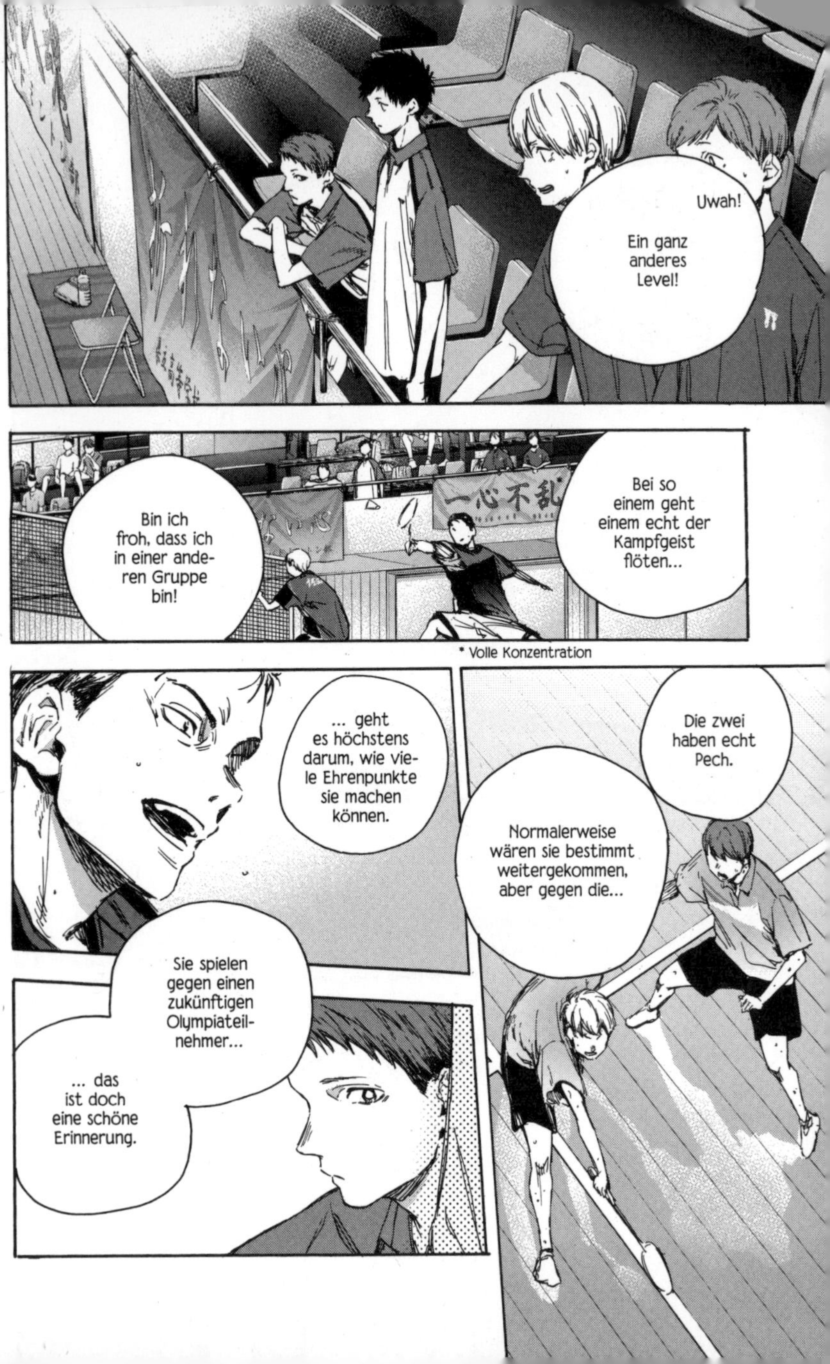

* Volle Konzentration

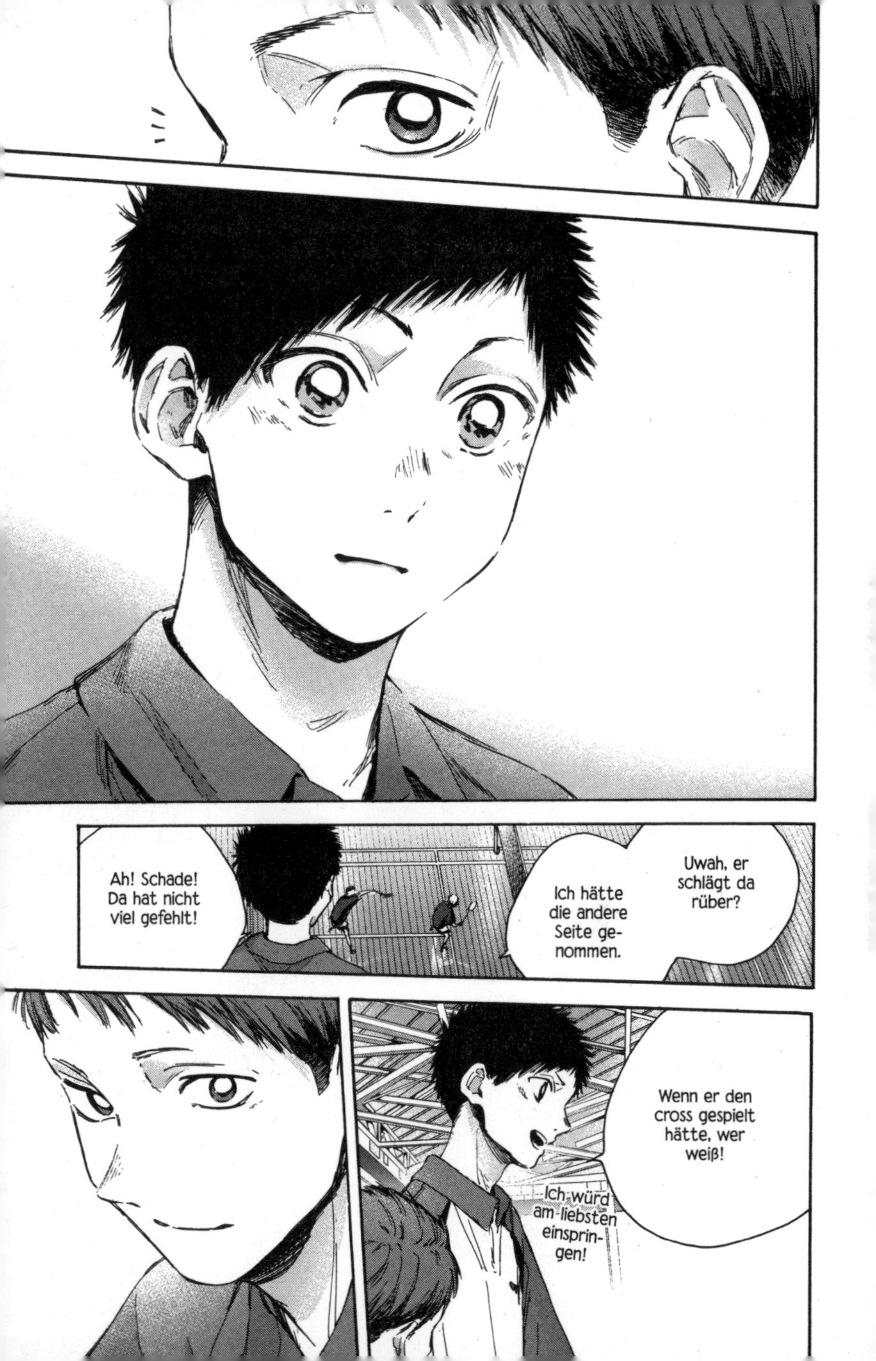
Uwah, er schlägt da rüber?
Ich hätte die andere Seite genommen.
Ah! Schade! Da hat nicht viel gefehlt!
Wenn er den cross gespielt hätte, wer weiß!
Ich würd am liebsten einspringen!

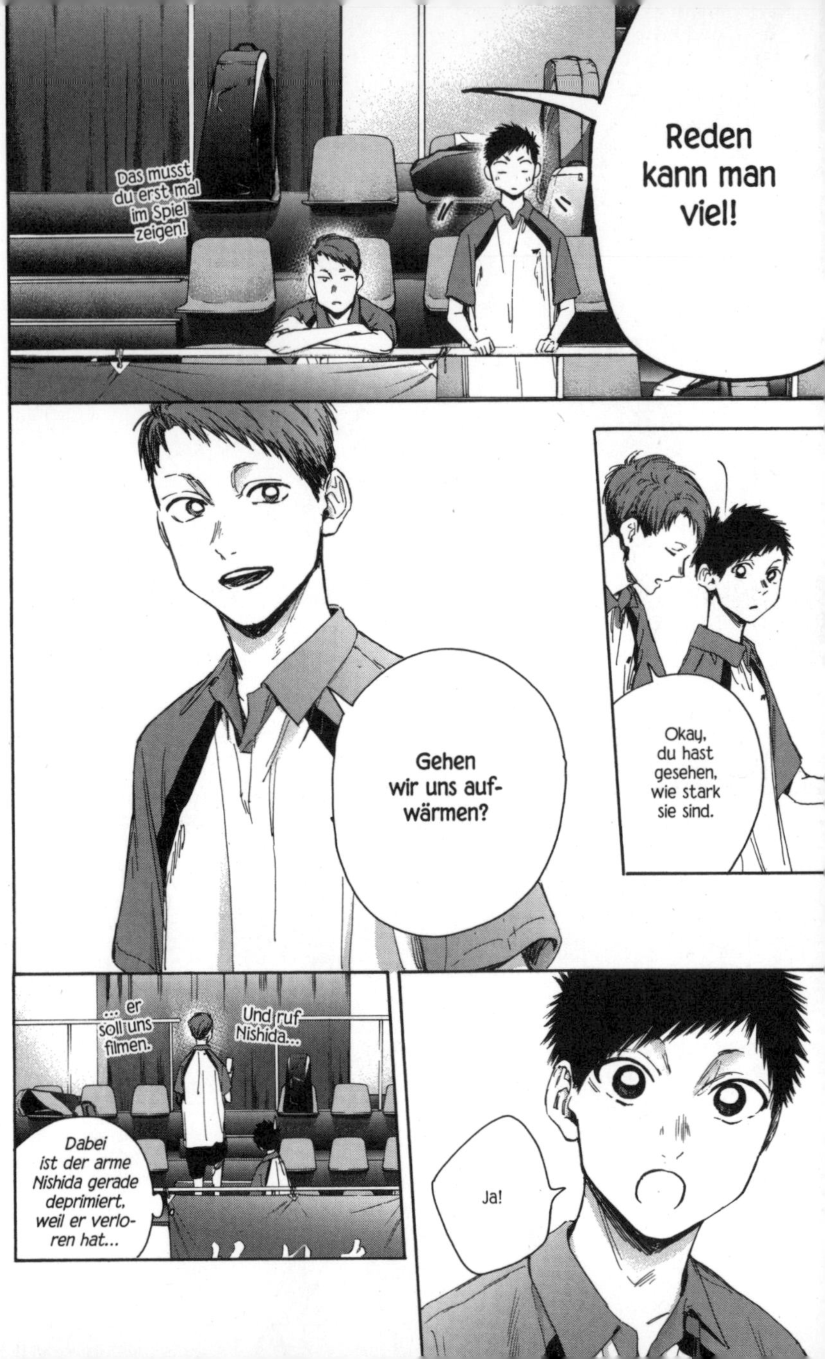
Reden kann man viel!
Das musst du erst mal im Spiel zeigen!
Okay, du hast gesehen, wie stark sie sind.
Gehen wir uns auf-wärmen?
Ja!
Und ruf Nishida...
... er soll uns filmen.
Dabei ist der arme Nishida gerade deprimiert, weil er verlo-ren hat...

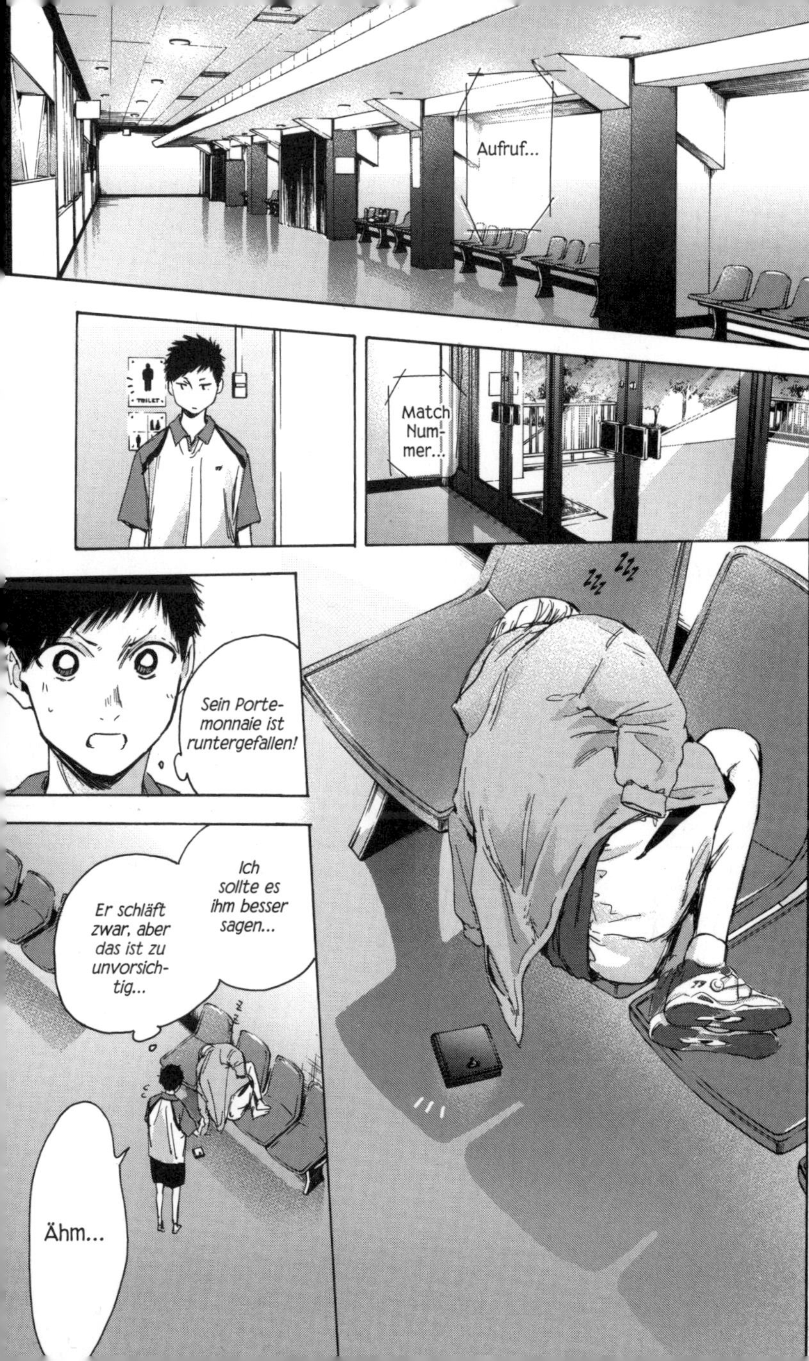

Aufruf...
Match Nummer...
Sein Portemonnaie ist runtergefallen!
Ich sollte es ihm besser sagen...
Er schläft zwar, aber das ist zu unvorsichtig...
Ähm...

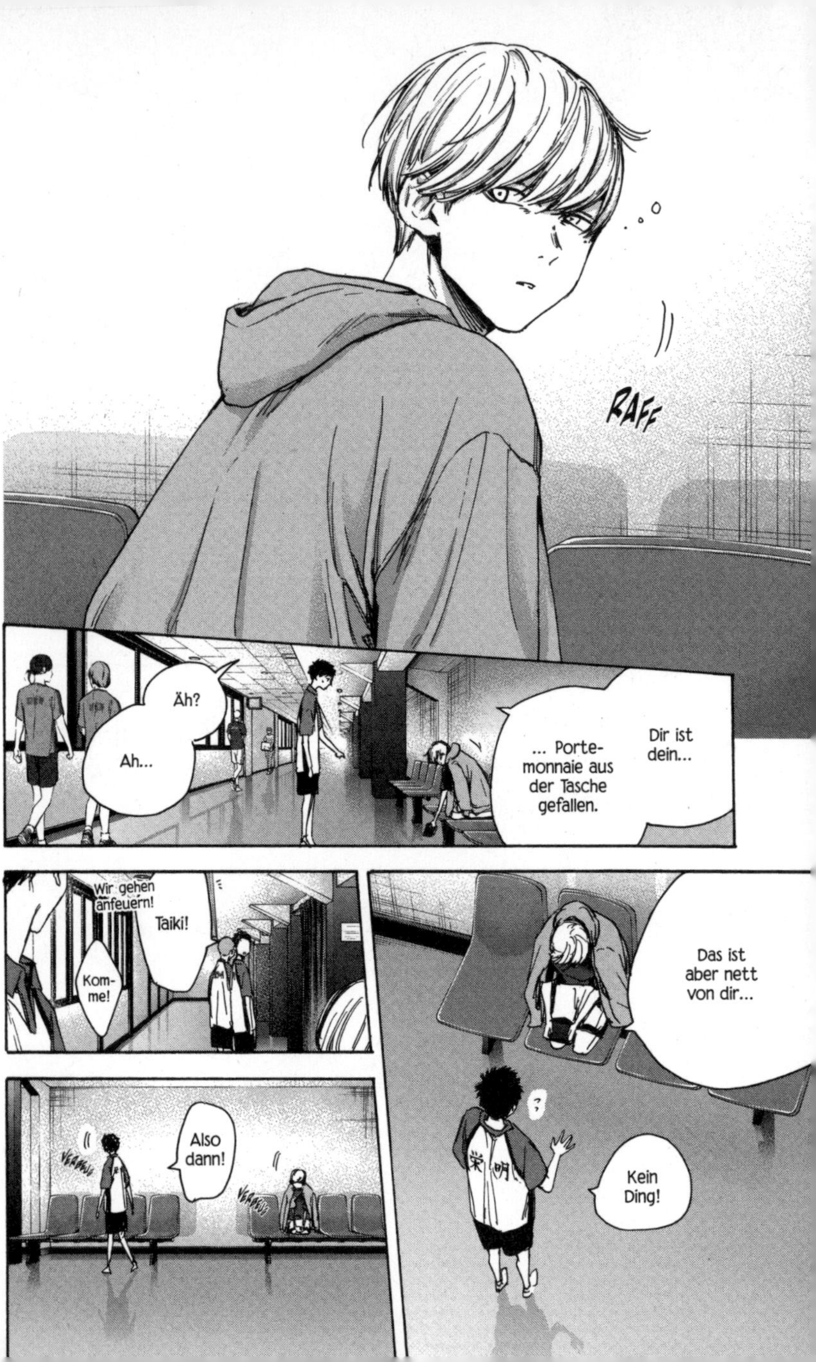
RAFF
Dir ist dein...
... Portemonnaie aus der Tasche gefallen.
Äh?
Ah...
Das ist aber nett von dir...
Kein Ding!
Taiki!
Wir gehen anfeuern!
Komme!
Also dann!

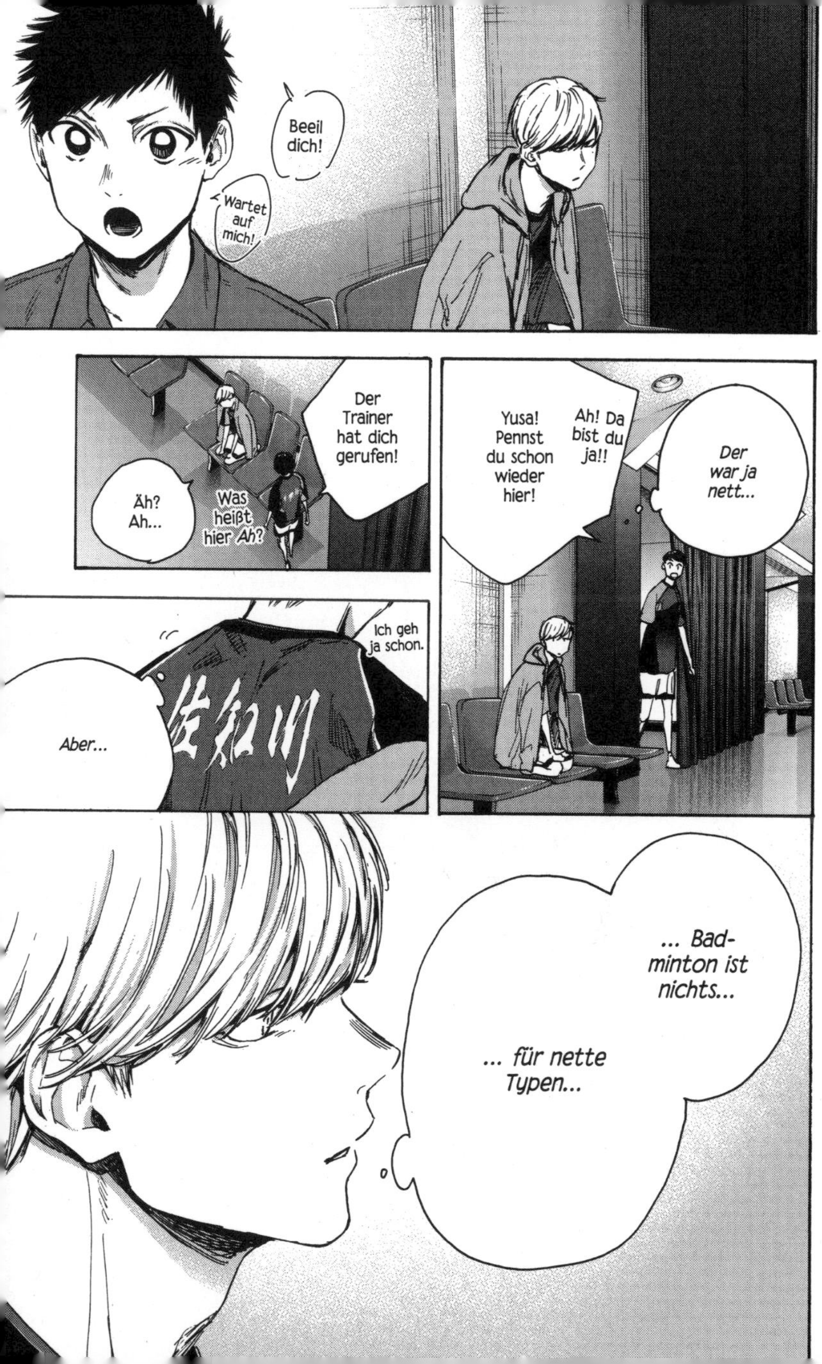

Beeil dich!
Wartet auf mich!
Der war ja nett...
Ah! Da bist du ja!!
Yusa! Pennst du schon wieder hier!
Der Trainer hat dich gerufen!
Was heißt hier Ah?
Äh? Ah...
Ich geh ja schon.
Aber...
... Badminton ist nichts...
... für nette Typen...

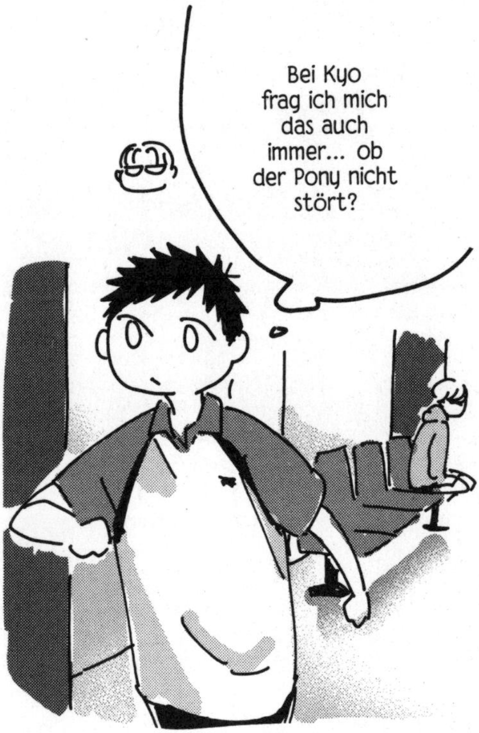
Bei Kyo
frag ich mich
das auch
immer... ob
der Pony nicht
stört?

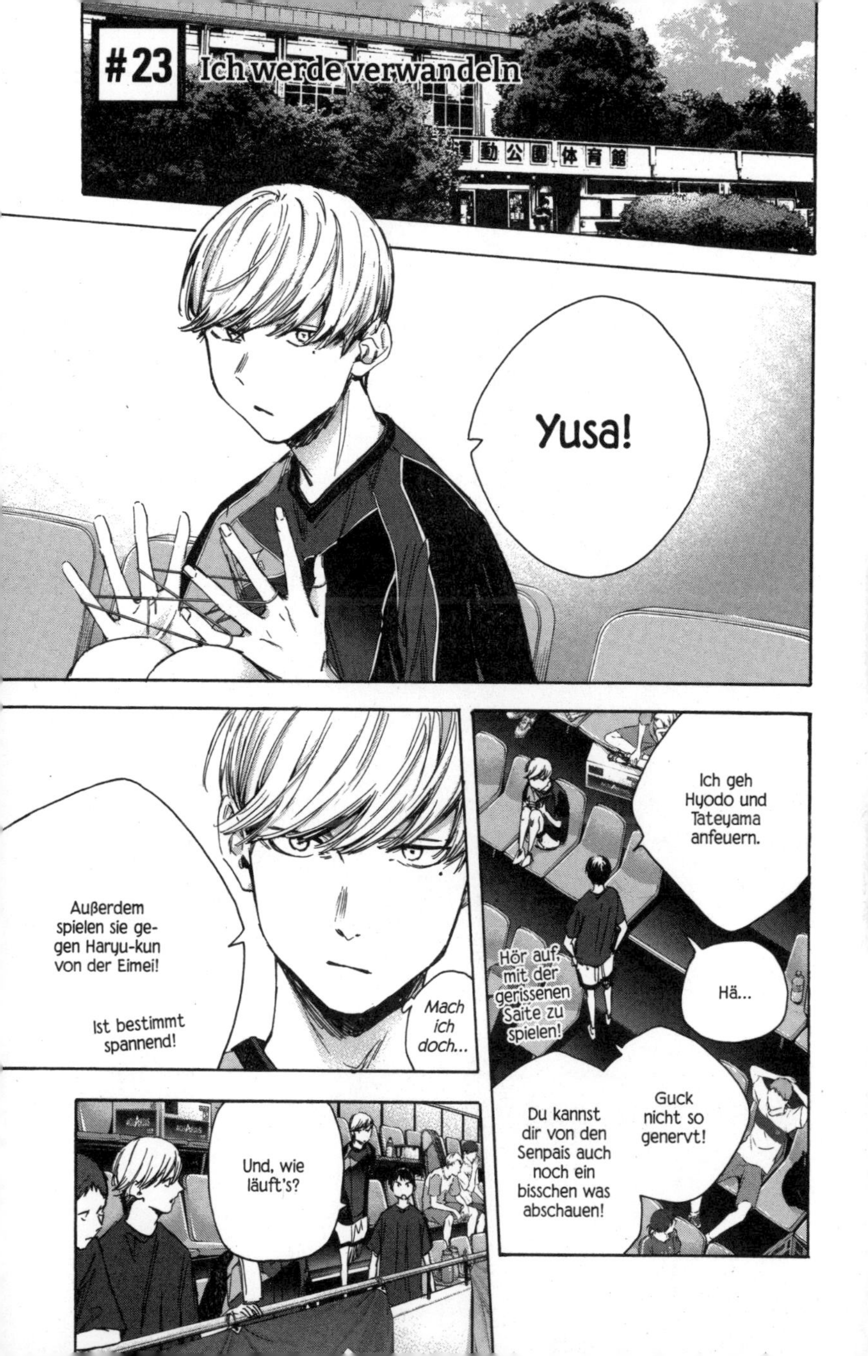
#23 Ich werde verwandeln
Yusa!
Ich geh Hyodo und Tateyama anfeuern.
Hä...
Hör auf, mit der gerissenen Saite zu spielen!
Guck nicht so genervt!
Du kannst dir von den Senpais auch noch ein bisschen was abschauen!
Mach ich doch...
Außerdem spielen sie ge-gen Haryu-kun von der Eimei!
Ist bestimmt spannend!
Und, wie läuft's?

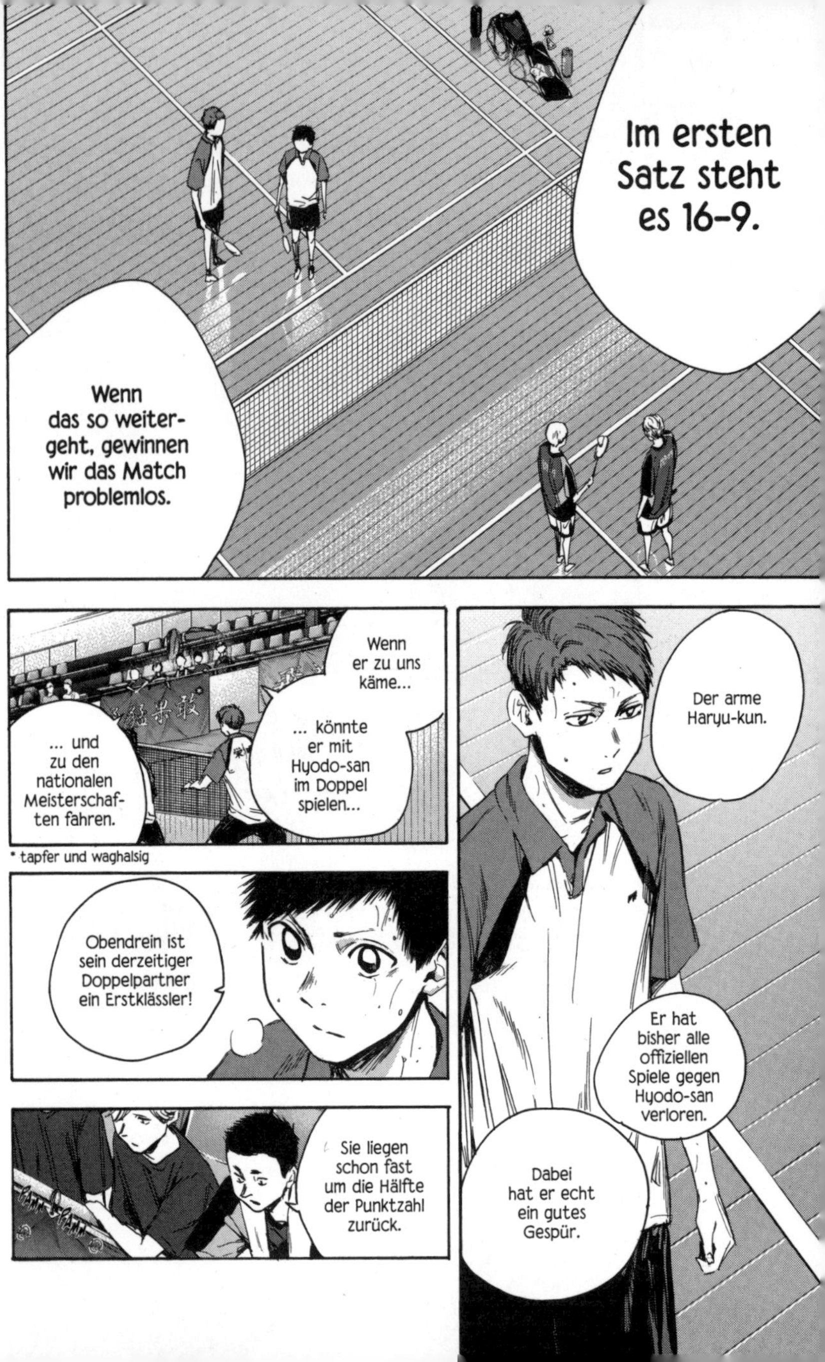

* tapfer und waghalsig

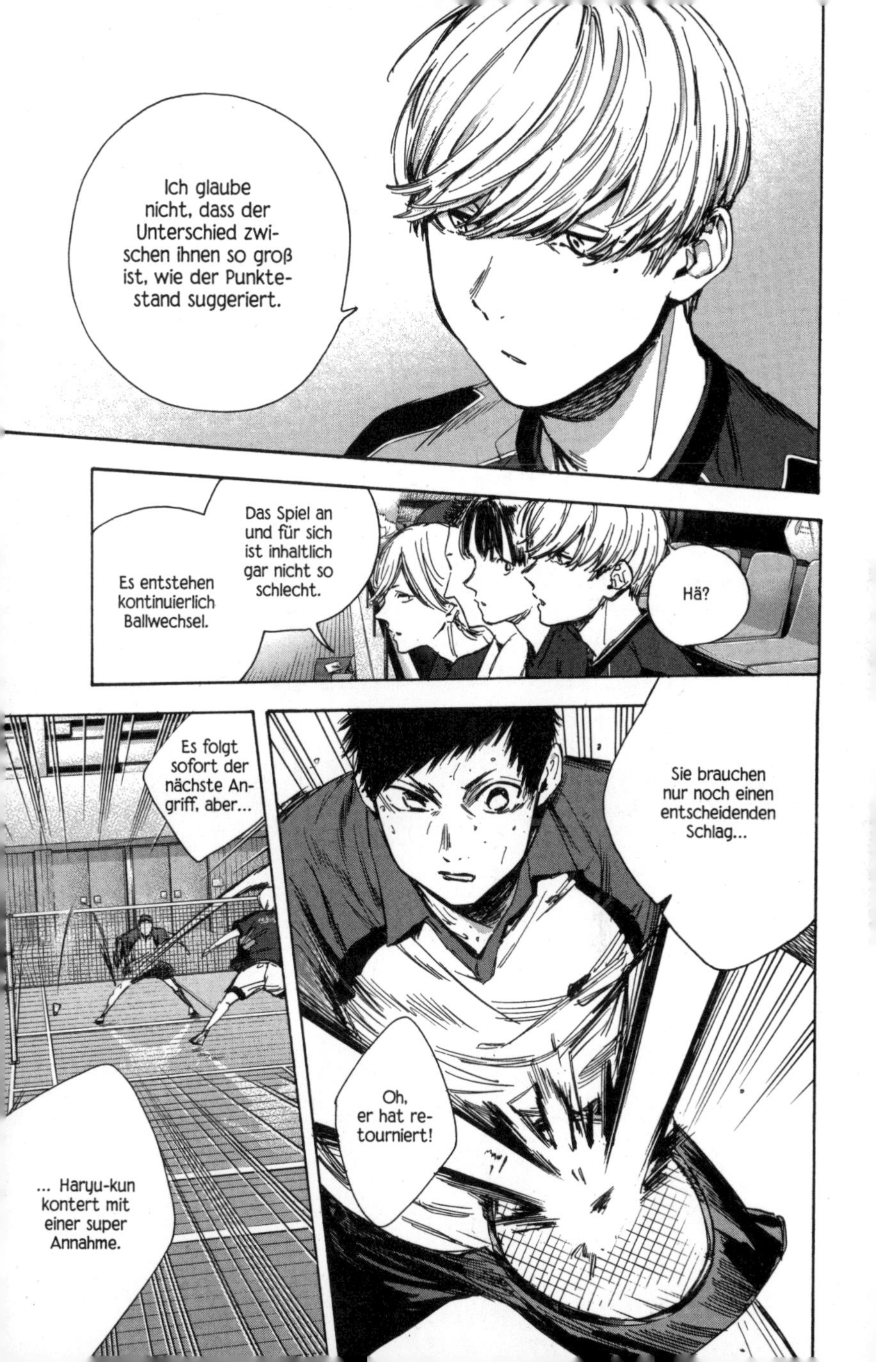
Ich glaube nicht, dass der Unterschied zwischen ihnen so groß ist, wie der Punktestand suggeriert.
Hä?
Das Spiel an und für sich ist inhaltlich gar nicht so schlecht.
Es entstehen kontinuierlich Ballwechsel.
Sie brauchen nur noch einen entscheidenden Schlag...
Es folgt sofort der nächste Angriff, aber...
Oh, er hat retourniert!
... Haryu-kun kontert mit einer super Annahme.

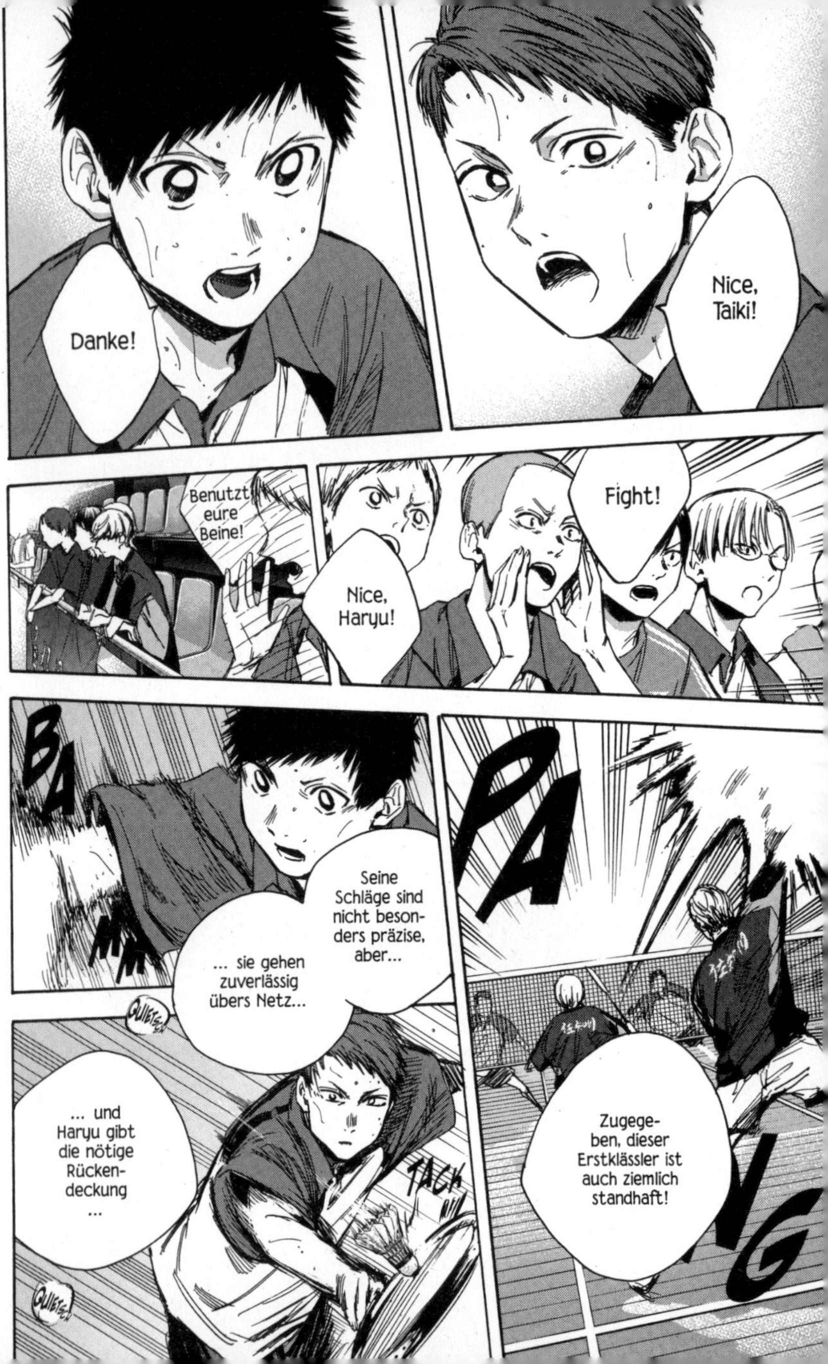
Nice, Taiki!
Danke!
Fight!
Nice, Haryu!
Benutzt eure Beine!
Seine Schläge sind nicht besonders präzise, aber...
... sie gehen zuverlässig übers Netz...
Zugegeben, dieser Erstklässler ist auch ziemlich standhaft!
... und Haryu gibt die nötige Rückendeckung ...

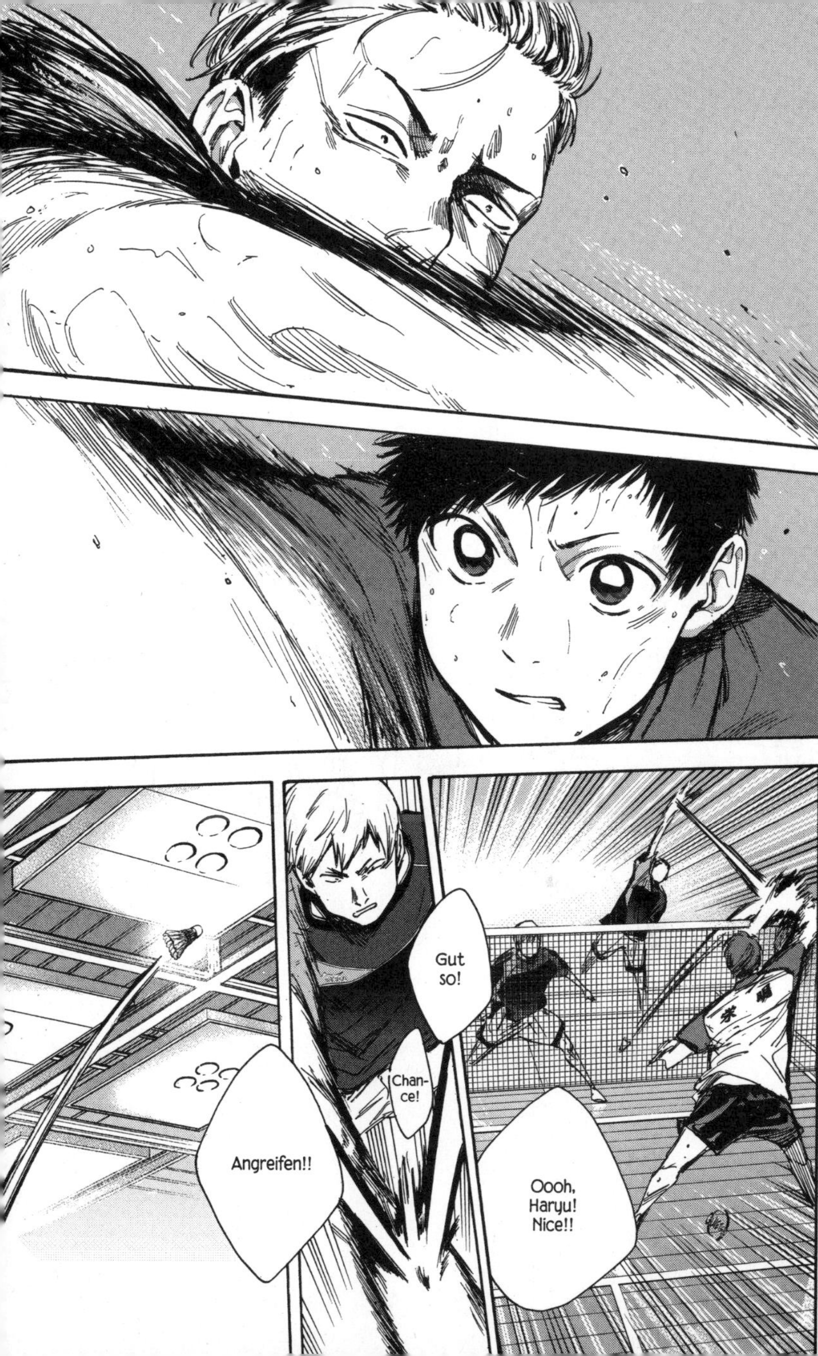

Oooh, Haryu! Nice!!
Gut so!
Chan-ce!
Angreifen!!

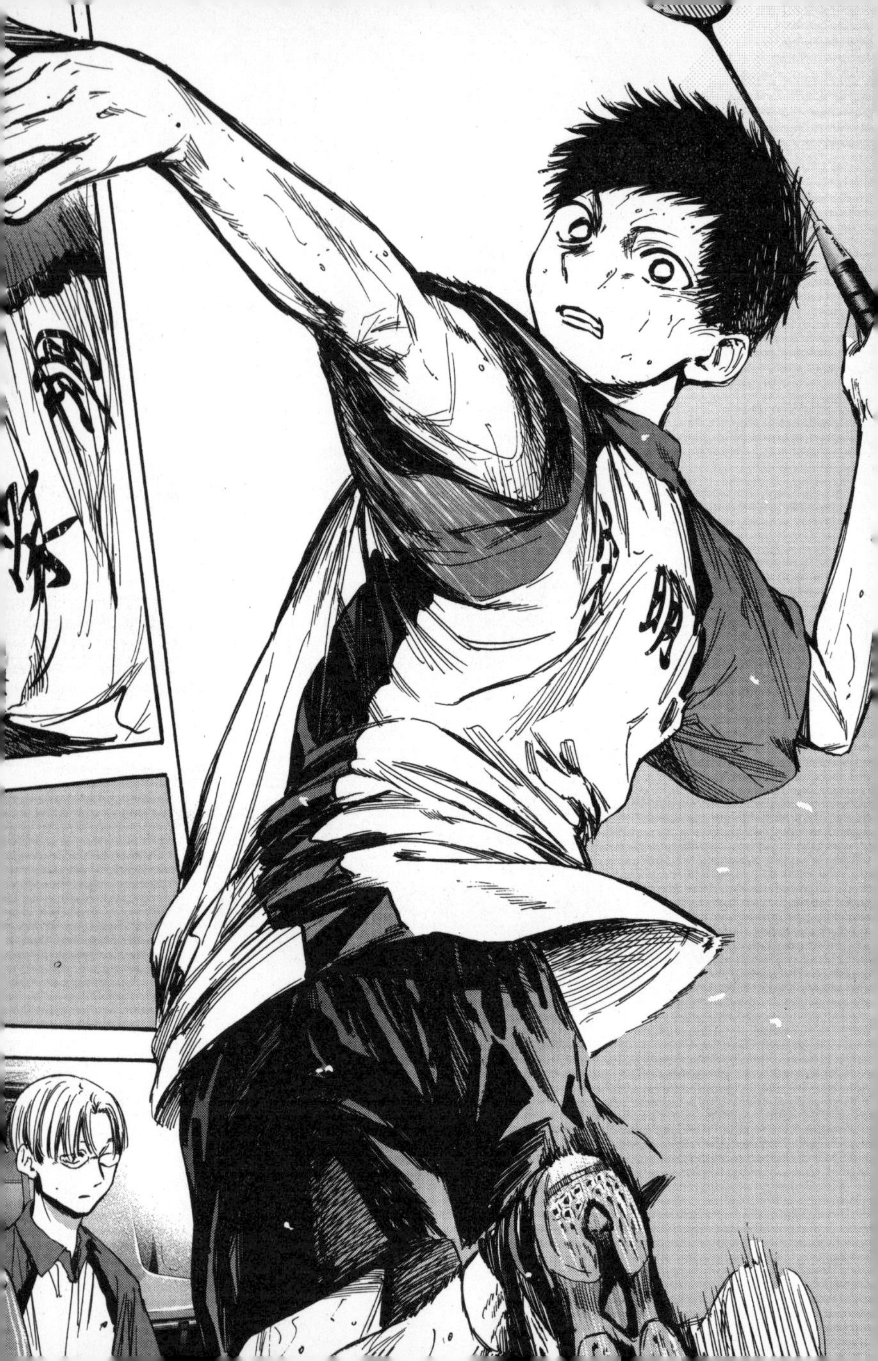

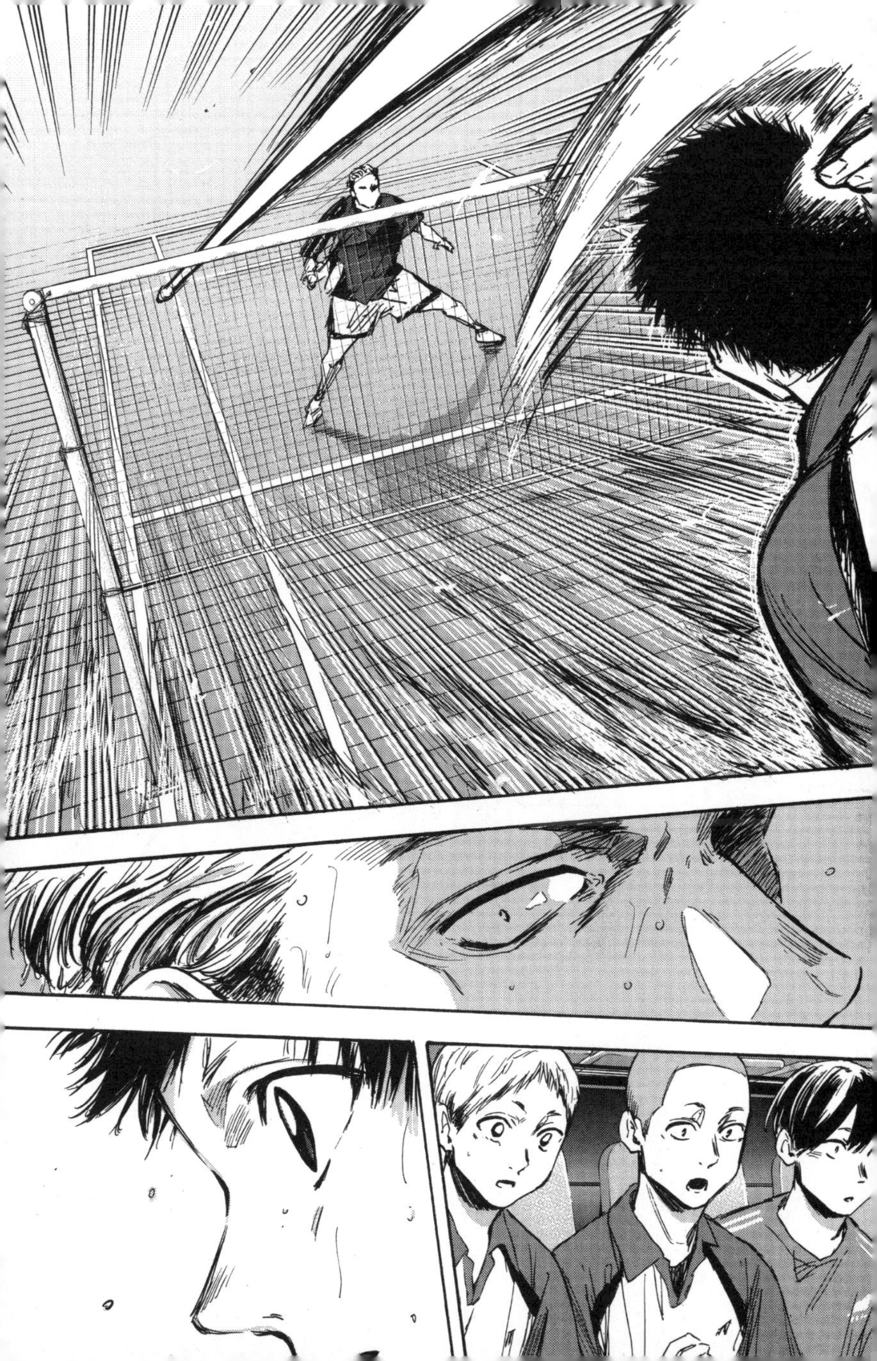

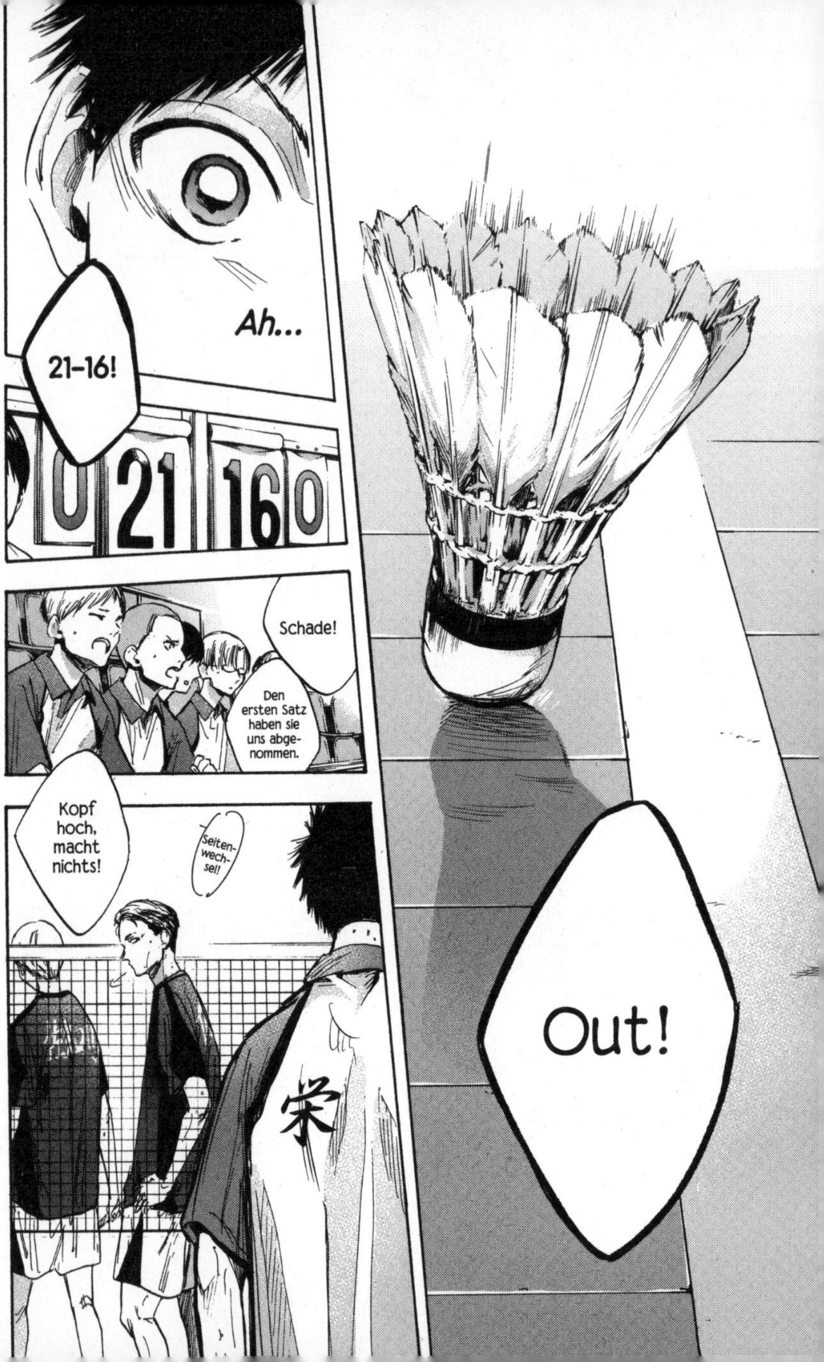
Out!
Ah...
21-16!
21
16
Schade!
Den ersten Satz haben sie uns abgenommen.
Seitenwechsel!
Kopf hoch, macht nichts!
栄

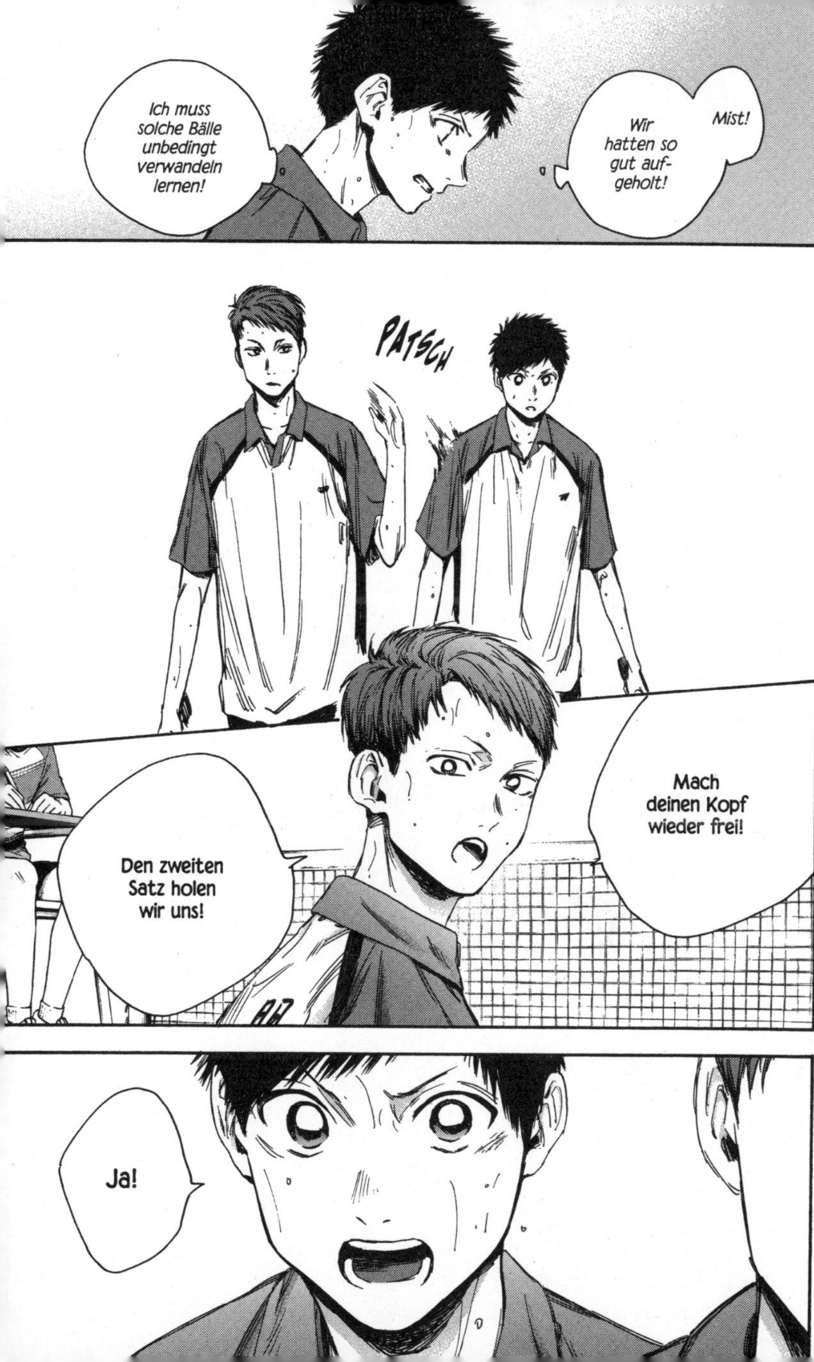
Mist!
Wir hatten so gut aufgeholt!
Ich muss solche Bälle unbedingt verwandeln lernen!
PATSCH
Mach deinen Kopf wieder frei!
Den zweiten Satz holen wir uns!
Ja!

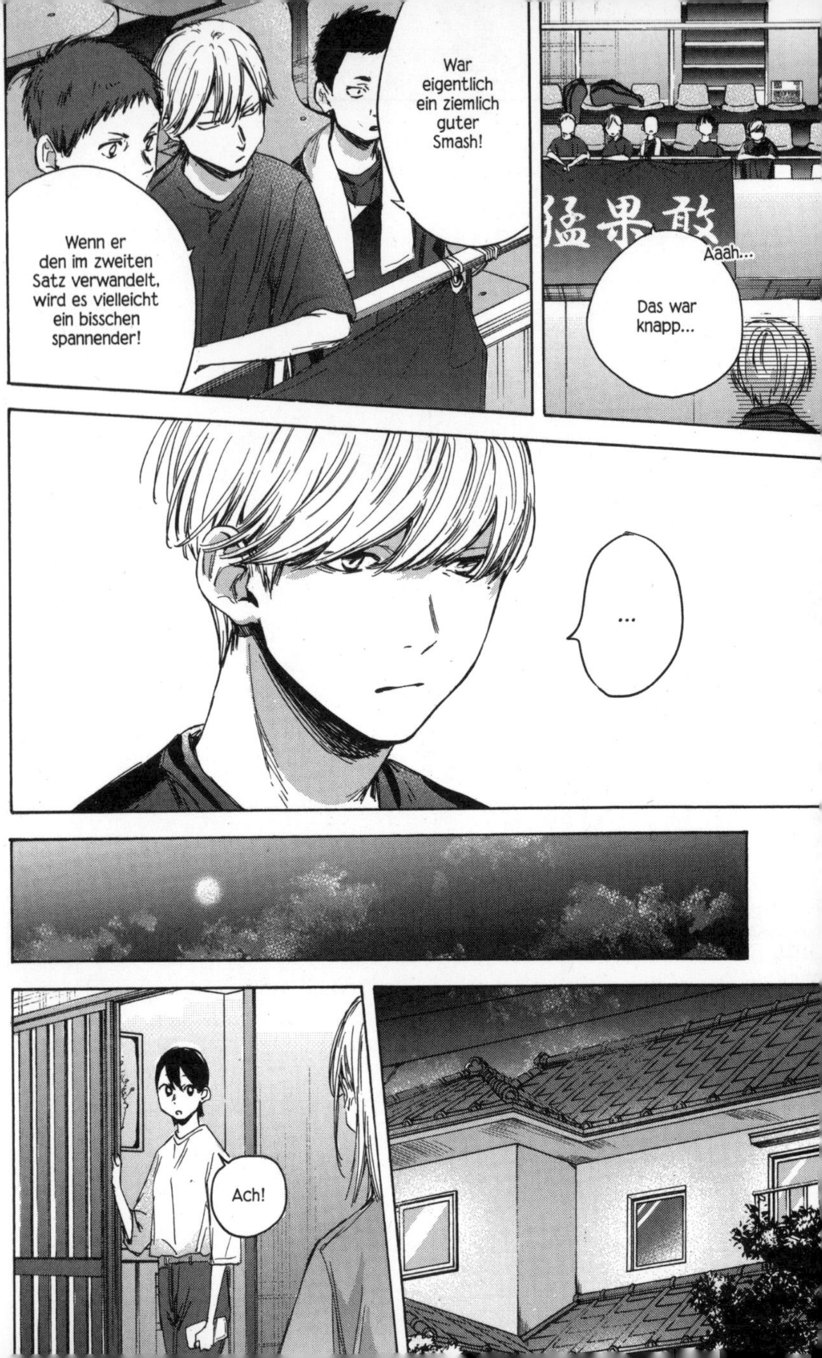
猛果敢
Aaah...
Das war knapp...
War eigentlich ein ziemlich guter Smash!
Wenn er den im zweiten Satz verwandelt, wird es vielleicht ein bisschen spannender!
...
Ach!

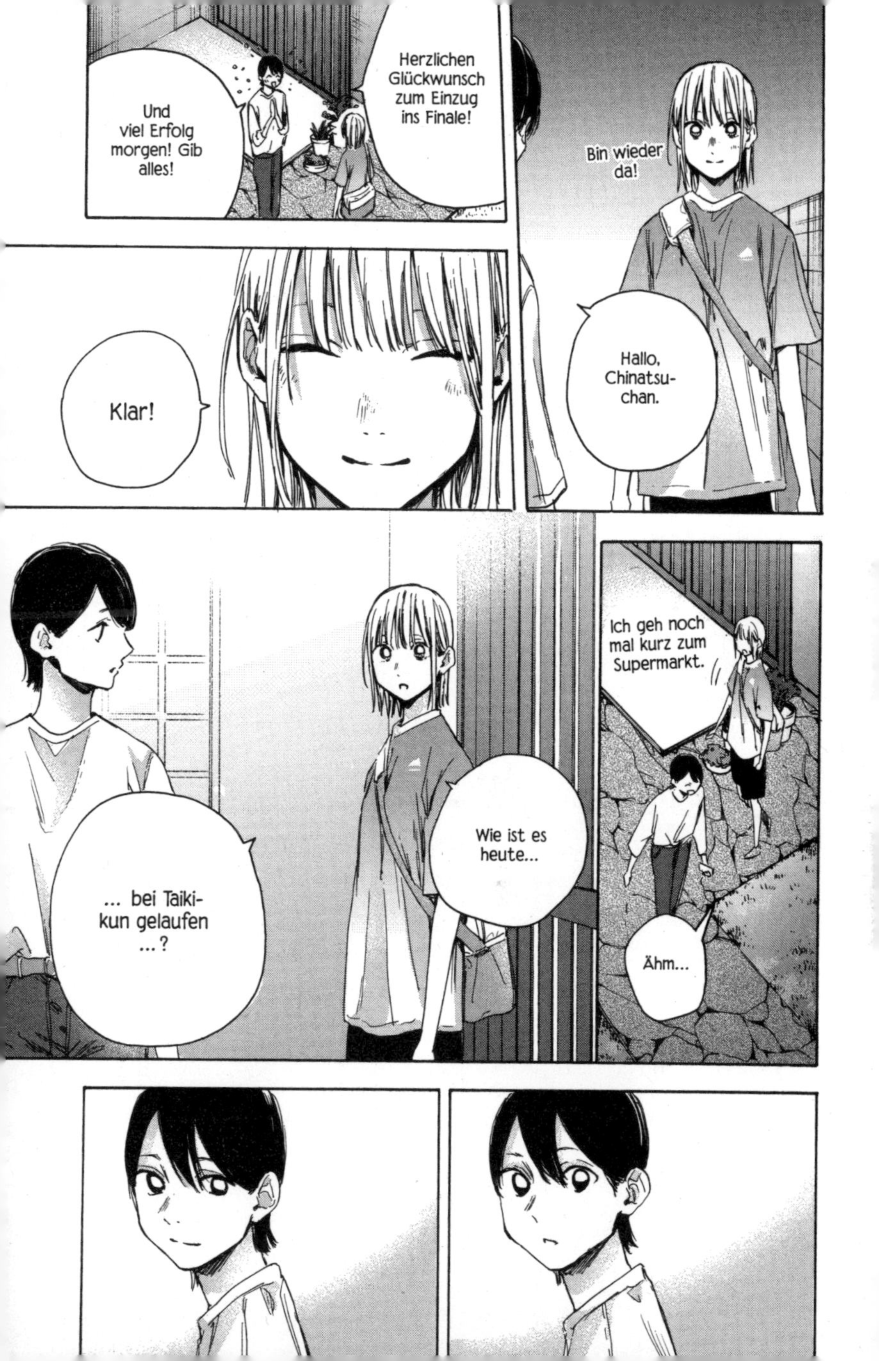
Bin wieder da!
Hallo, Chinatsu-chan.
Herzlichen Glückwunsch zum Einzug ins Finale!
Und viel Erfolg morgen! Gib alles!
Klar!
Ich geh noch mal kurz zum Supermarkt.
Ähm...
Wie ist es heute...
... bei Taiki-kun gelaufen ...?

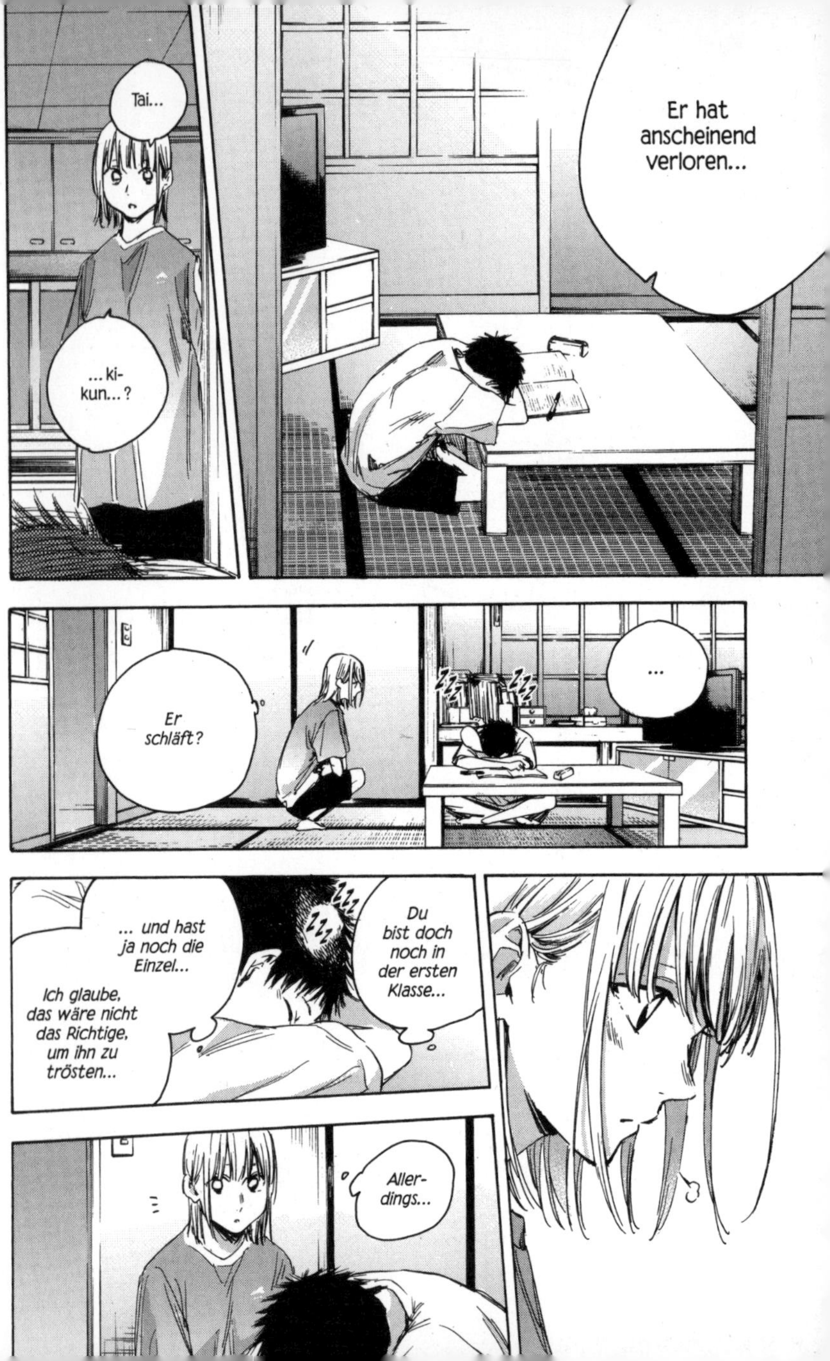
Er hat anscheinend verloren...
Tai...
...ki-kun...?
...
Er schläft?
Du bist doch noch in der ersten Klasse...
... und hast ja noch die Einzel...
Ich glaube, das wäre nicht das Richtige, um ihn zu trösten...
Aller-dings...

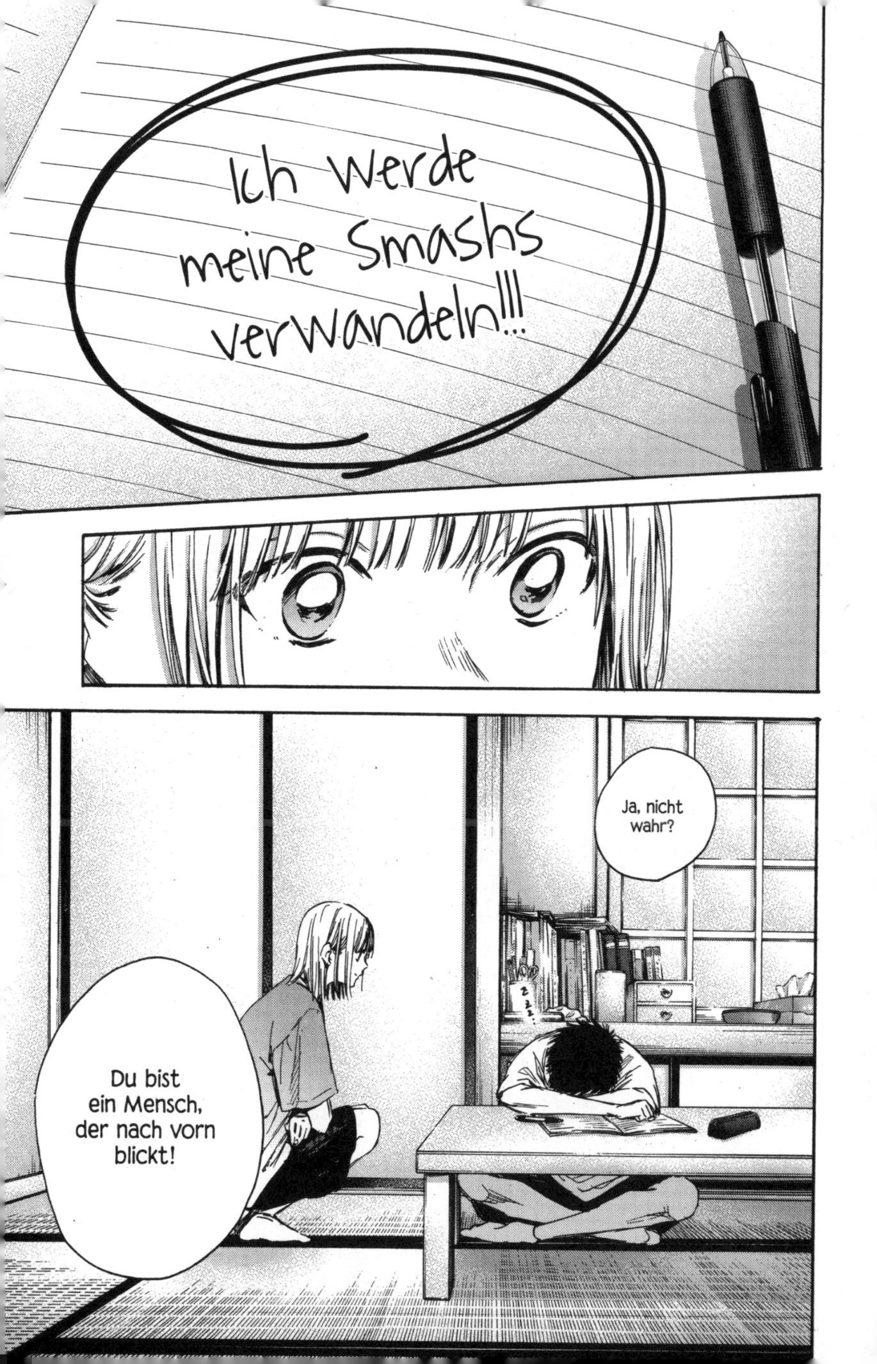
Ich werde meine Smashs verwandeln!!!
Ja, nicht wahr?
Du bist ein Mensch, der nach vorn blickt!

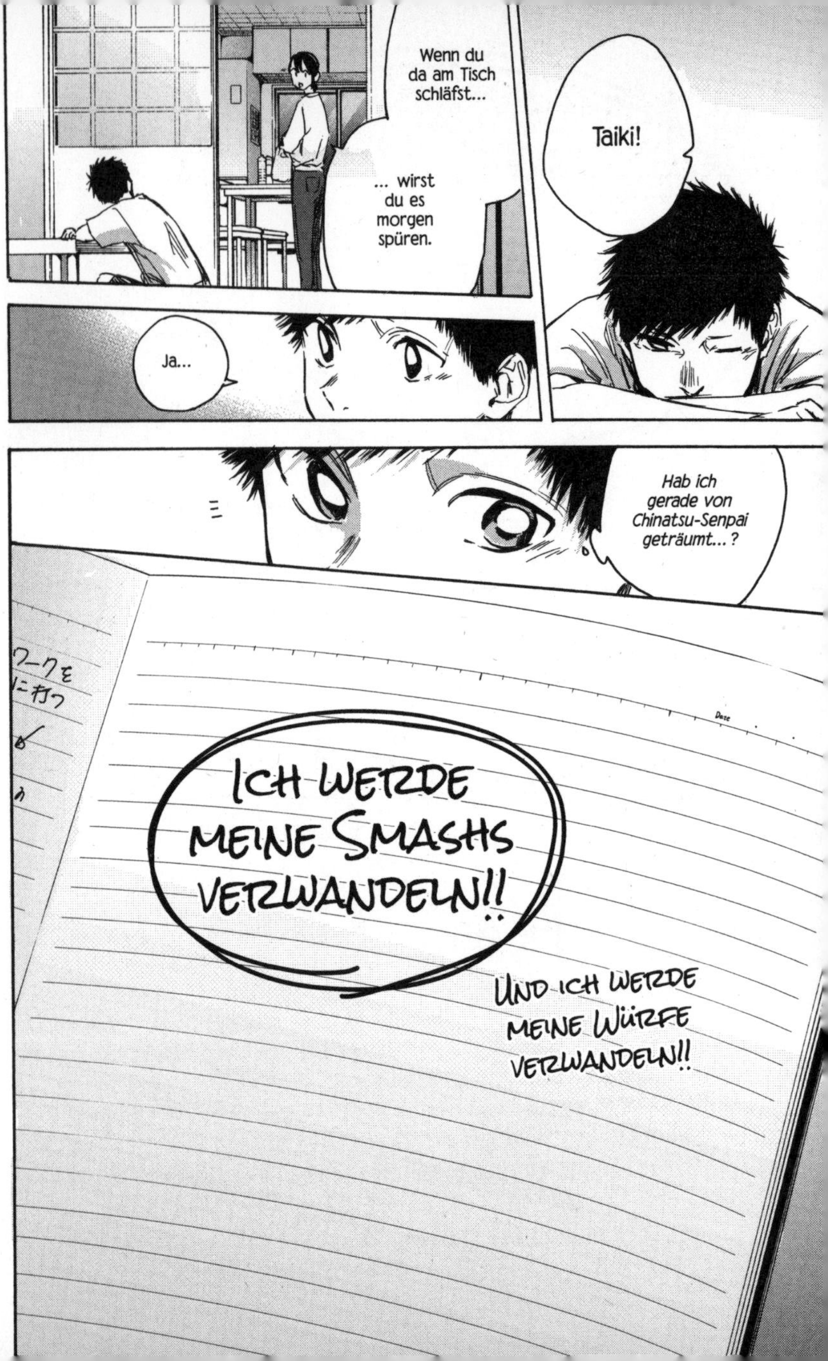
Taiki!
Wenn du da am Tisch schläfst...
... wirst du es morgen spüren.
Ja...
Hab ich gerade von Chinatsu-Senpai geträumt...?
ICH WERDE MEINE SMASHS VERWANDELN!!
UND ICH WERDE MEINE WÜRFE VERWANDELN!!

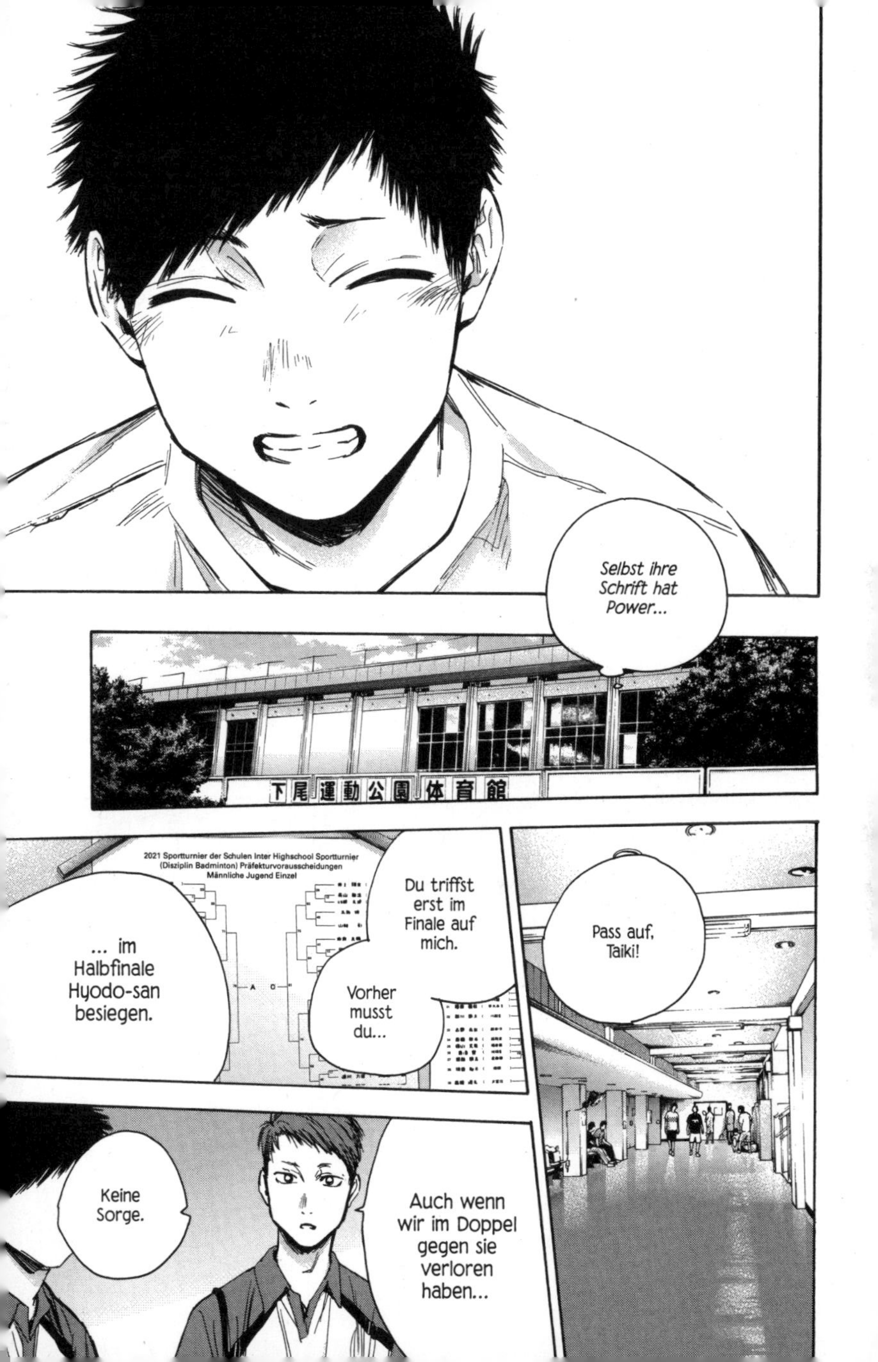
Selbst ihre Schrift hat Power...
下尾運動公園体育館
Pass auf, Taiki!
2021 Sportturnier der Schulen Inter Highschool Sportturnier (Disziplin Badminton) Präfekturvorausscheidungen Männliche Jugend Einzel
Du triffst erst im Finale auf mich.
Vorher musst du...
... im Halbfinale Hyodo-san besiegen.
Auch wenn wir im Doppel gegen sie verloren haben...
Keine Sorge.

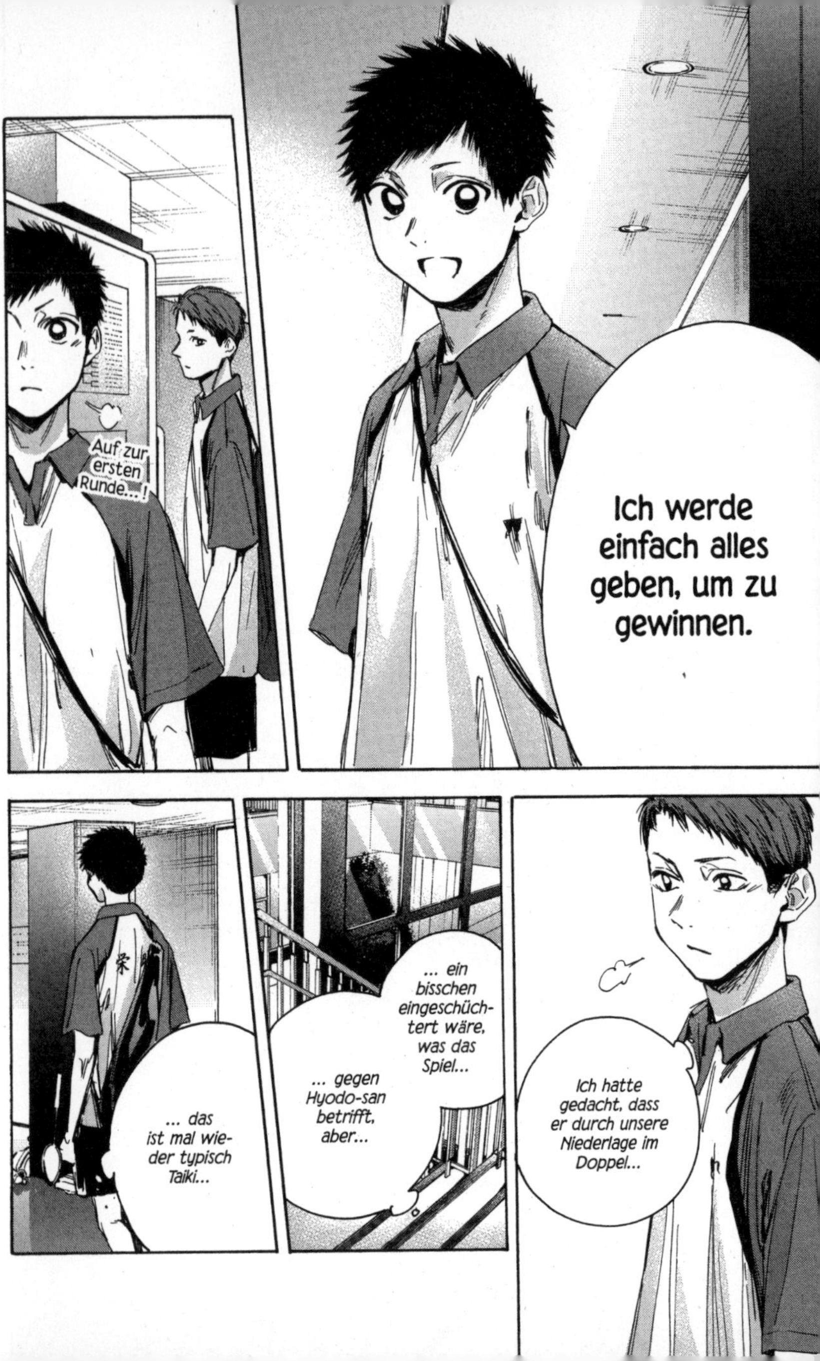
Ich werde einfach alles geben, um zu gewinnen.
Auf zur ersten Runde...!
Ich hatte gedacht, dass er durch unsere Niederlage im Doppel...
... ein bisschen eingeschüchtert wäre, was das Spiel...
... gegen Hyodo-san betrifft, aber...
... das ist mal wieder typisch Taiki...

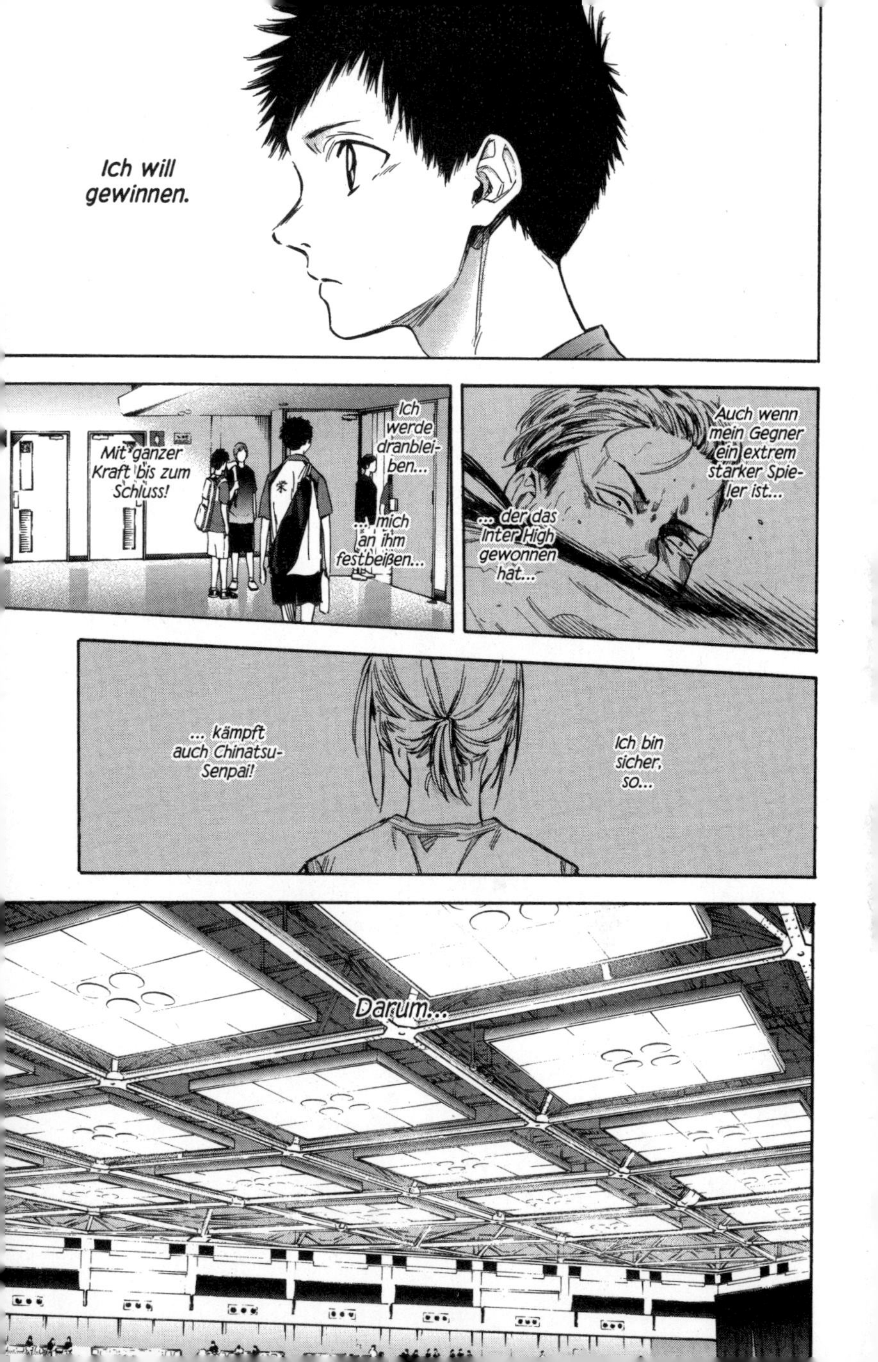
Ich will gewinnen.
Auch wenn mein Gegner ein extrem starker Spieler ist...
... der das Inter High gewonnen hat...
Ich werde dranbleiben...
... mich an ihm festbeißen...
Mit ganzer Kraft bis zum Schluss!
Ich bin sicher, so...
... kämpft auch Chinatsu-Senpai!
Darum...

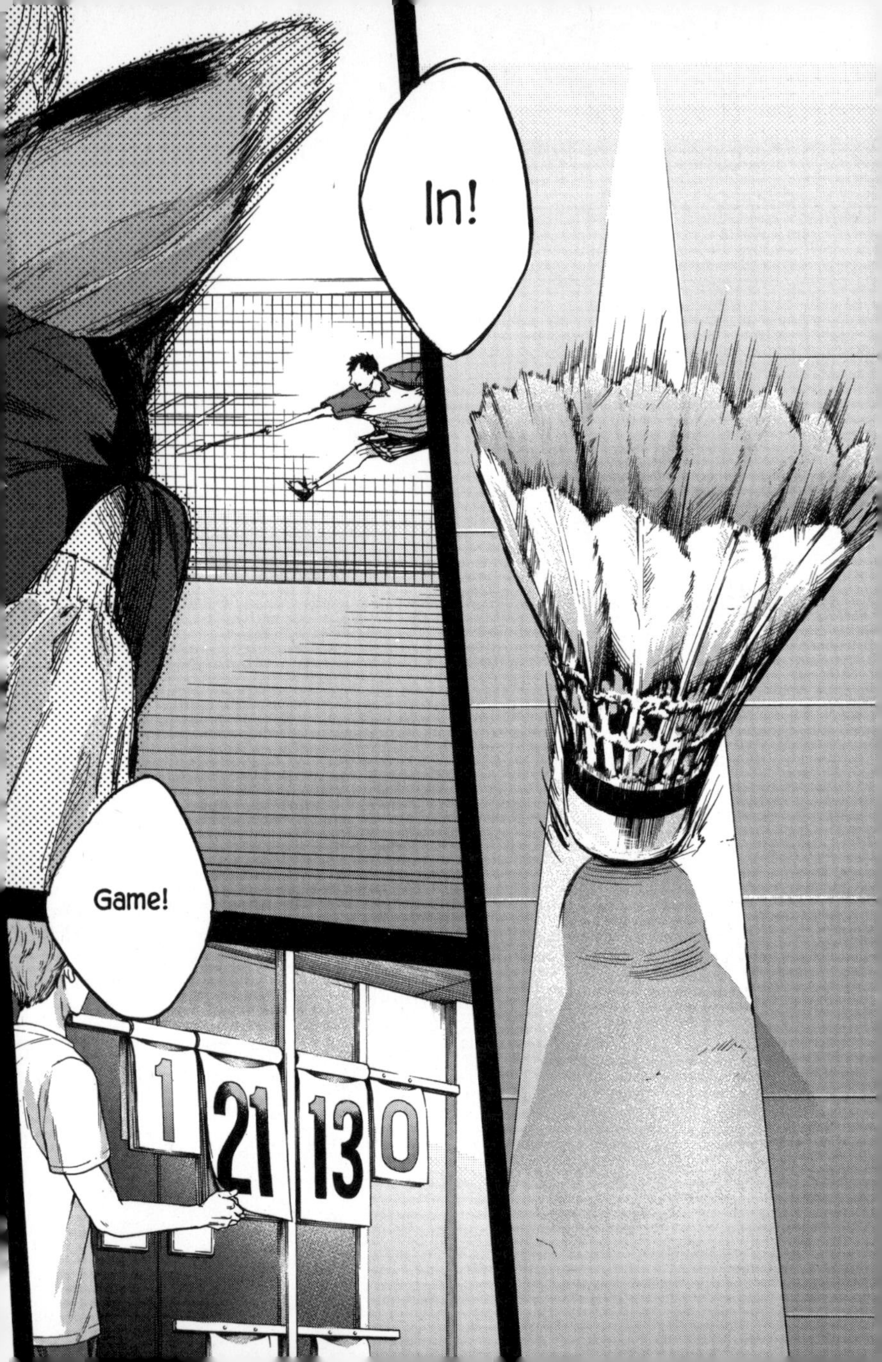
In!
Game!
1 21 13 0

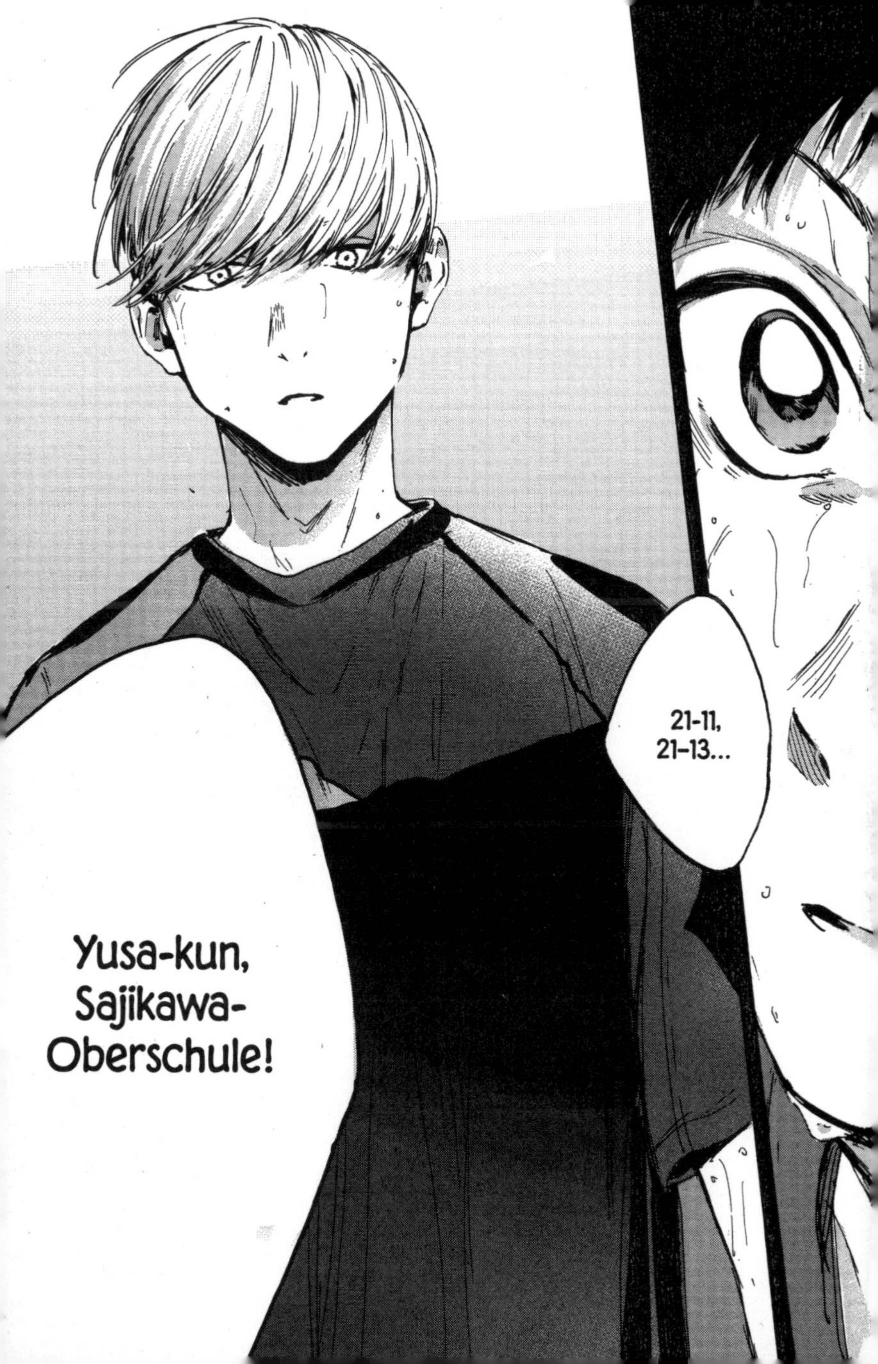
21-11,
21-13...
Yusa-kun,
Sajikawa-
Oberschule!

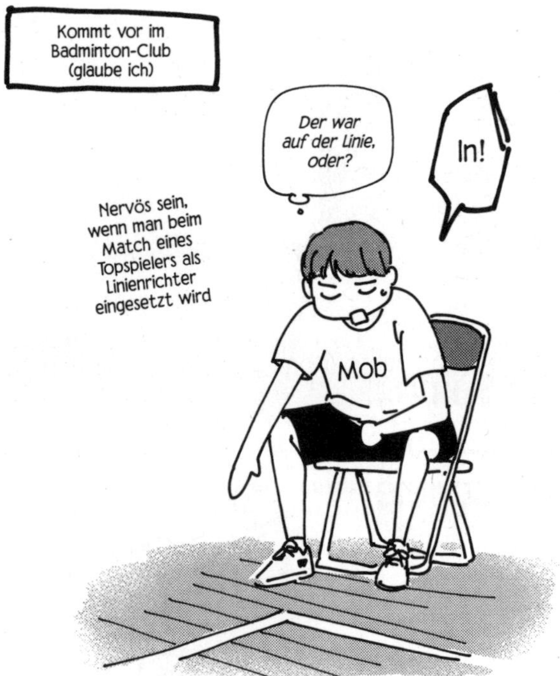
Kommt vor im Badminton-Club (glaube ich)
Nervös sein, wenn man beim Match eines Topspielers als Linienrichter eingesetzt wird
Der war auf der Linie, oder?
In!
Mob

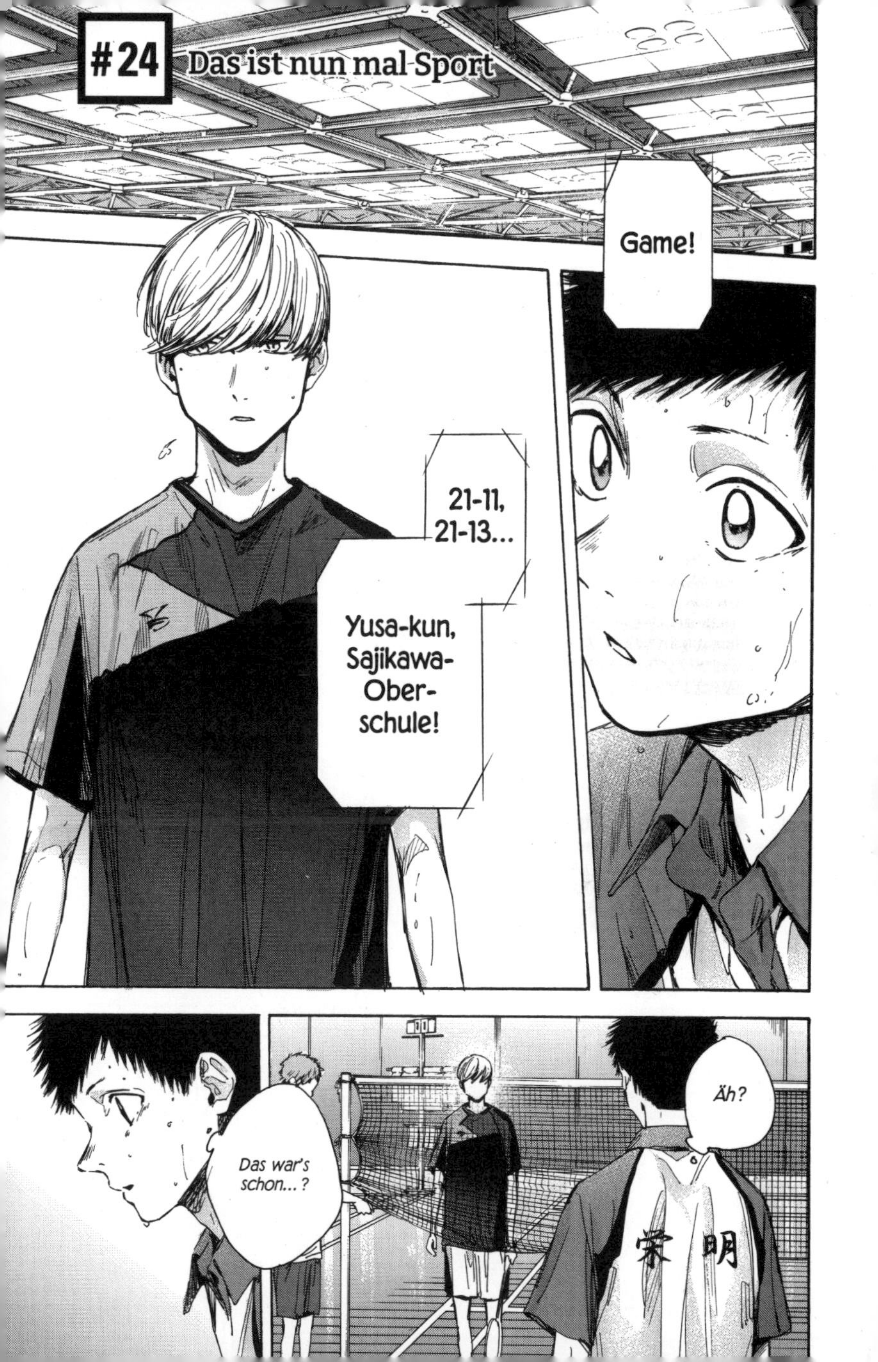
#24
Das ist nun mal Sport
Game!
21-11,
21-13…
Yusa-kun, Sajikawa-Oberschule!
Äh?
Das war's schon…?

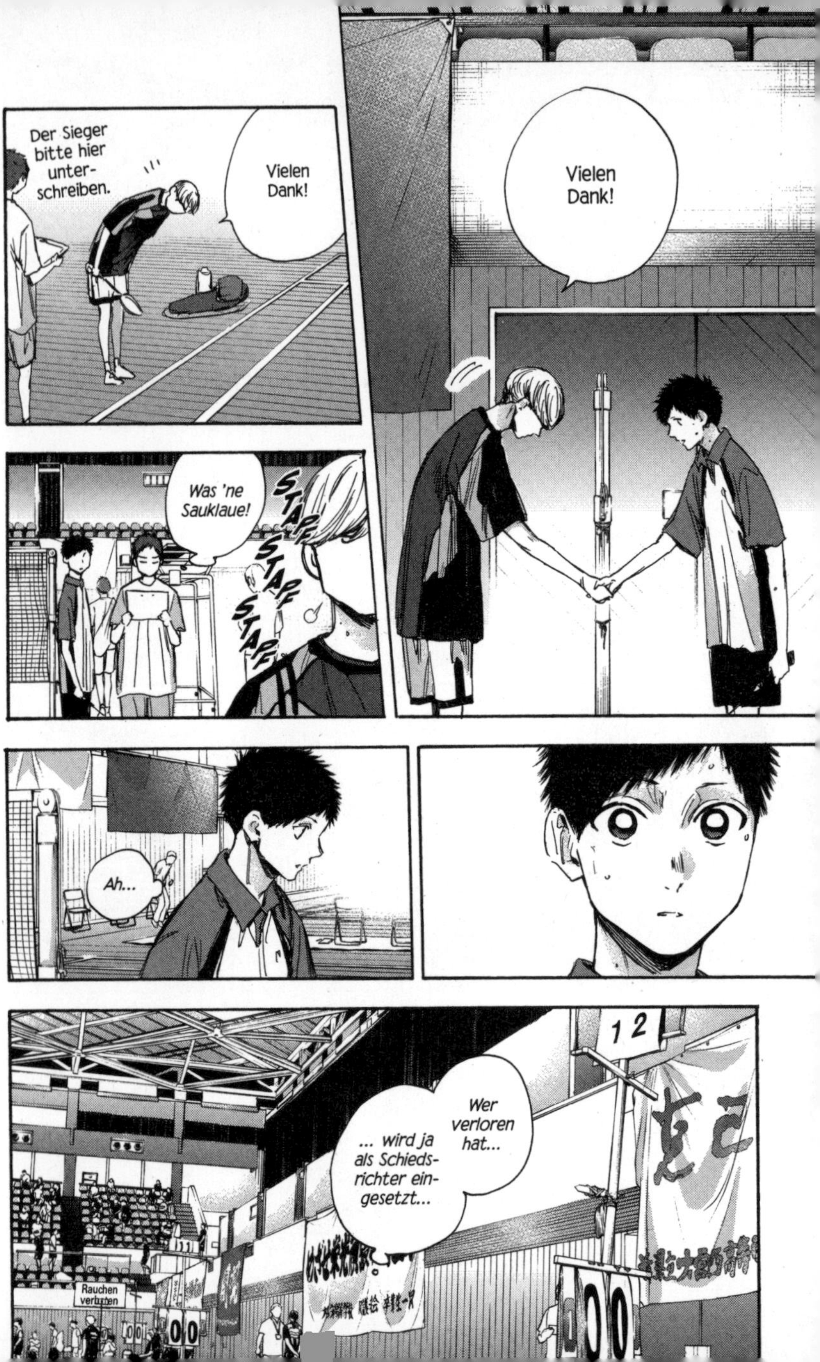
Vielen Dank!
Vielen Dank!
Der Sieger bitte hier unter-schreiben.
Was 'ne Sauklaue!
STAPF STAPF STAPF STAPF
Ah...
Wer verloren hat...
... wird ja als Schieds-richter ein-gesetzt...
Rauchen verboten
12

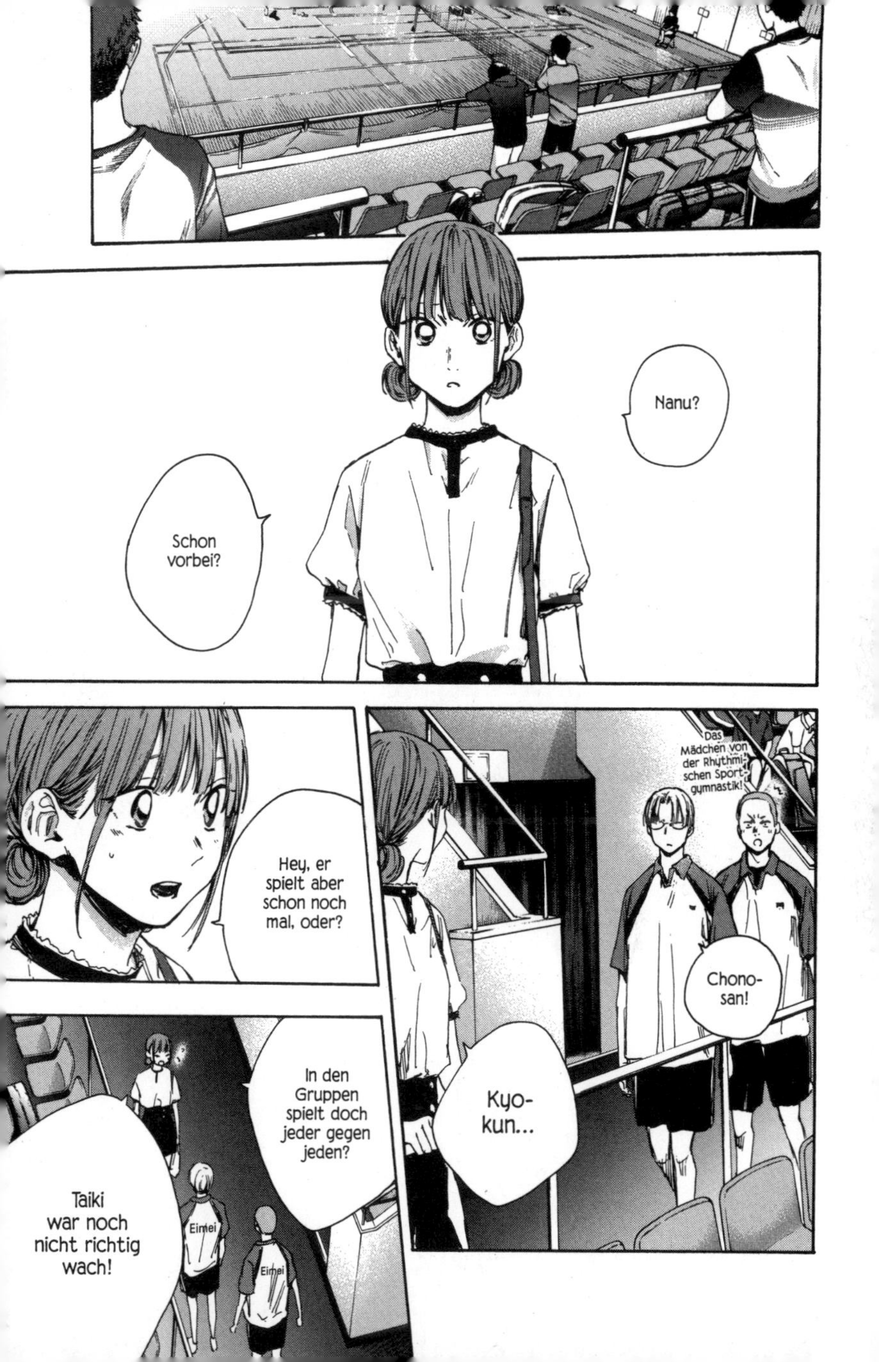

Nanu?
Schon vorbei?
Das Mädchen von der Rhythmischen Sportgymnastik!
Chono-san!
Kyo-kun...
Hey, er spielt aber schon noch mal, oder?
In den Gruppen spielt doch jeder gegen jeden?
Taiki war noch nicht richtig wach!
Eimei
Eimei

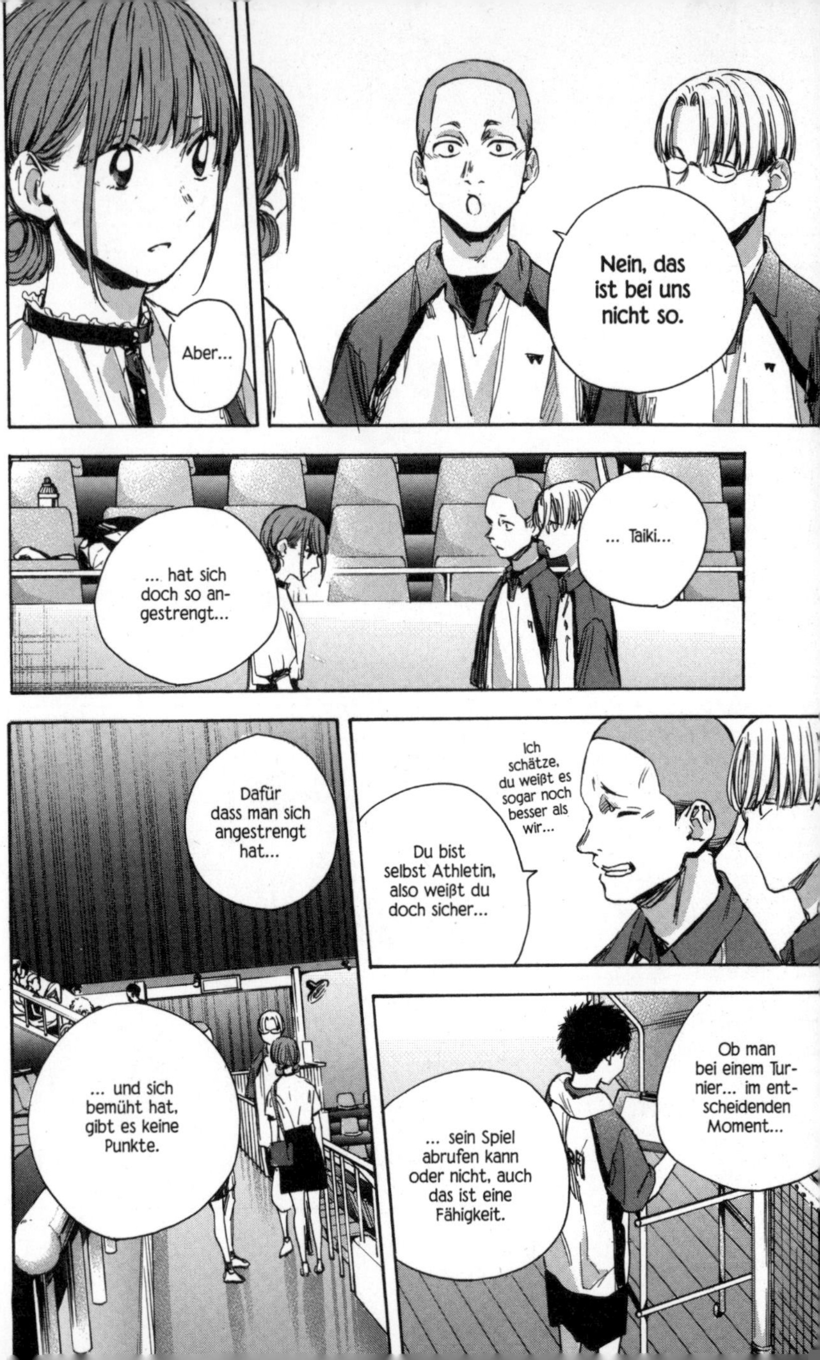
Nein, das ist bei uns nicht so.
Aber...
... Taiki...
... hat sich doch so angestrengt...
Du bist selbst Athletin, also weißt du doch sicher...
Ich schätze, du weißt es sogar noch besser als wir...
Dafür dass man sich angestrengt hat...
... und sich bemüht hat, gibt es keine Punkte.
Ob man bei einem Turnier... im entscheidenden Moment...
... sein Spiel abrufen kann oder nicht, auch das ist eine Fähigkeit.

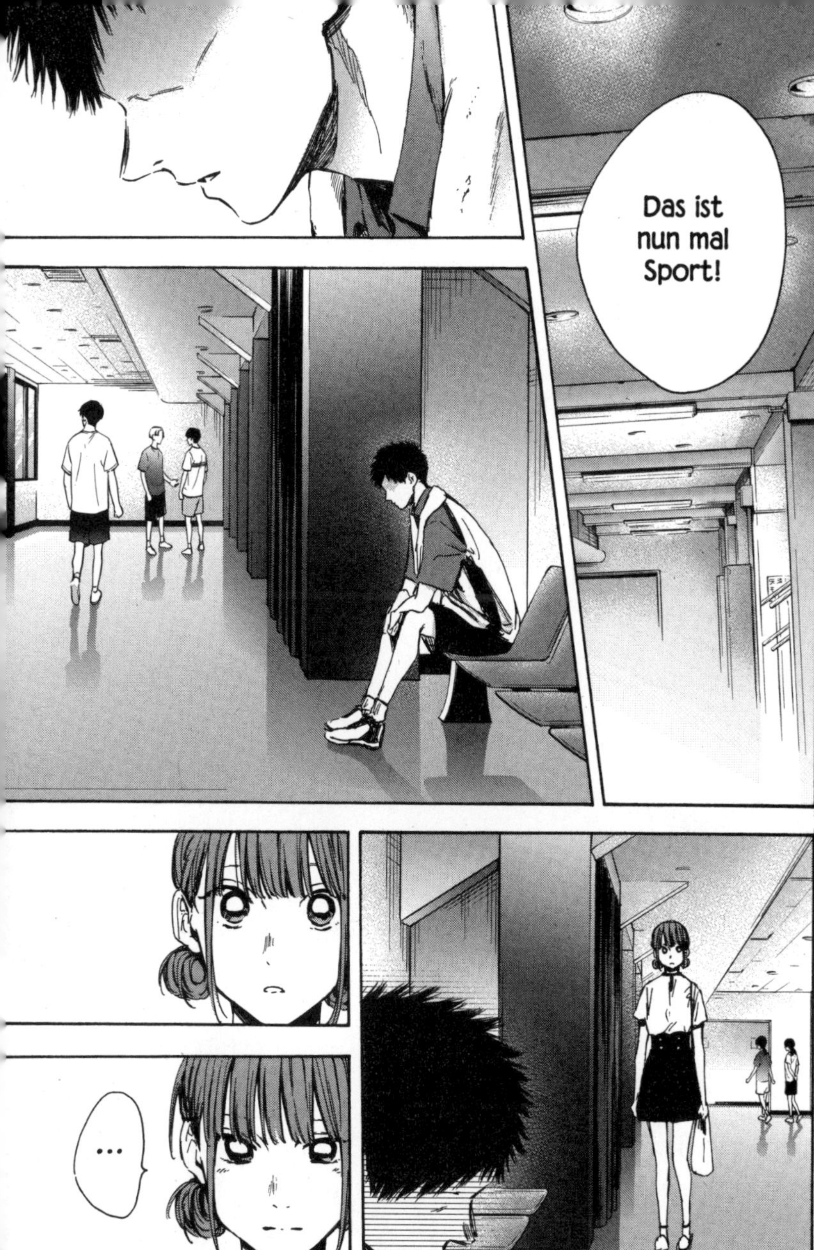
Das ist nun mal Sport!
...

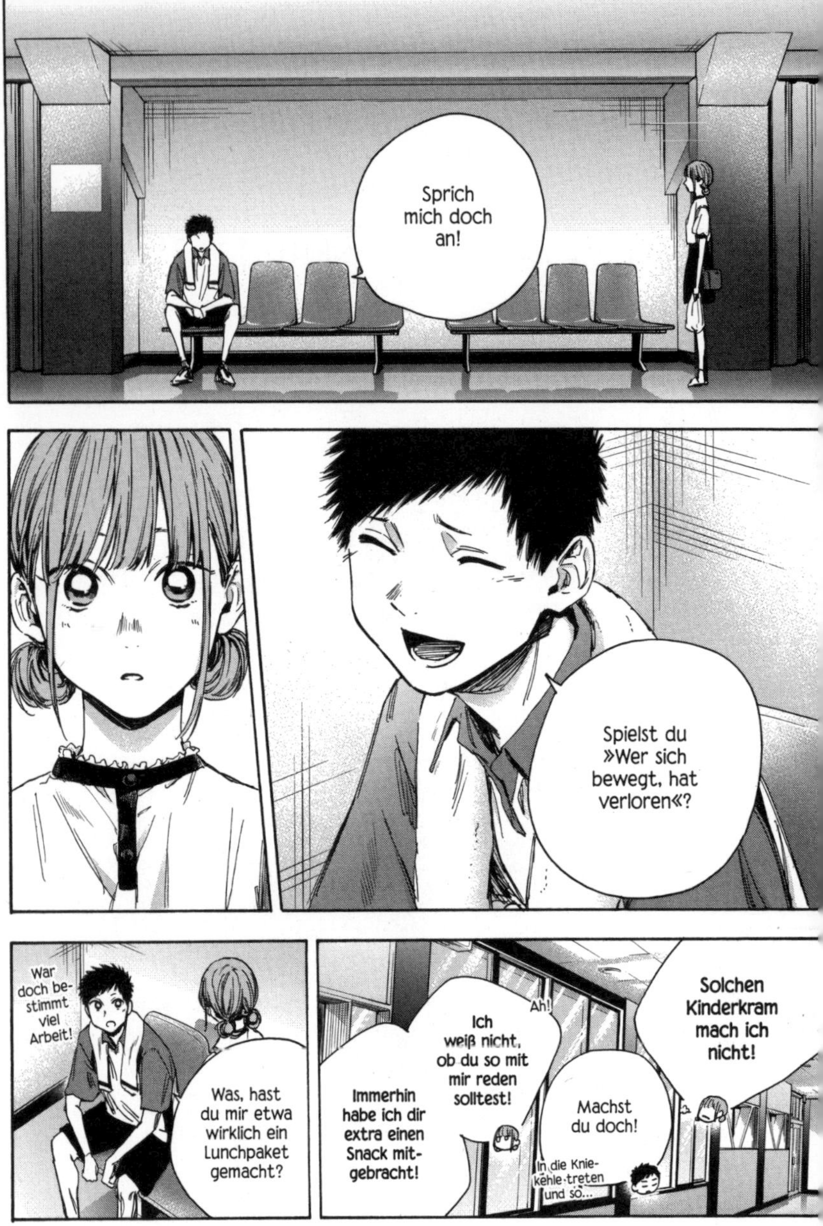
Sprich mich doch an!
Spielst du »Wer sich bewegt, hat verloren«?
Solchen Kinderkram mach ich nicht!
Machst du doch!
In die Kniekehle treten und so...
Ah!
Ich weiß nicht, ob du so mit mir reden solltest!
Immerhin habe ich dir extra einen Snack mitgebracht!
Was, hast du mir etwa wirklich ein Lunchpaket gemacht?
War doch bestimmt viel Arbeit!

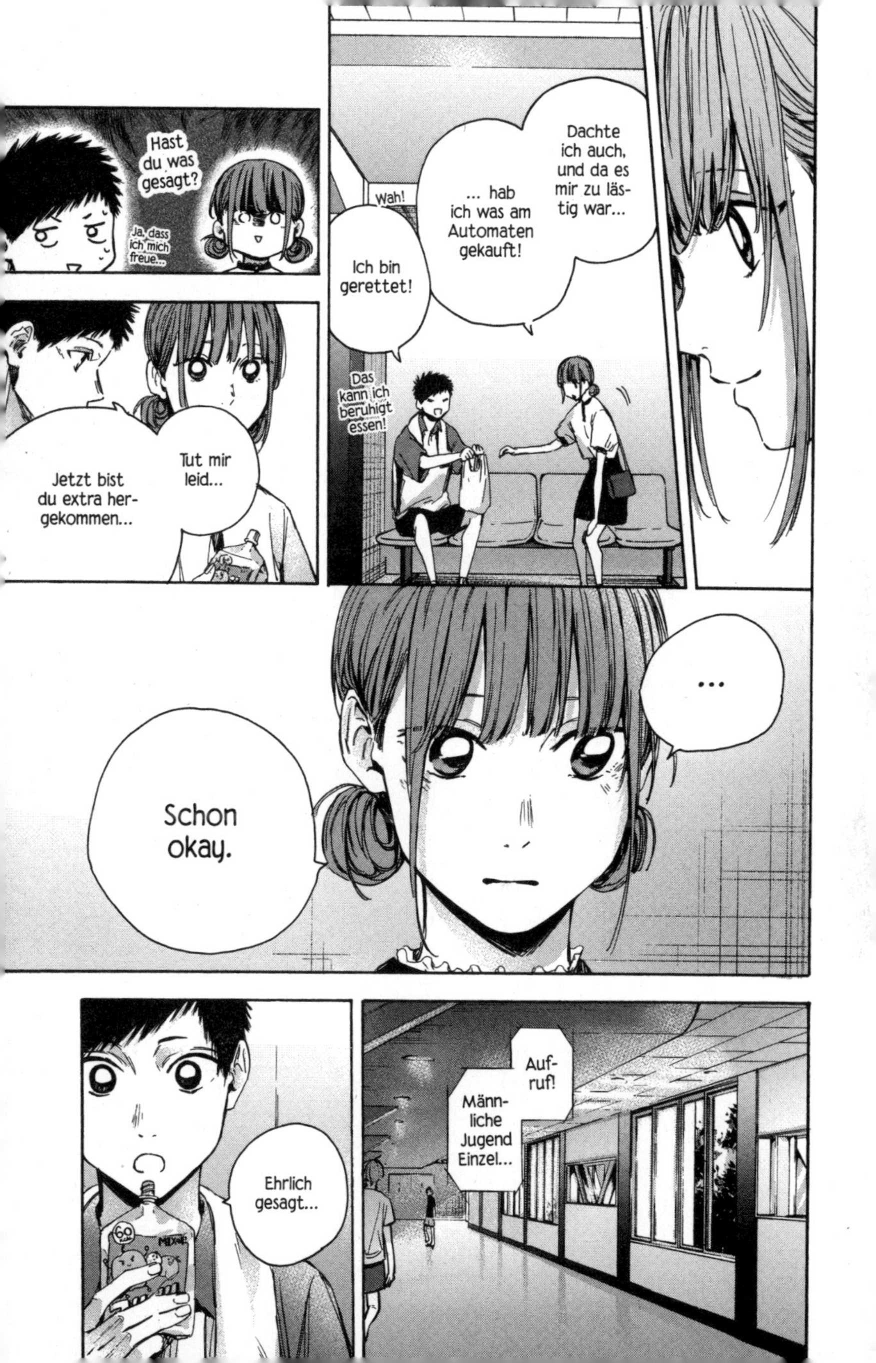
Dachte ich auch, und da es mir zu läs-tig war...
... hab ich was am Automaten gekauft!
Wah!
Ich bin gerettet!
Das kann ich beruhigt essen!
Hast du was gesagt?
Ja, dass ich mich freue...
Tut mir leid...
Jetzt bist du extra her-gekommen...
...
Schon okay.
Auf-ruf!
Männ-liche Jugend Einzel...
Ehrlich gesagt...

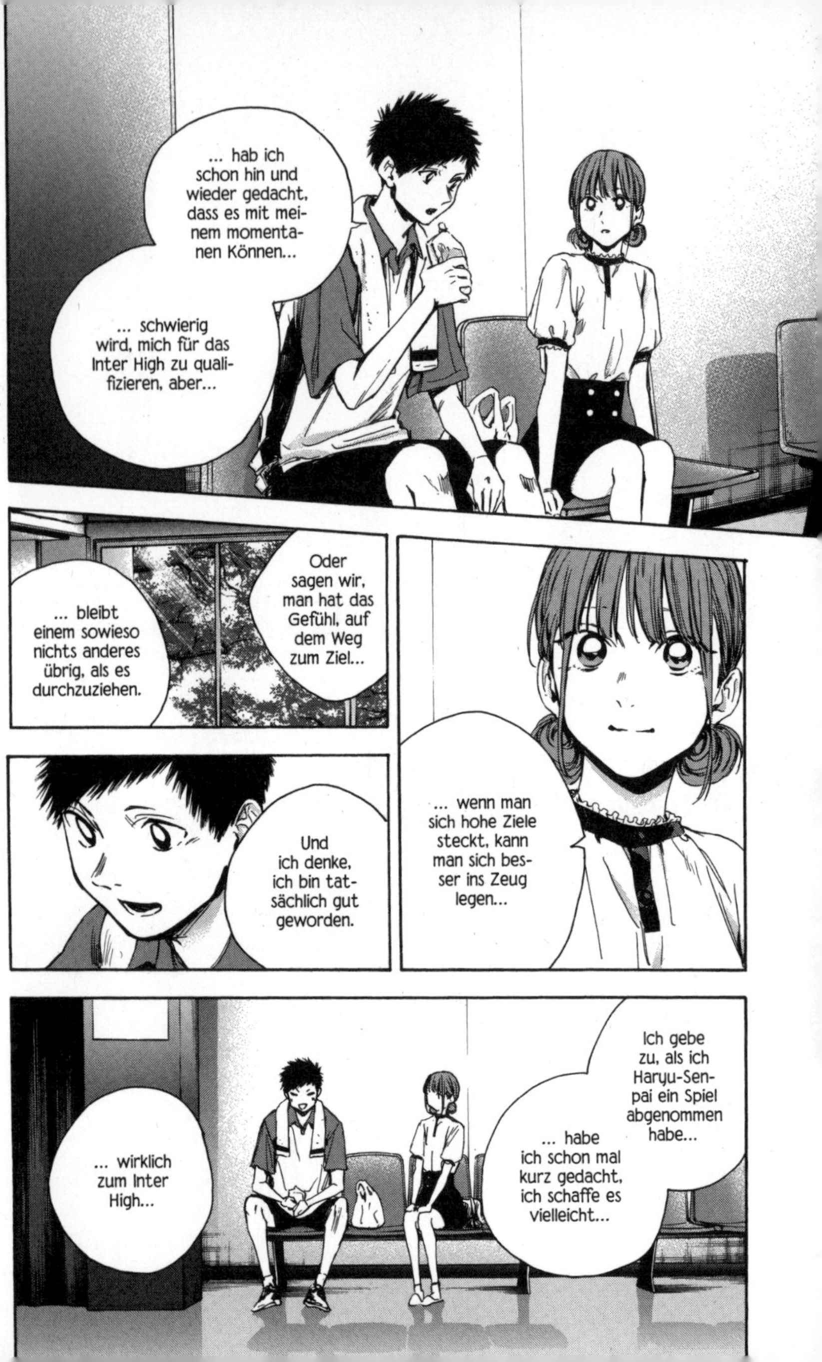
... hab ich schon hin und wieder gedacht, dass es mit meinem momentanen Können...
... schwierig wird, mich für das Inter High zu qualifizieren, aber...
... wenn man sich hohe Ziele steckt, kann man sich besser ins Zeug legen...
Oder sagen wir, man hat das Gefühl, auf dem Weg zum Ziel...
... bleibt einem sowieso nichts anderes übrig, als es durchzuziehen.
Und ich denke, ich bin tatsächlich gut geworden.
Ich gebe zu, als ich Haryu-Senpai ein Spiel abgenommen habe...
... habe ich schon mal kurz gedacht, ich schaffe es vielleicht...
... wirklich zum Inter High...

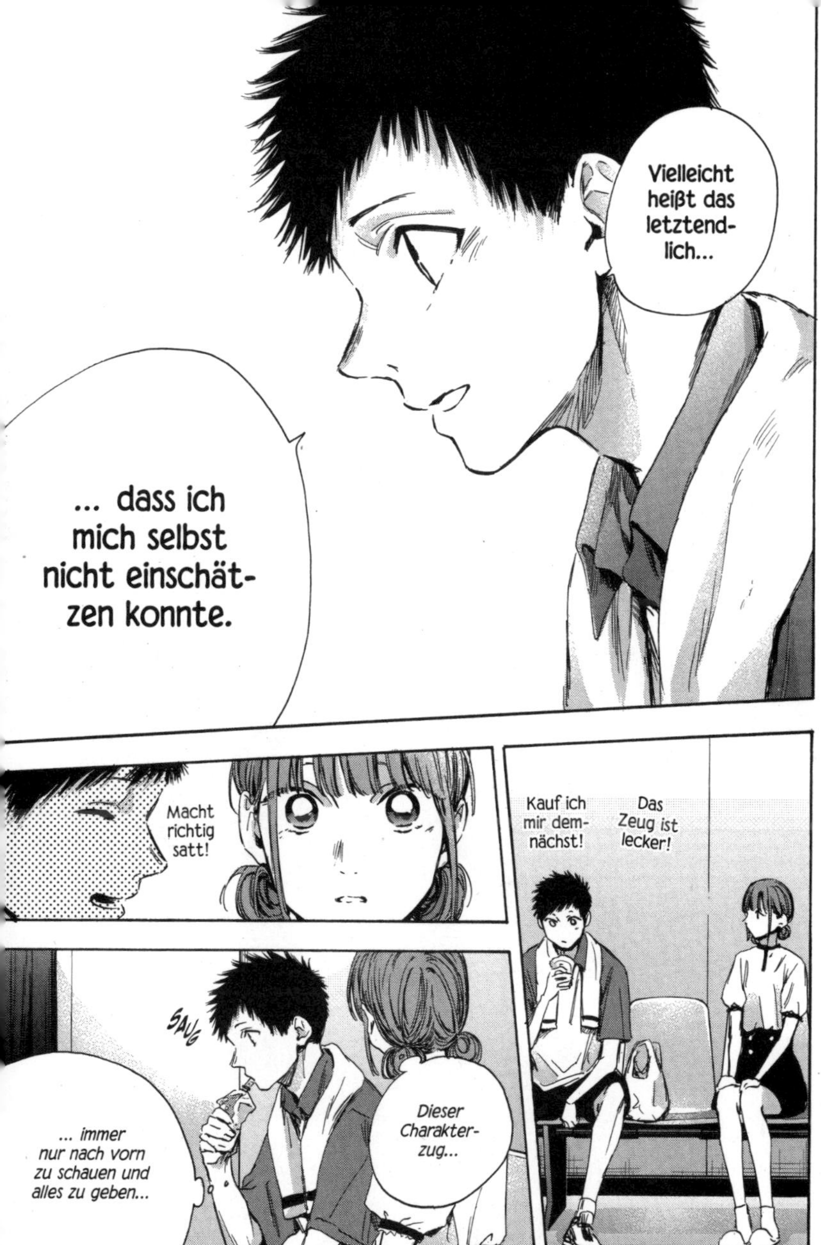
Vielleicht heißt das letztendlich...
... dass ich mich selbst nicht einschätzen konnte.
Das Zeug ist lecker!
Kauf ich mir demnächst!
Macht richtig satt!
SAUG
Dieser Charakterzug...
... immer nur nach vorn zu schauen und alles zu geben...

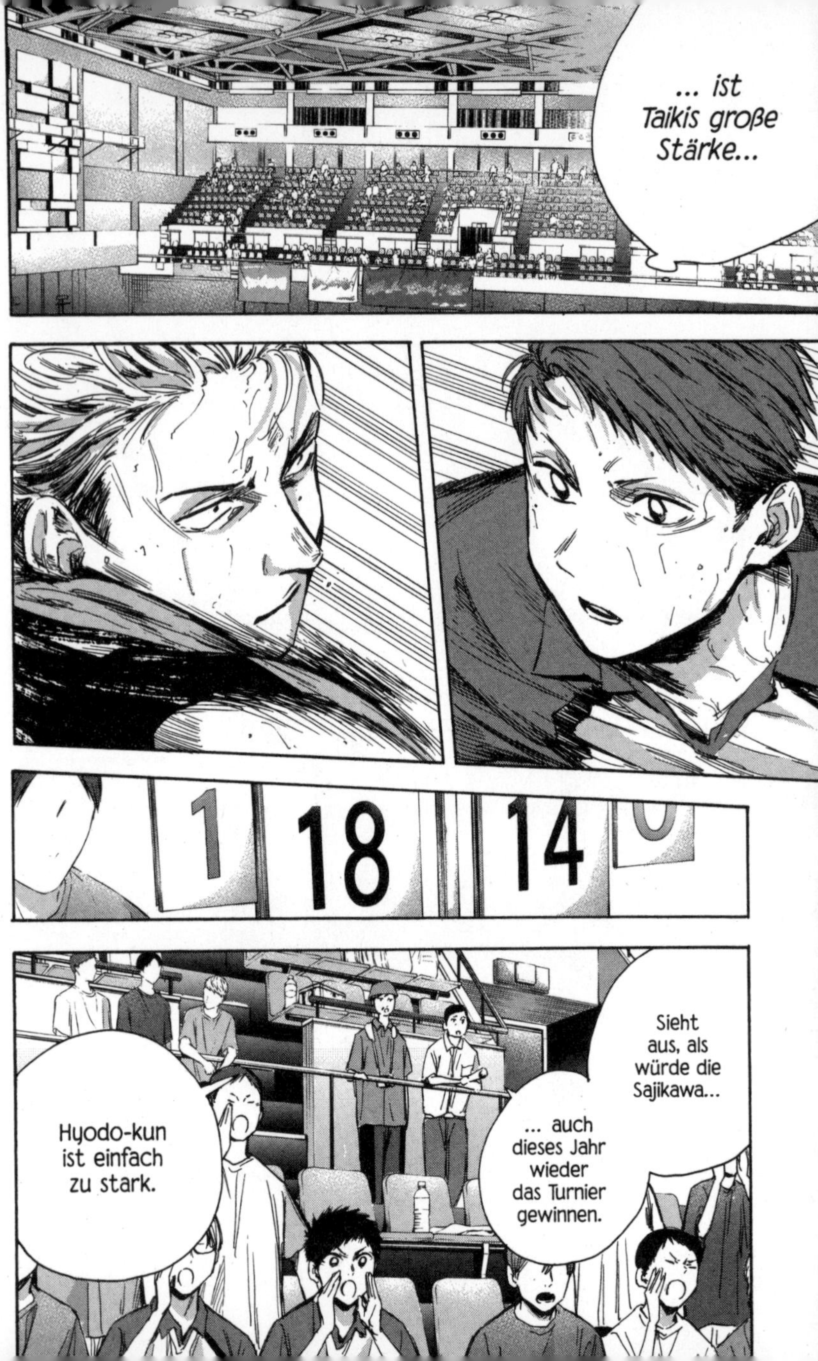
... ist
Taikis große
Stärke...
1
18
14
Sieht aus, als würde die Sajikawa...
... auch dieses Jahr wieder das Turnier gewinnen.
Hyodo-kun ist einfach zu stark.

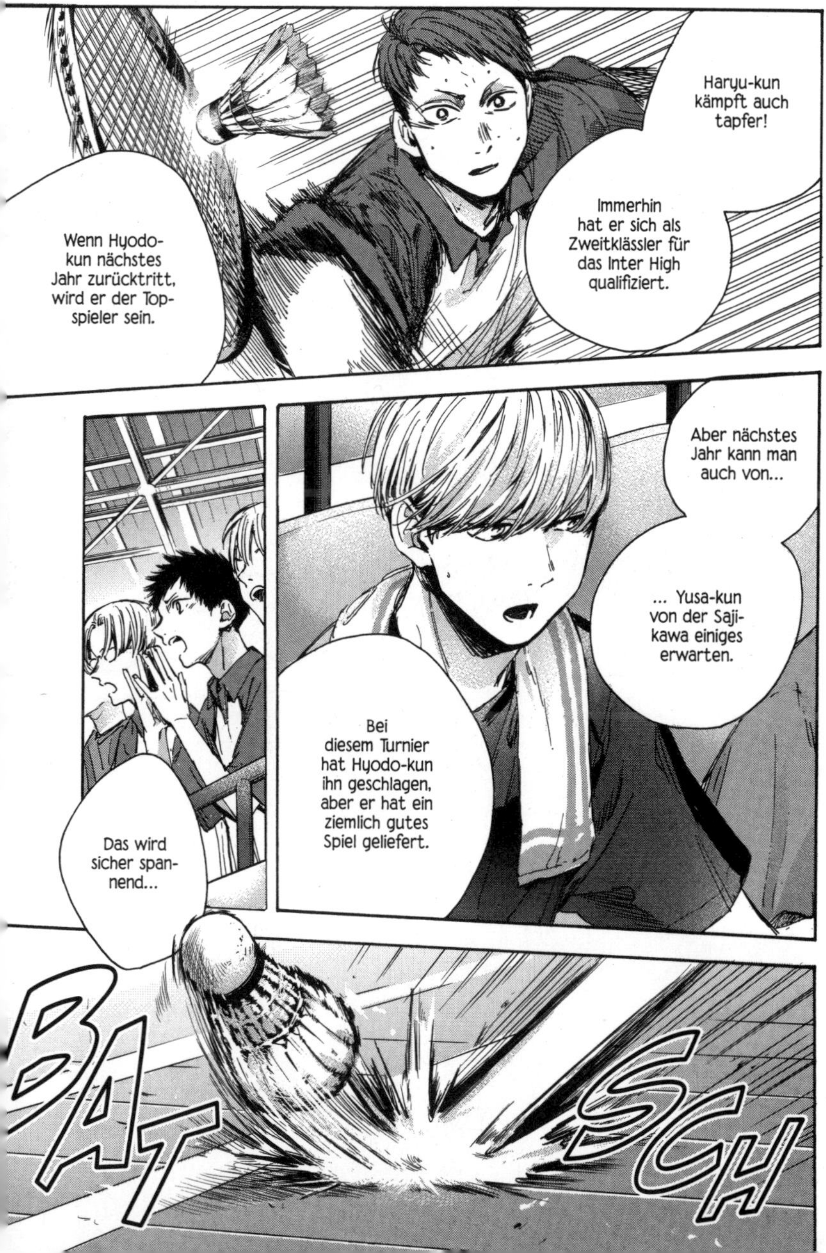

Haryu-kun kämpft auch tapfer!
Immerhin hat er sich als Zweitklässler für das Inter High qualifiziert.
Wenn Hyodo-kun nächstes Jahr zurücktritt, wird er der Top-spieler sein.
Aber nächstes Jahr kann man auch von...
... Yusa-kun von der Saji-kawa einiges erwarten.
Bei diesem Turnier hat Hyodo-kun ihn geschlagen, aber er hat ein ziemlich gutes Spiel geliefert.
Das wird sicher span-nend...
BATSCH

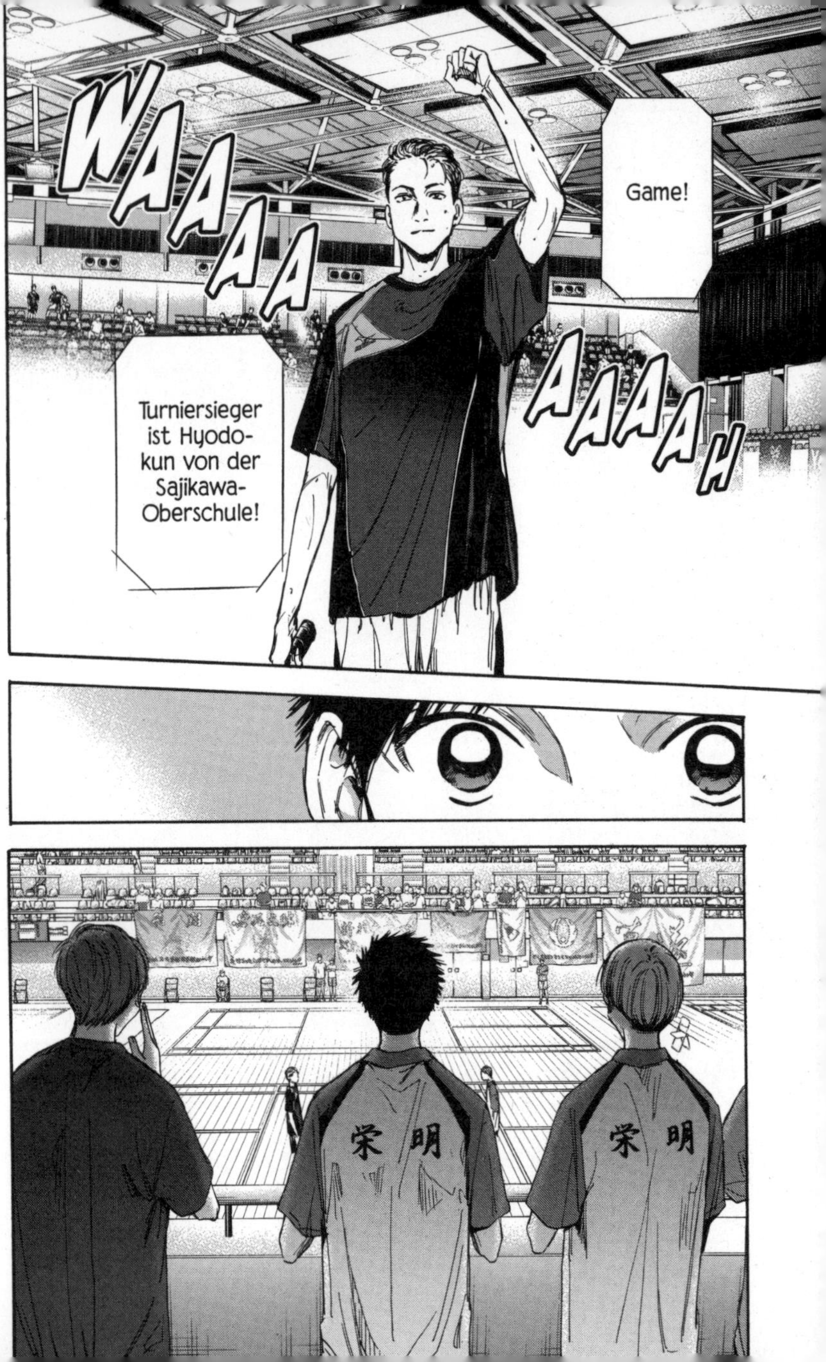
Game!
WAAAAA
AAAAAH
Turniersieger ist Hyodo-kun von der Sajikawa-Oberschule!
栄明
栄明

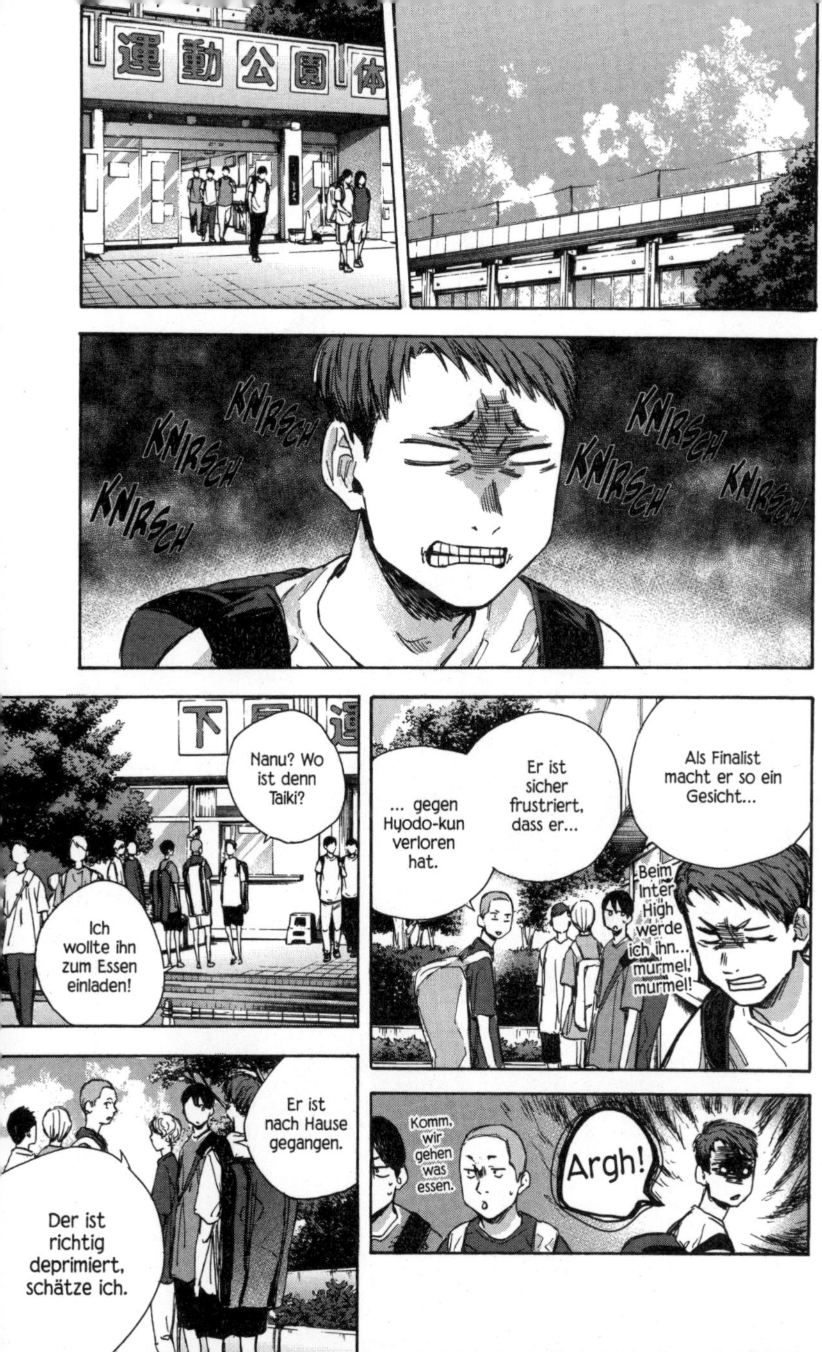
運動公園体
KNIRSCH
KNIRSCH
KNIRSCH
KNIRSCH
KNIRSCH
KNIRSCH
Nanu? Wo ist denn Taiki?
Ich wollte ihn zum Essen einladen!
Er ist nach Hause gegangen.
Der ist richtig deprimiert, schätze ich.
Als Finalist macht er so ein Gesicht...
Er ist sicher frustriert, dass er...
... gegen Hyodo-kun verloren hat.
Beim Inter High werde ich ihn... murmel, murmel!
Argh!
Komm, wir gehen was essen.

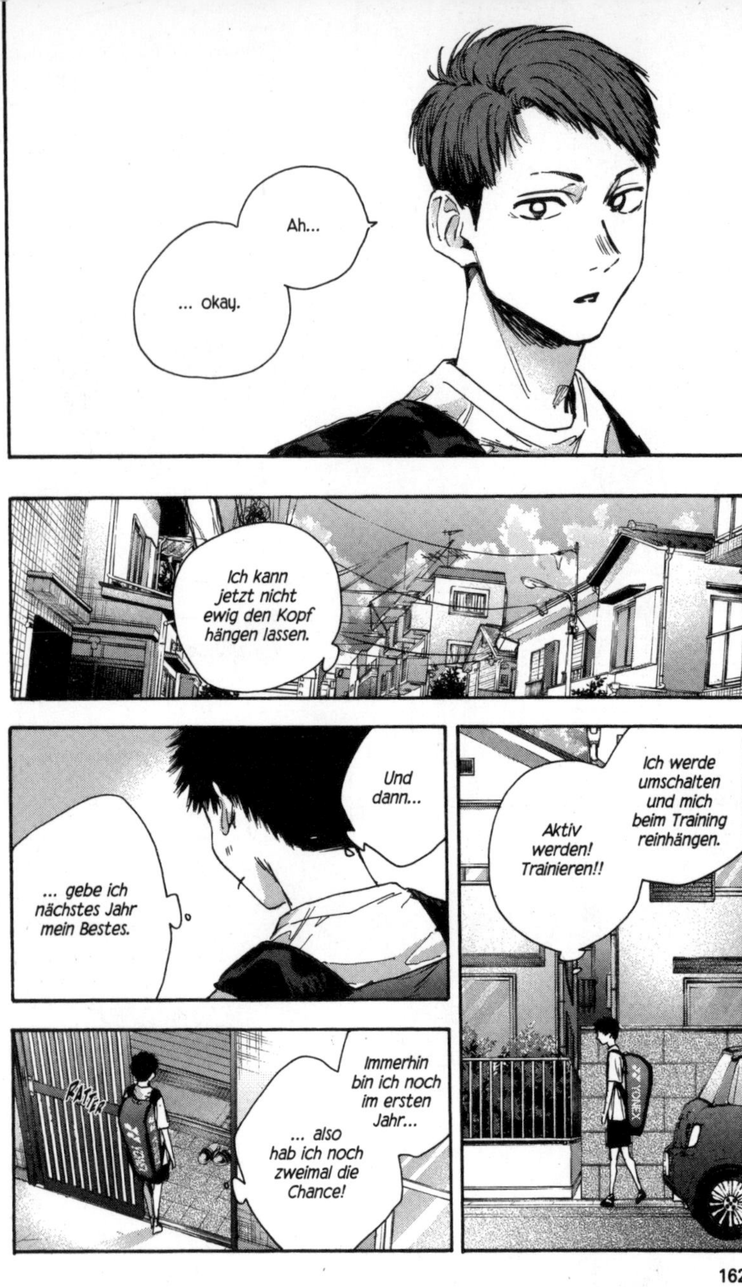
Ah...
... okay.
Ich kann jetzt nicht ewig den Kopf hängen lassen.
Ich werde umschalten und mich beim Training reinhängen.
Aktiv werden! Trainieren!!
Und dann...
... gebe ich nächstes Jahr mein Bestes.
Immerhin bin ich noch im ersten Jahr...
... also hab ich noch zweimal die Chance!

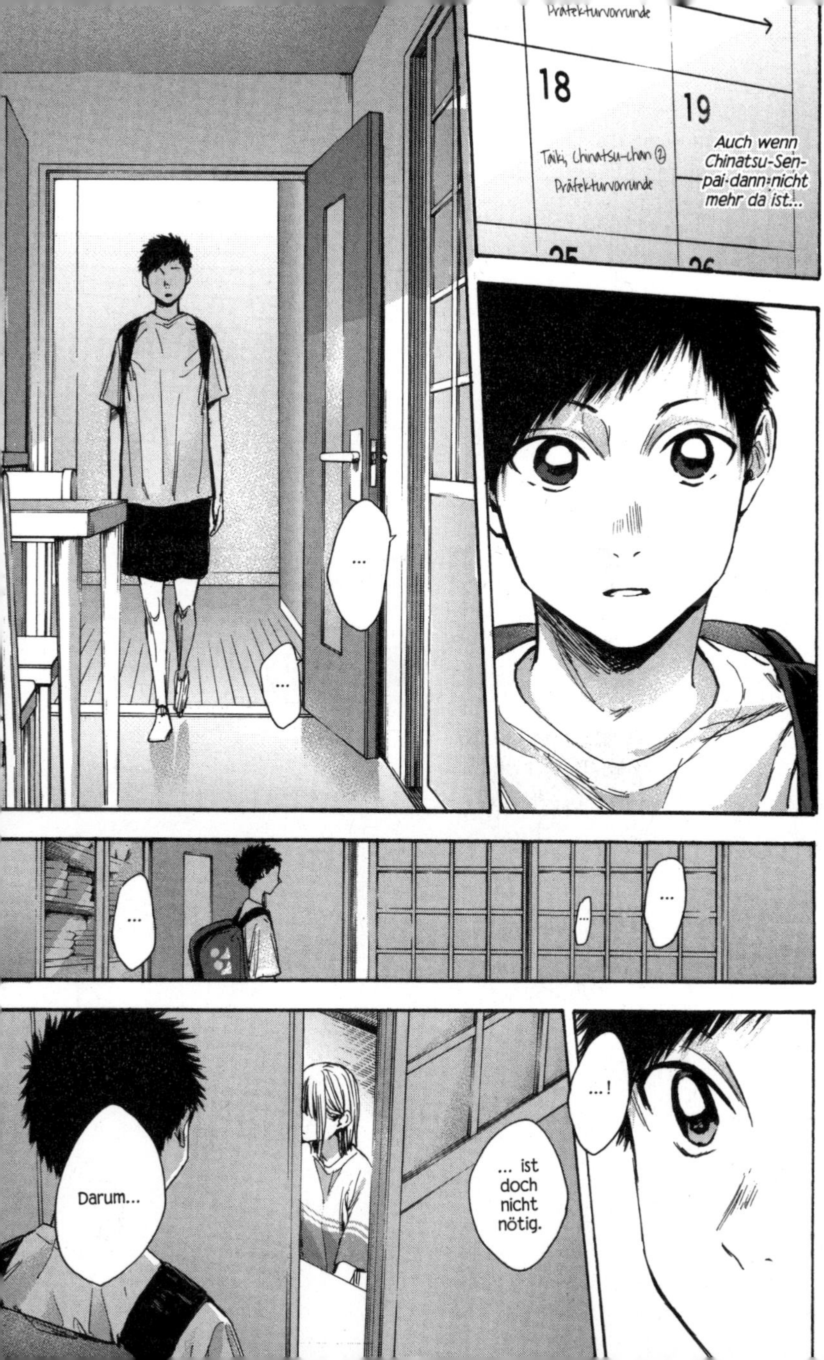
Präfekturvorrunde
18
19
Taiki, Chinatsu-chan ②
Präfekturvorrunde
Auch wenn Chinatsu-Senpai dann nicht mehr da ist...
...
...
...
...
...
...!
... ist doch nicht nötig.
Darum...

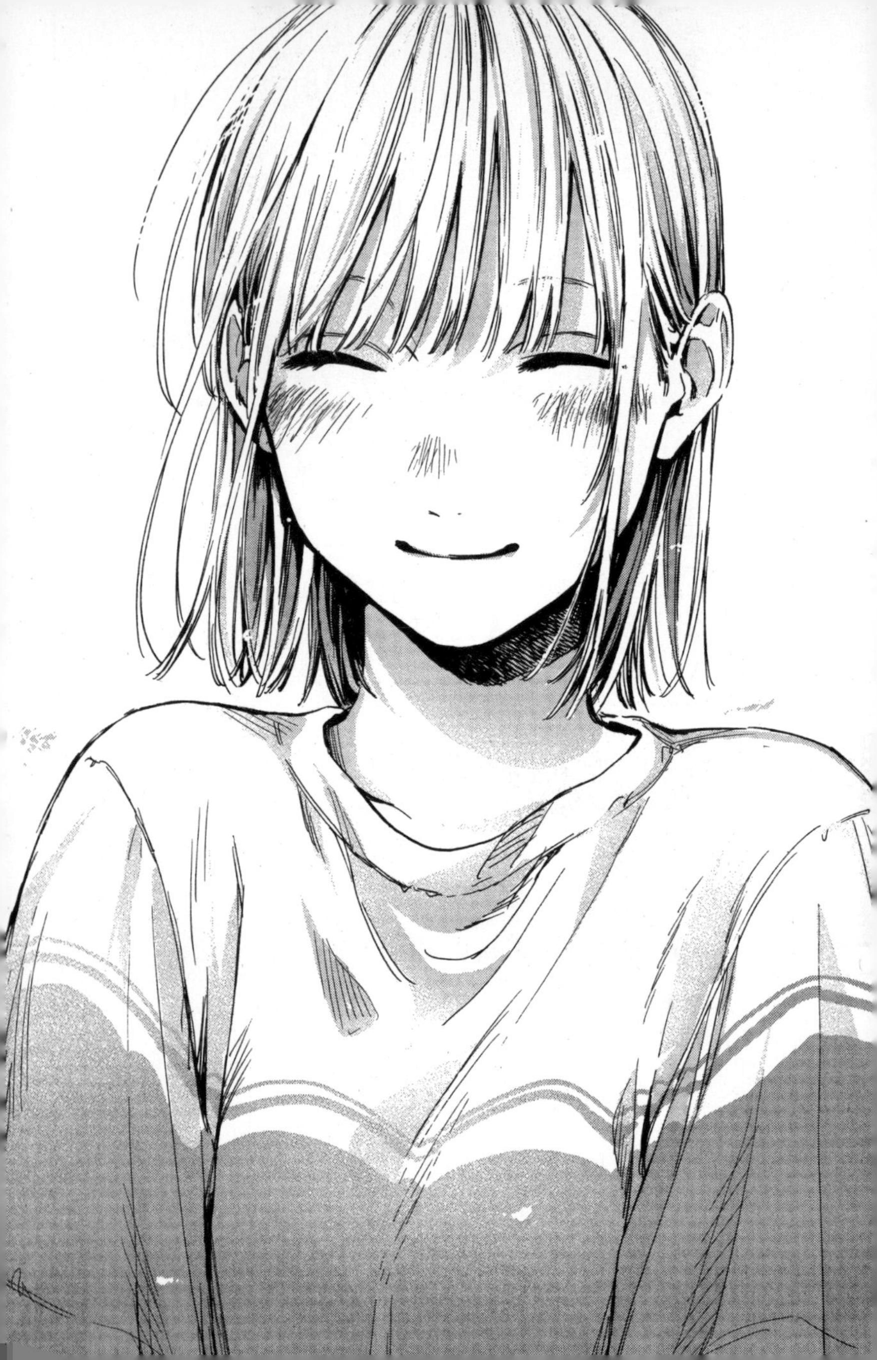

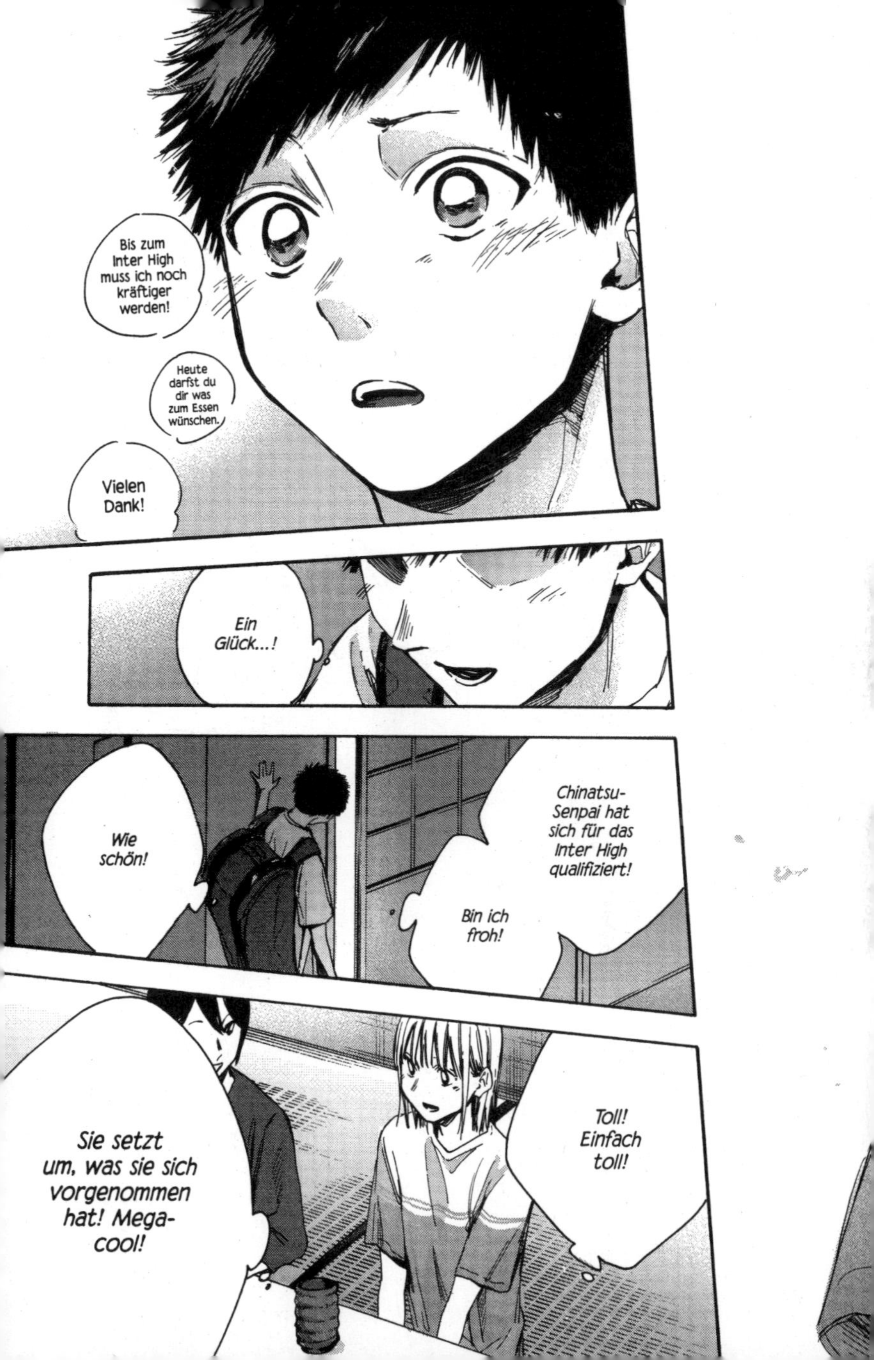
Bis zum Inter High muss ich noch kräftiger werden!
Heute darfst du dir was zum Essen wünschen.
Vielen Dank!
Ein Glück...!
Chinatsu-Senpai hat sich für das Inter High qualifiziert!
Bin ich froh!
Wie schön!
Toll! Einfach toll!
Sie setzt um, was sie sich vorgenommen hat! Mega-cool!

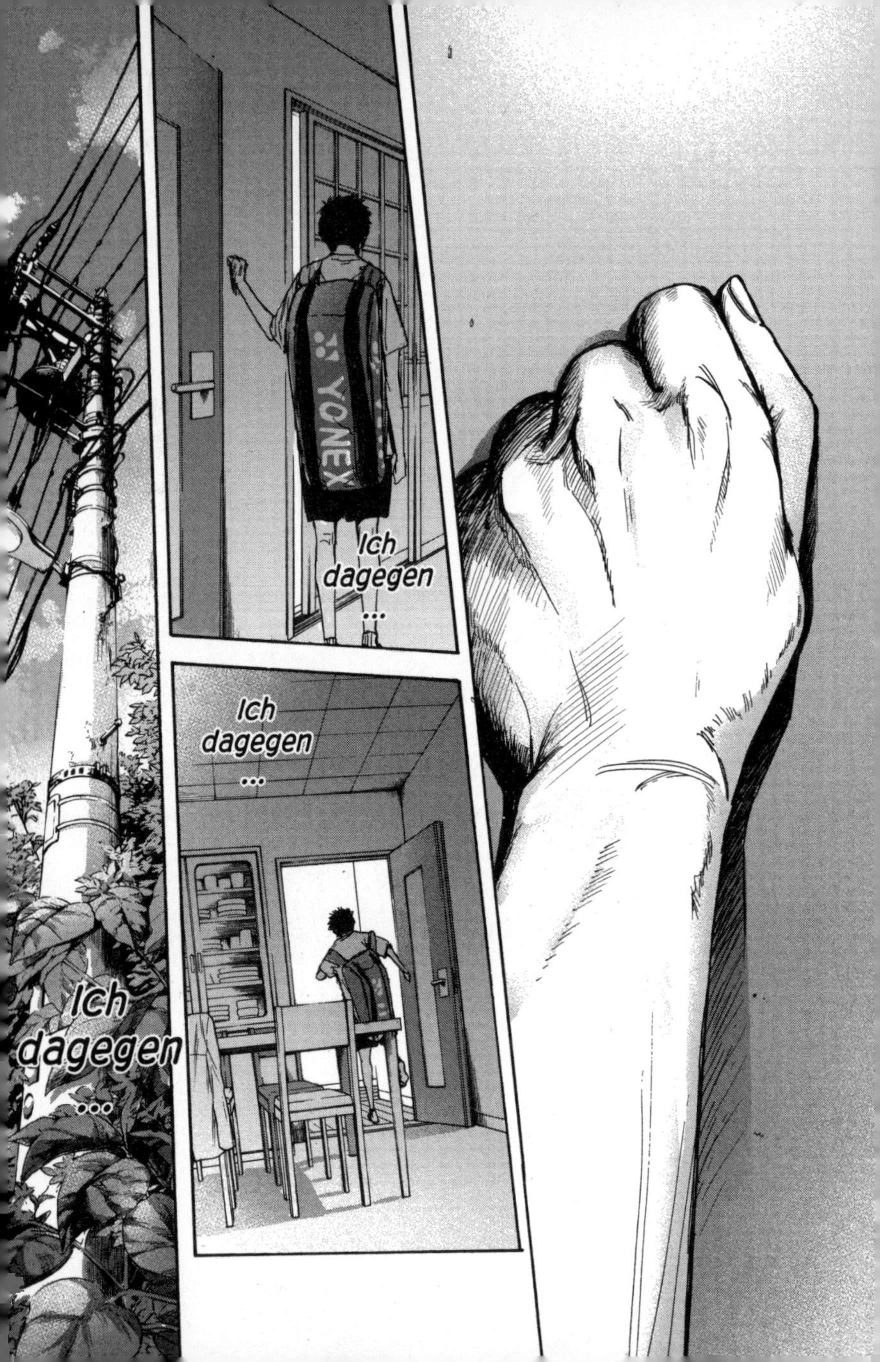
Ich dagegen ...
Ich dagegen ...
Ich dagegen ...
YONEX

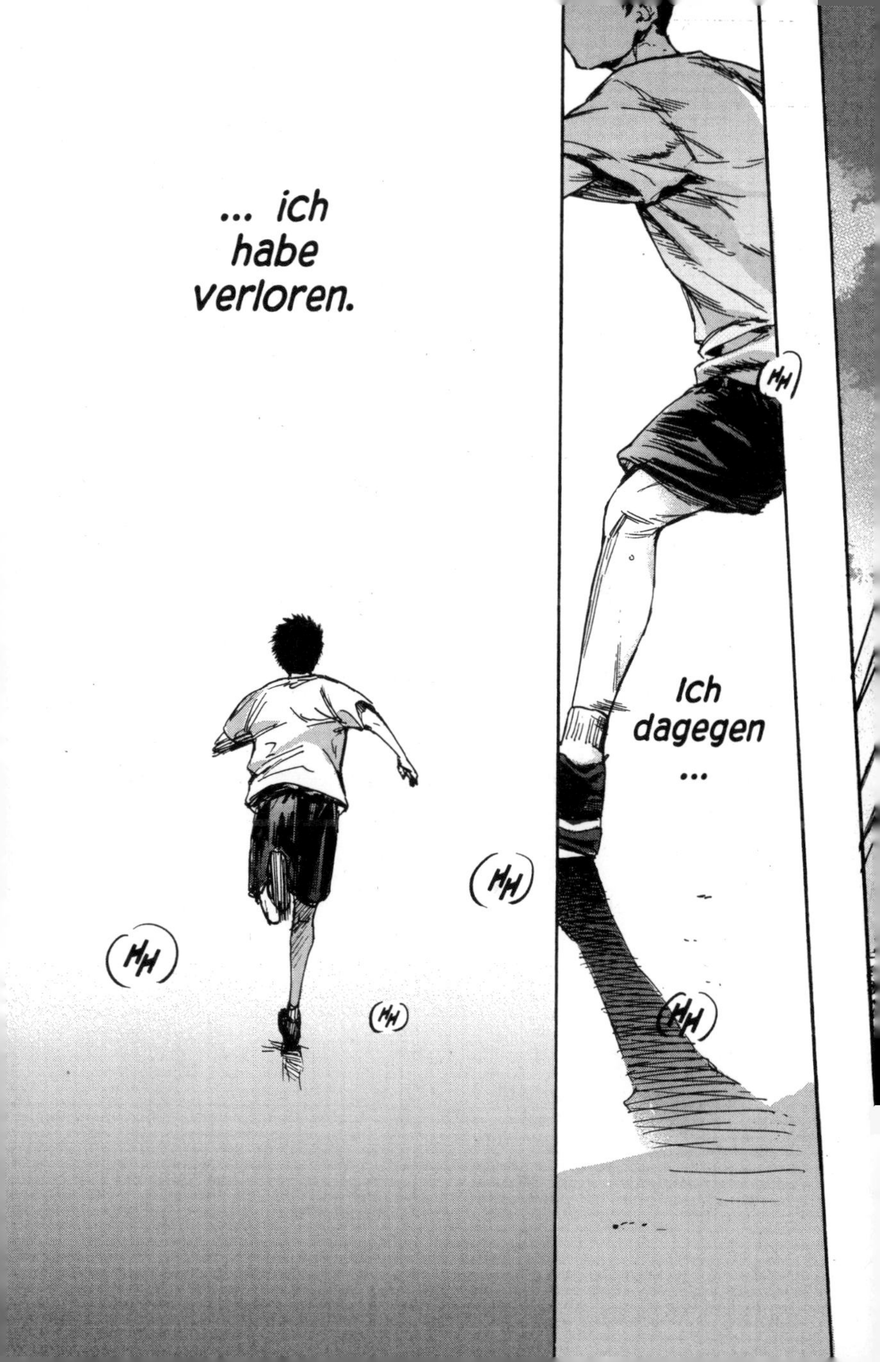
HH
Ich dagegen ...
HH
HH
... ich habe verloren.
HH
HH

Gibt's heute Sushi? Oder Yakiniku?
Aal? Etwas von allem?

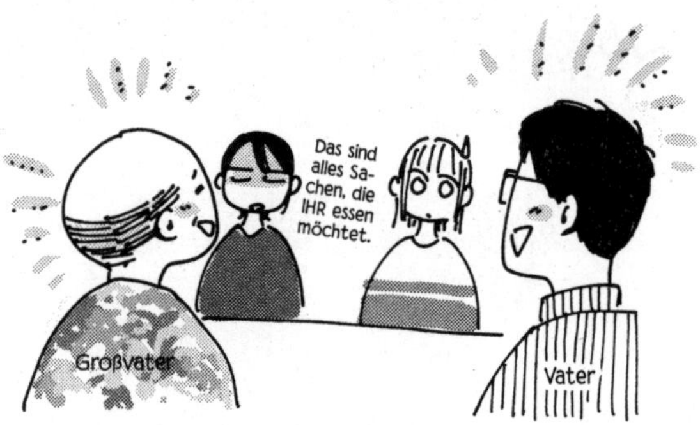

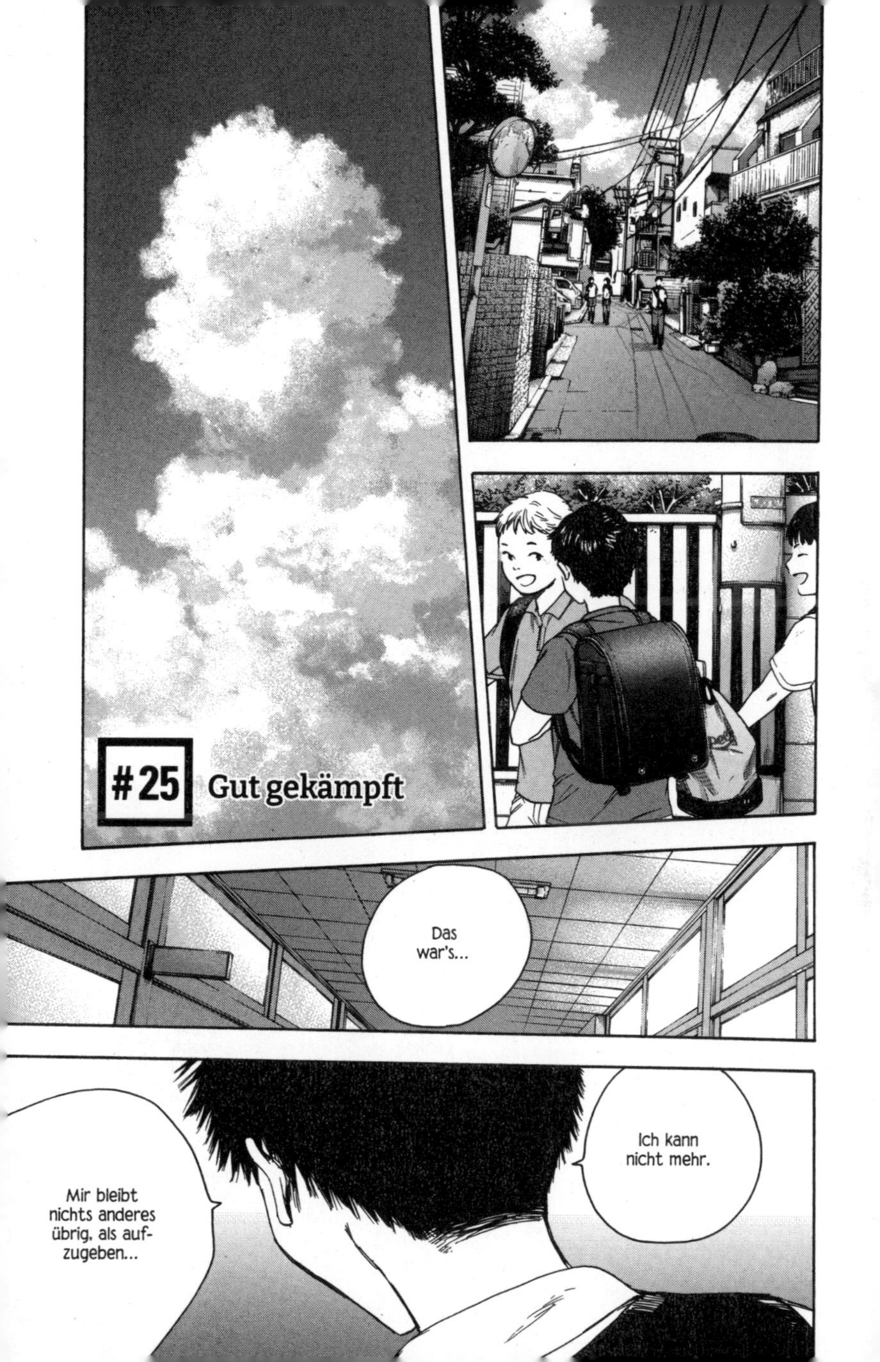
#25 Gut gekämpft
Das war's...
Ich kann nicht mehr.
Mir bleibt nichts anderes übrig, als aufzugeben...

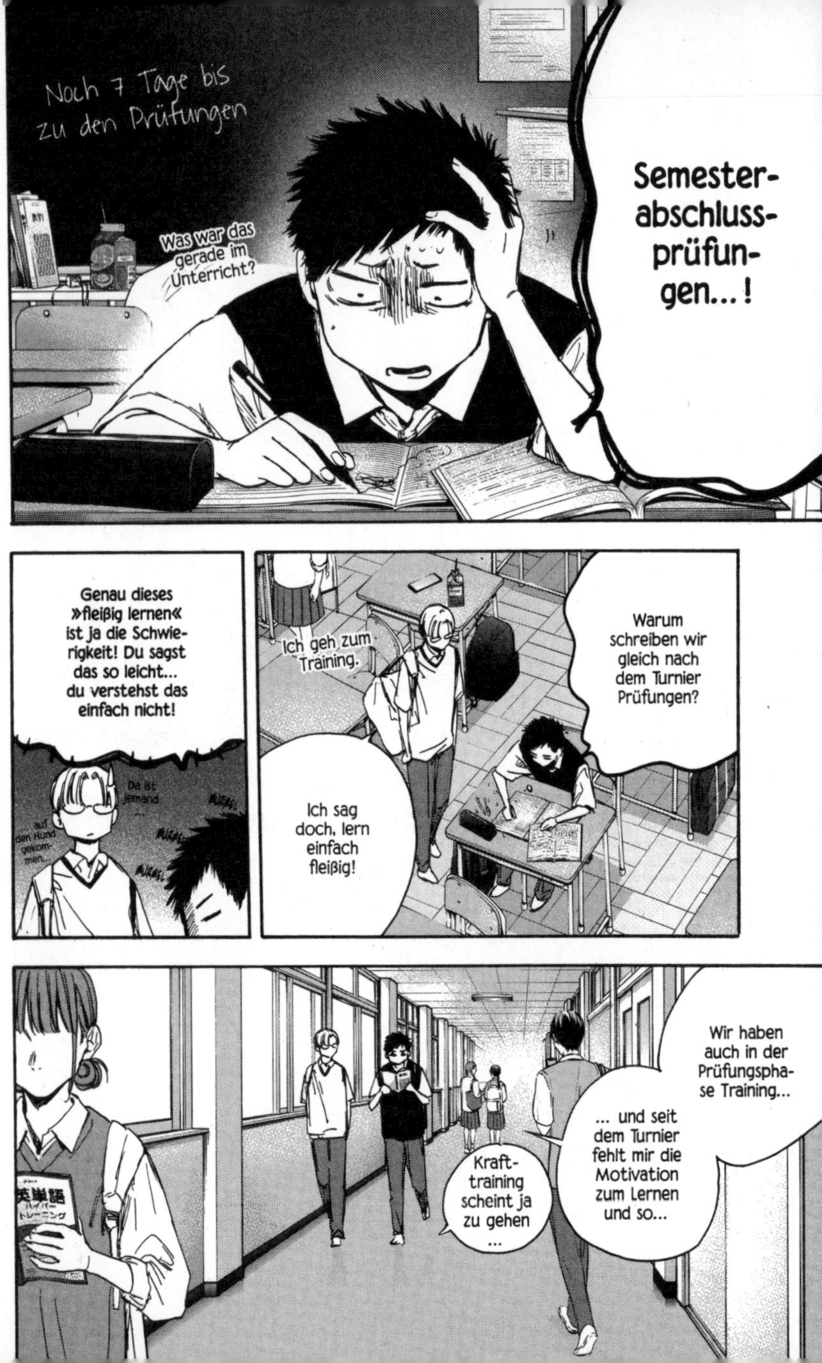
Semester-abschluss-prüfun-gen...!
Noch 7 Tage bis zu den Prüfungen
Was war das gerade im Unterricht?
Warum schreiben wir gleich nach dem Turnier Prüfungen?
Ich geh zum Training.
Ich sag doch, lern einfach fleißig!
Genau dieses »fleißig lernen« ist ja die Schwierigkeit! Du sagst das so leicht... du verstehst das einfach nicht!
Da ist jemand ... auf den Hund gekommen...
Wir haben auch in der Prüfungsphase Training...
... und seit dem Turnier fehlt mir die Motivation zum Lernen und so...
Kraft-training scheint ja zu gehen ...
英単語
ハイパートレーニング

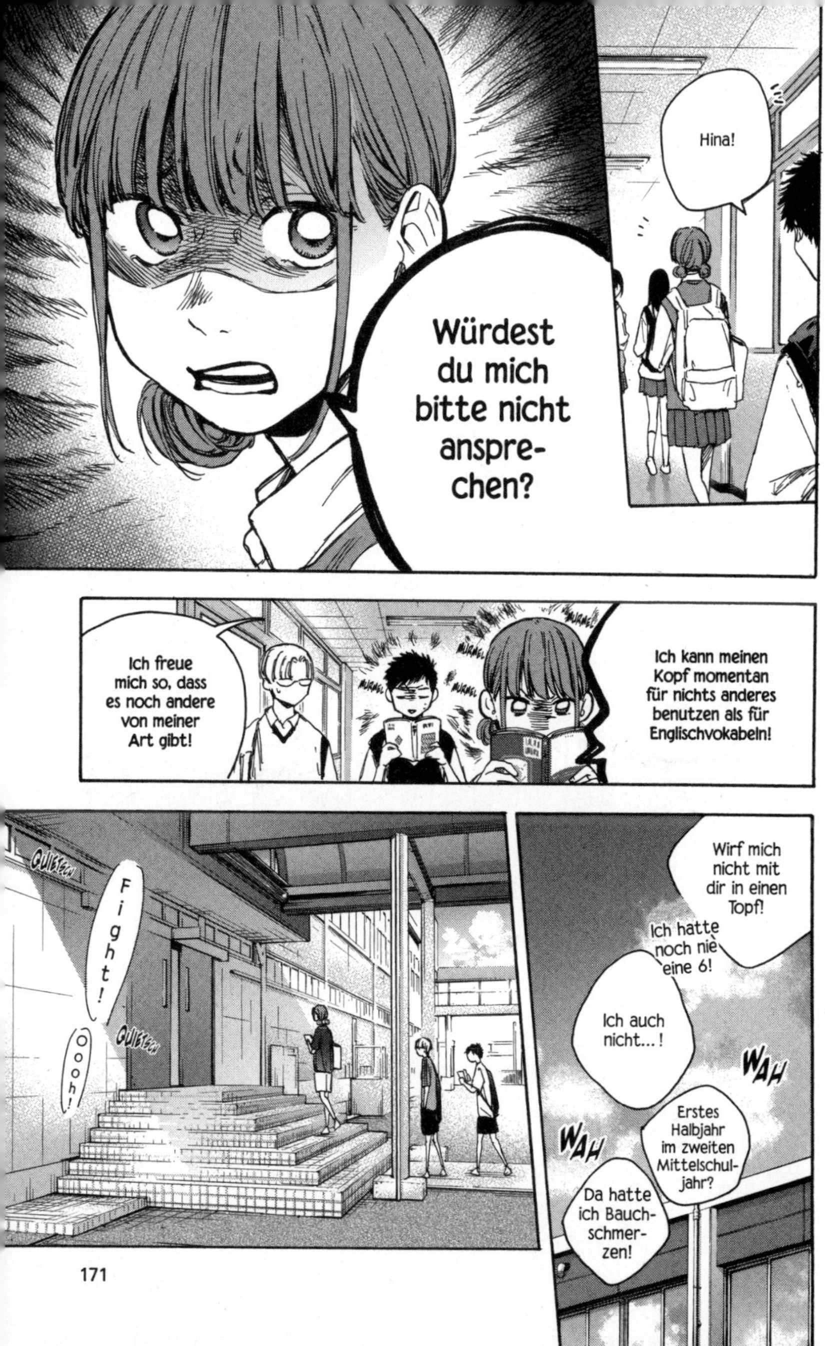
Hina!
Würdest du mich bitte nicht ansprechen?
Ich kann meinen Kopf momentan für nichts anderes benutzen als für Englischvokabeln!
MURMEL
Ich freue mich so, dass es noch andere von meiner Art gibt!
Wirf mich nicht mit dir in einen Topf!
Ich hatte noch nie eine 6!
Ich auch nicht...!
WAH
Erstes Halbjahr im zweiten Mittelschuljahr?
Da hatte ich Bauchschmerzen!
WAH
QUIETSCH
Fight!
QUIETSCH
Oooh!

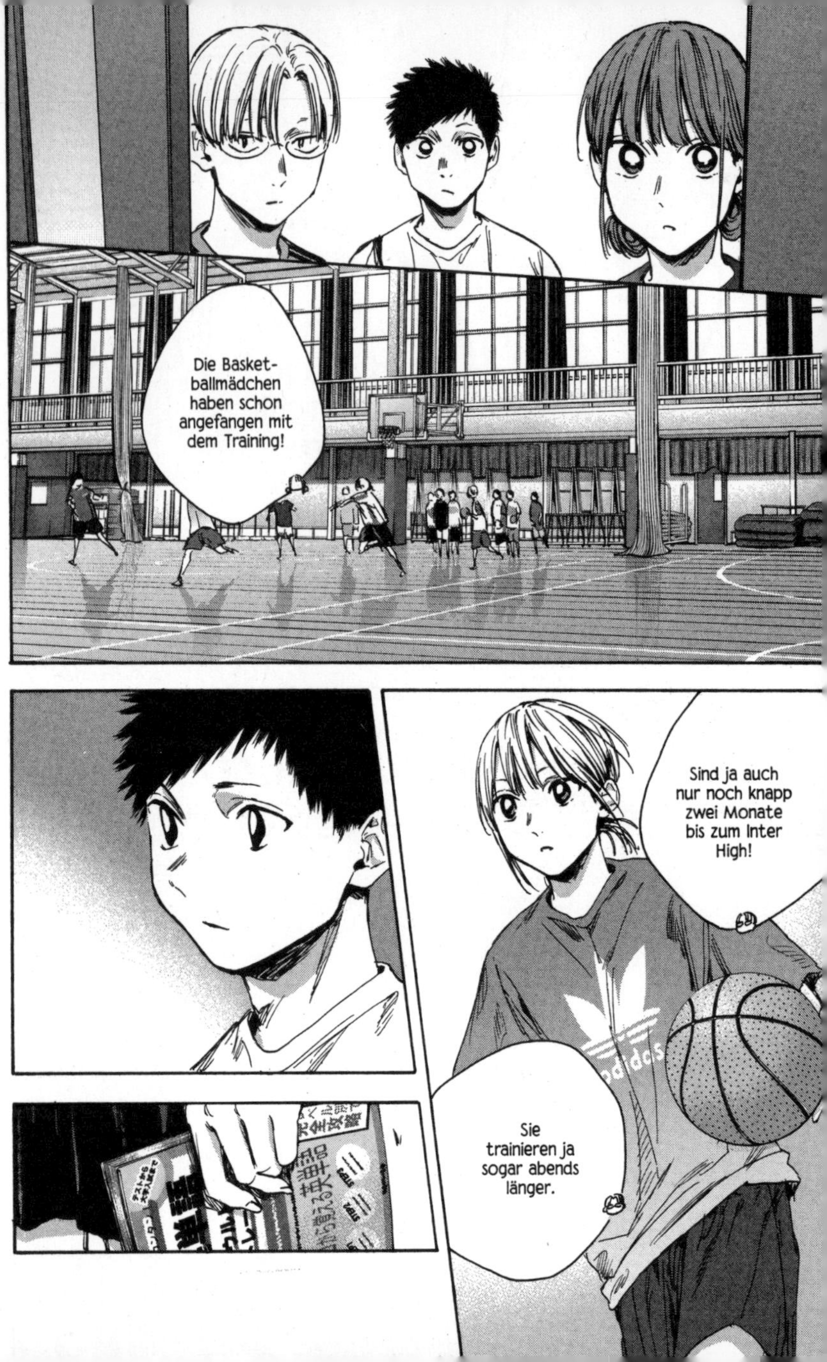
Die Basketballmädchen haben schon angefangen mit dem Training!
Sind ja auch nur noch knapp zwei Monate bis zum Inter High!
Sie trainieren ja sogar abends länger.

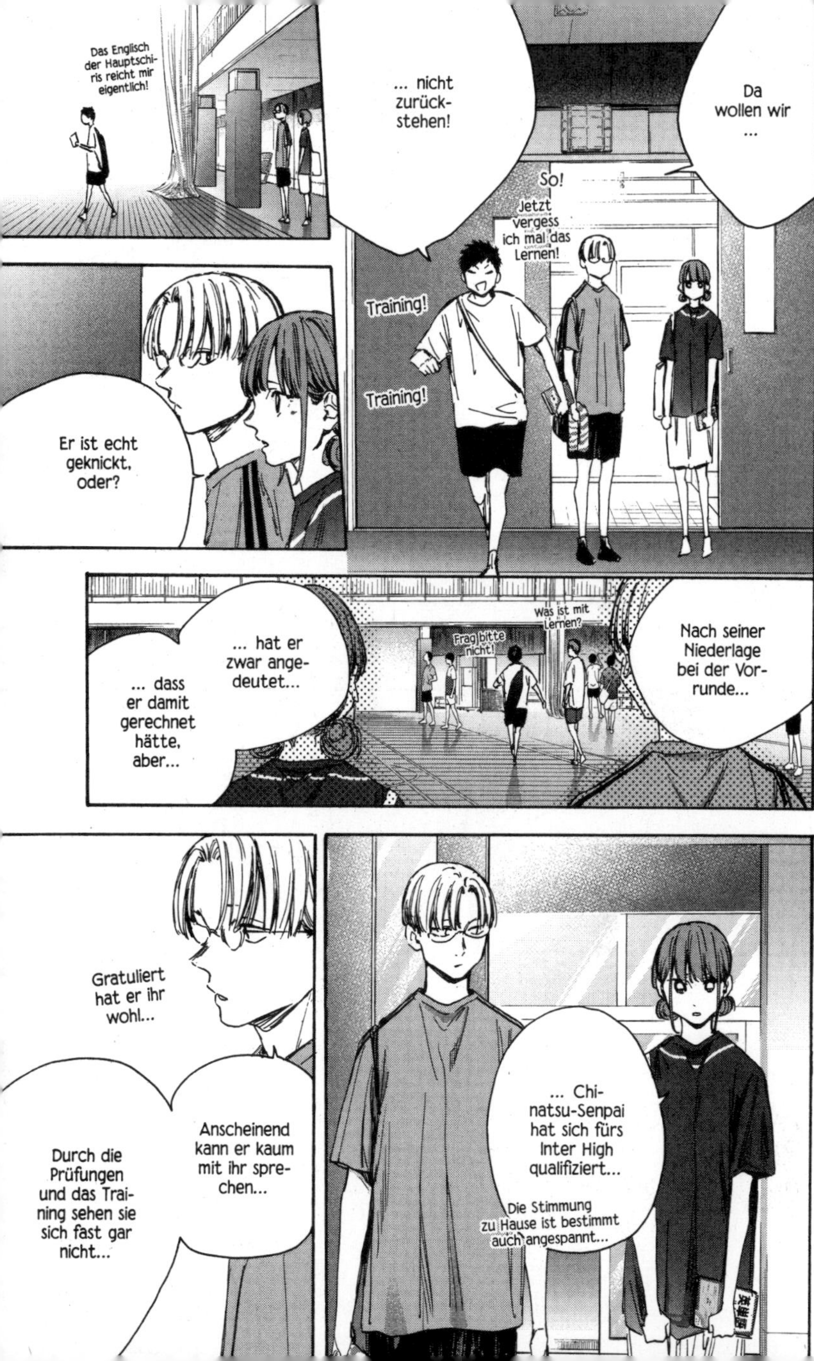

Da wollen wir ...
... nicht zurückstehen!
So! Jetzt vergess ich mal das Lernen!
Training!
Training!
Das Englisch der Hauptschiris reicht mir eigentlich!
Er ist echt geknickt, oder?
Nach seiner Niederlage bei der Vorrunde...
Was ist mit Lernen?
Frag bitte nicht!
... hat er zwar angedeutet...
... dass er damit gerechnet hätte, aber...
... Chinatsu-Senpai hat sich fürs Inter High qualifiziert...
Die Stimmung zu Hause ist bestimmt auch angespannt...
Gratuliert hat er ihr wohl...
Anscheinend kann er kaum mit ihr sprechen...
Durch die Prüfungen und das Training sehen sie sich fast gar nicht...

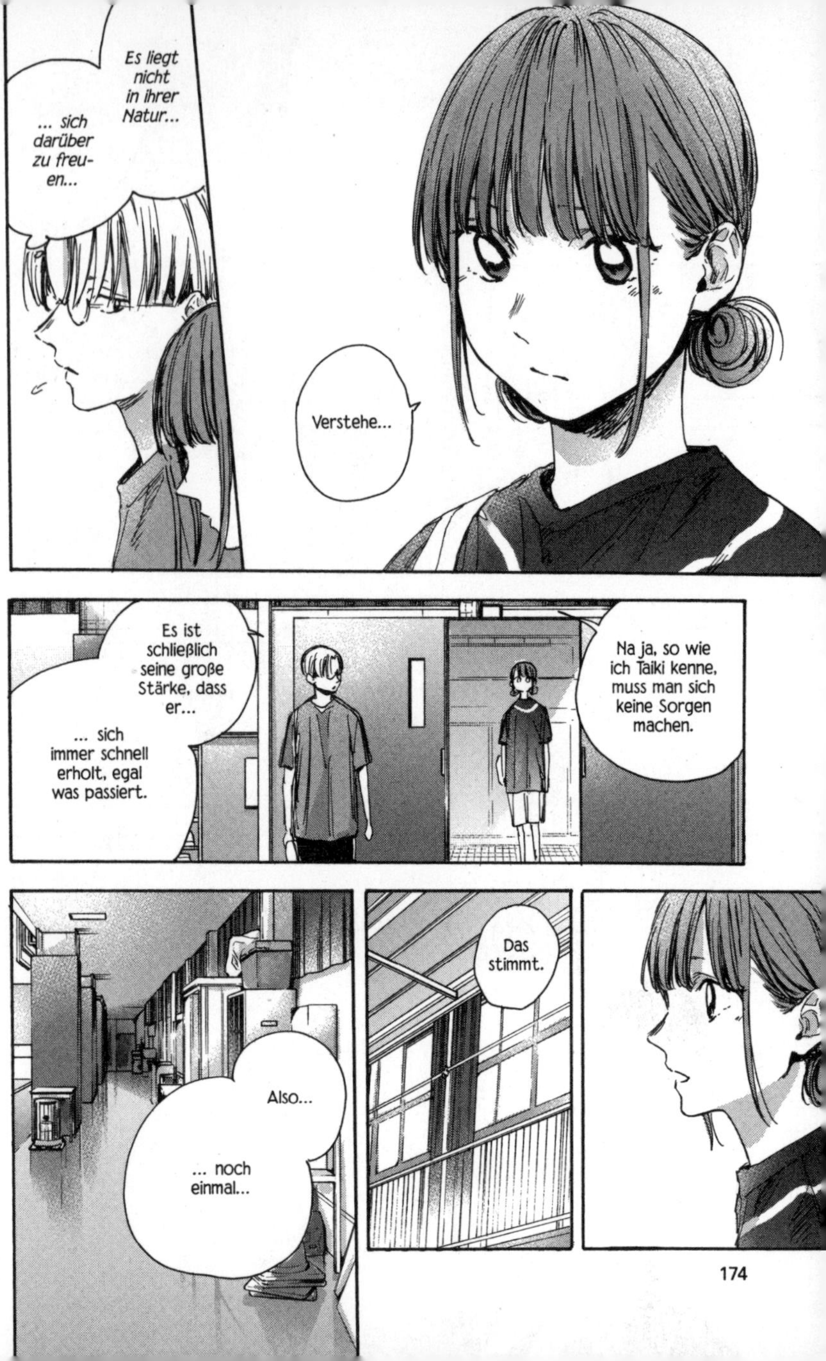
Verstehe...
Es liegt nicht in ihrer Natur...
... sich darüber zu freu-en...
Na ja, so wie ich Taiki kenne, muss man sich keine Sorgen machen.
Es ist schließlich seine große Stärke, dass er...
... sich immer schnell erholt, egal was passiert.
Das stimmt.
Also...
... noch einmal...

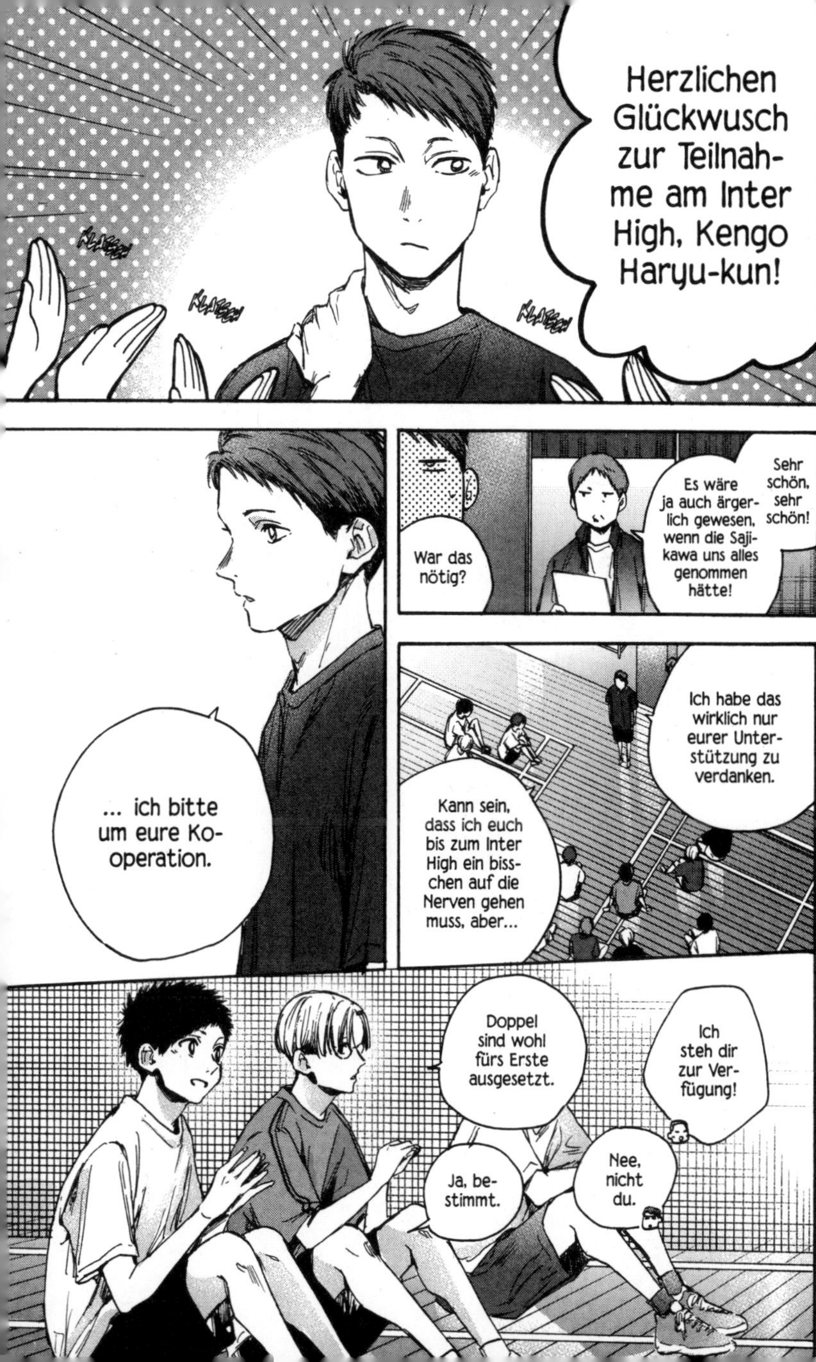
Herzlichen Glückwusch zur Teilnahme am Inter High, Kengo Haryu-kun!
Sehr schön, sehr schön!
Es wäre ja auch ärgerlich gewesen, wenn die Sajikawa uns alles genommen hätte!
War das nötig?
Ich habe das wirklich nur eurer Unterstützung zu verdanken.
Kann sein, dass ich euch bis zum Inter High ein bisschen auf die Nerven gehen muss, aber...
... ich bitte um eure Kooperation.
Ich steh dir zur Verfügung!
Doppel sind wohl fürs Erste ausgesetzt.
Nee, nicht du.
Ja, bestimmt.

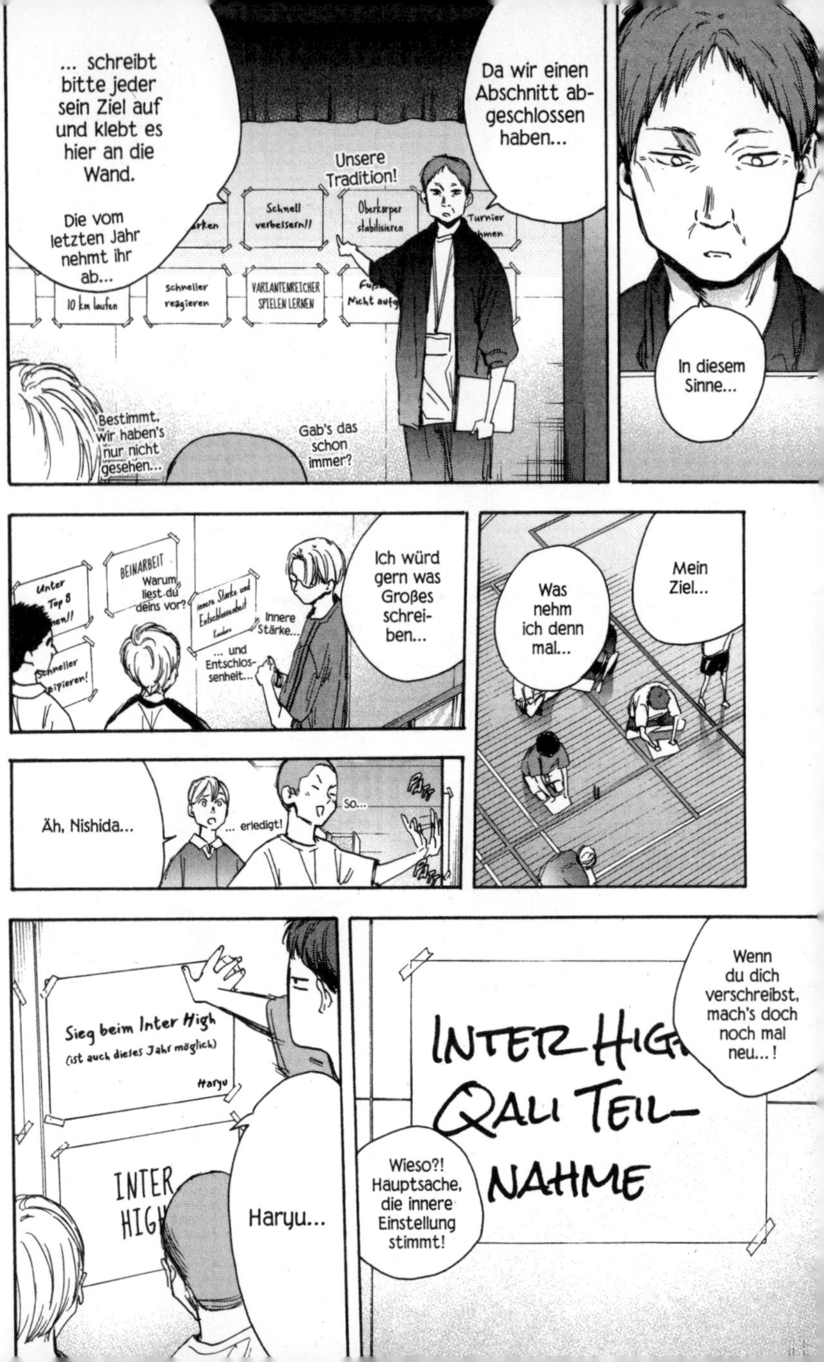
In diesem Sinne...
Da wir einen Abschnitt abgeschlossen haben...
... schreibt bitte jeder sein Ziel auf und klebt es hier an die Wand.
Die vom letzten Jahr nehmt ihr ab...
Unsere Tradition!
Oberkörper stabilisieren
Schnell verbessern!!
Schneller reagieren
VARIANTENREICHER SPIELEN LERNEN
10 km laufen
Gab's das schon immer?
Bestimmt, wir haben's nur nicht gesehen...
Mein Ziel...
Was nehm ich denn mal...
Ich würd gern was Großes schreiben...
Innere Stärke...
... und Entschlossenheit...
Warum liest du deins vor?
BEINARBEIT
So...
... erledigt!
Äh, Nishida...
Wenn du dich verschreibst, mach's doch noch mal neu...!
Wieso?! Hauptsache, die innere Einstellung stimmt!
INTER HIGH QALI TEIL-NAHME
Haryu...
Sieg beim Inter High
(ist auch dieses Jahr möglich)
Haryu
INTER HIGH

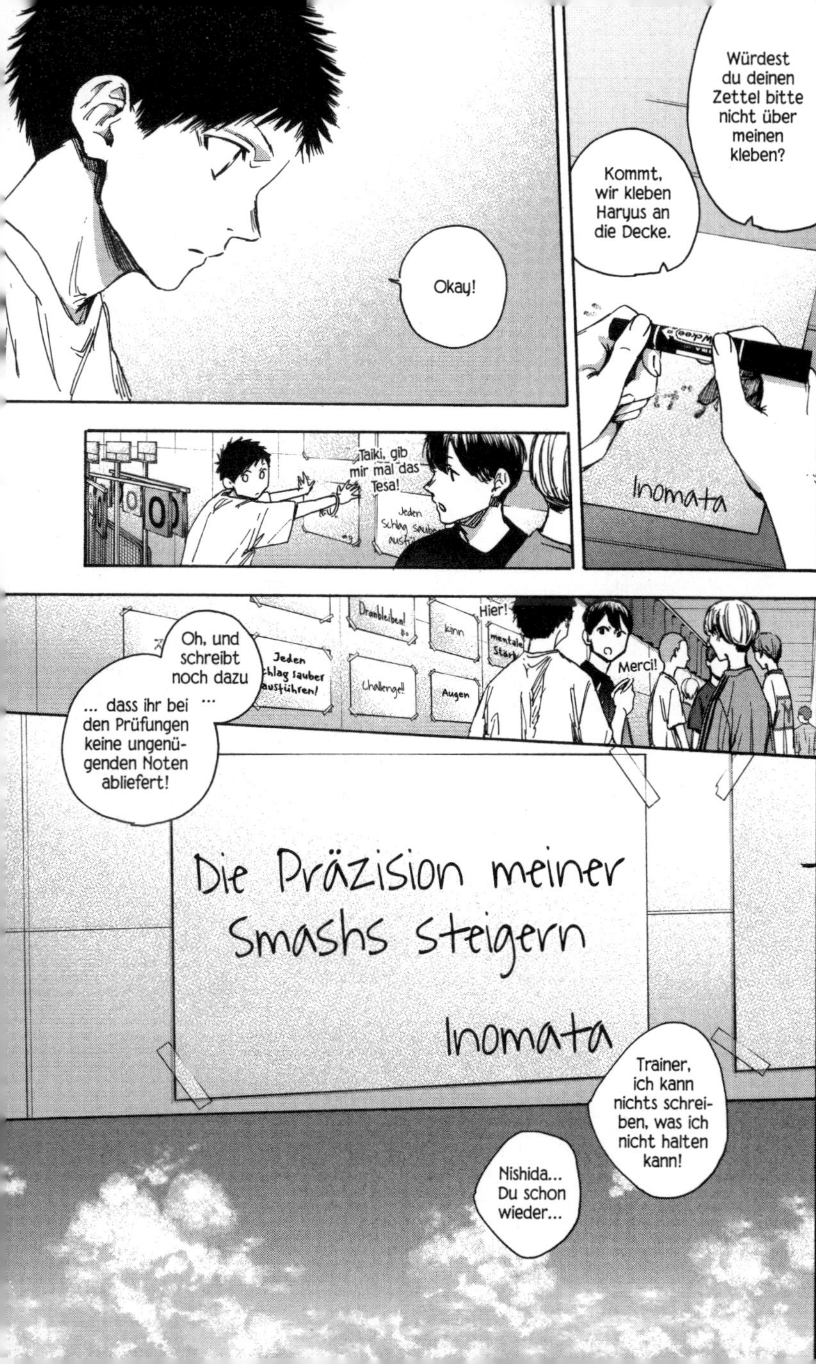
Würdest du deinen Zettel bitte nicht über meinen kleben?
Kommt, wir kleben Haryus an die Decke.
Inomata
Okay!
Taiki, gib mir mal das Tesa!
Hier!
Merci!
Drambleiben!
kinn
Jeden Schlag sauber ausführen!
Challenge!!
Augen
Oh, und schreibt noch dazu …
… dass ihr bei den Prüfungen keine ungenügenden Noten abliefert!
Die Präzision meiner Smashs steigern
Inomata
Trainer, ich kann nichts schreiben, was ich nicht halten kann!
Nishida… Du schon wieder…

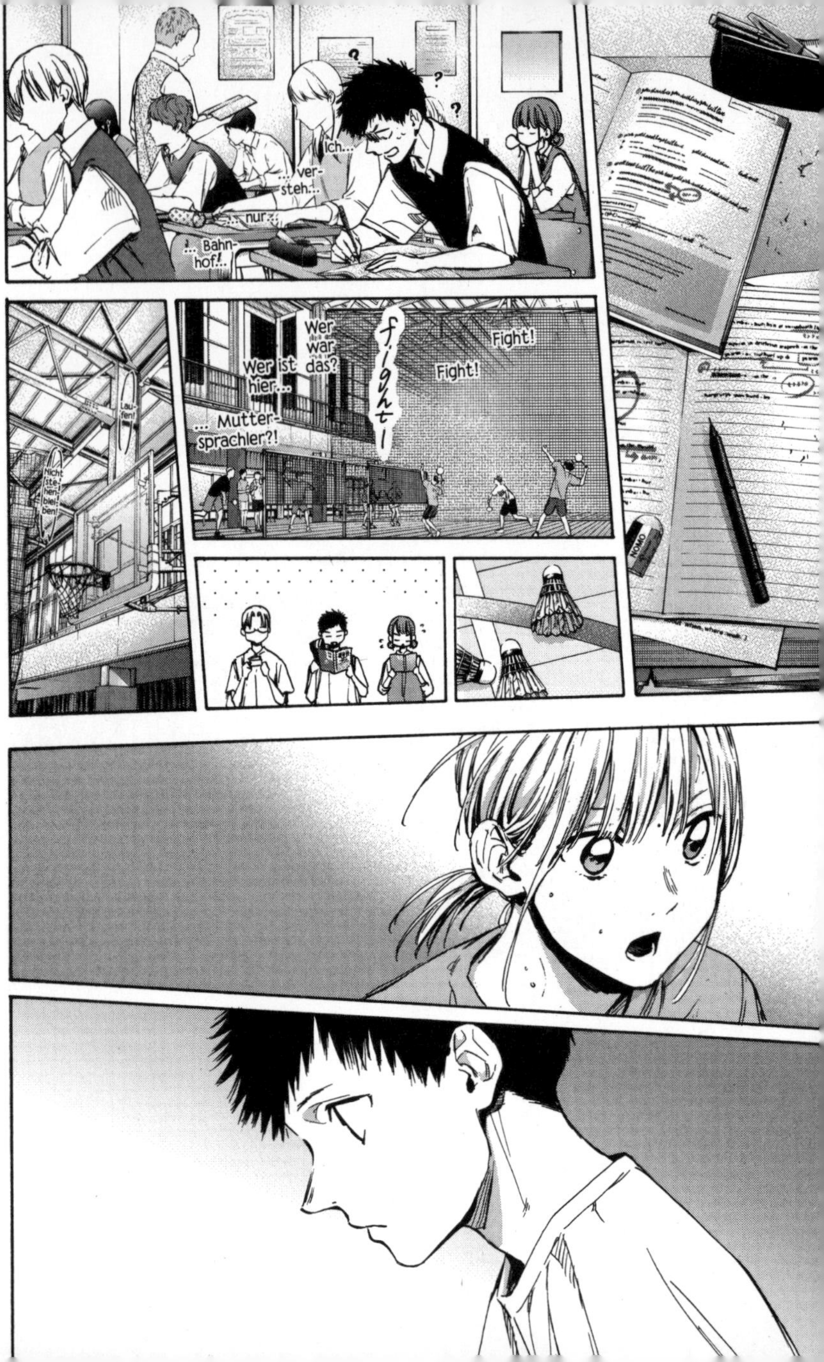
Ich...
... ver-steh...
... nur...
... Bahn-hof!...
Fight!
Fight!
fight!
Wer war das?
Wer ist hier...
... Mutter-sprachler?!
Lau-fen!
Nicht ste-hen-blei-ben!

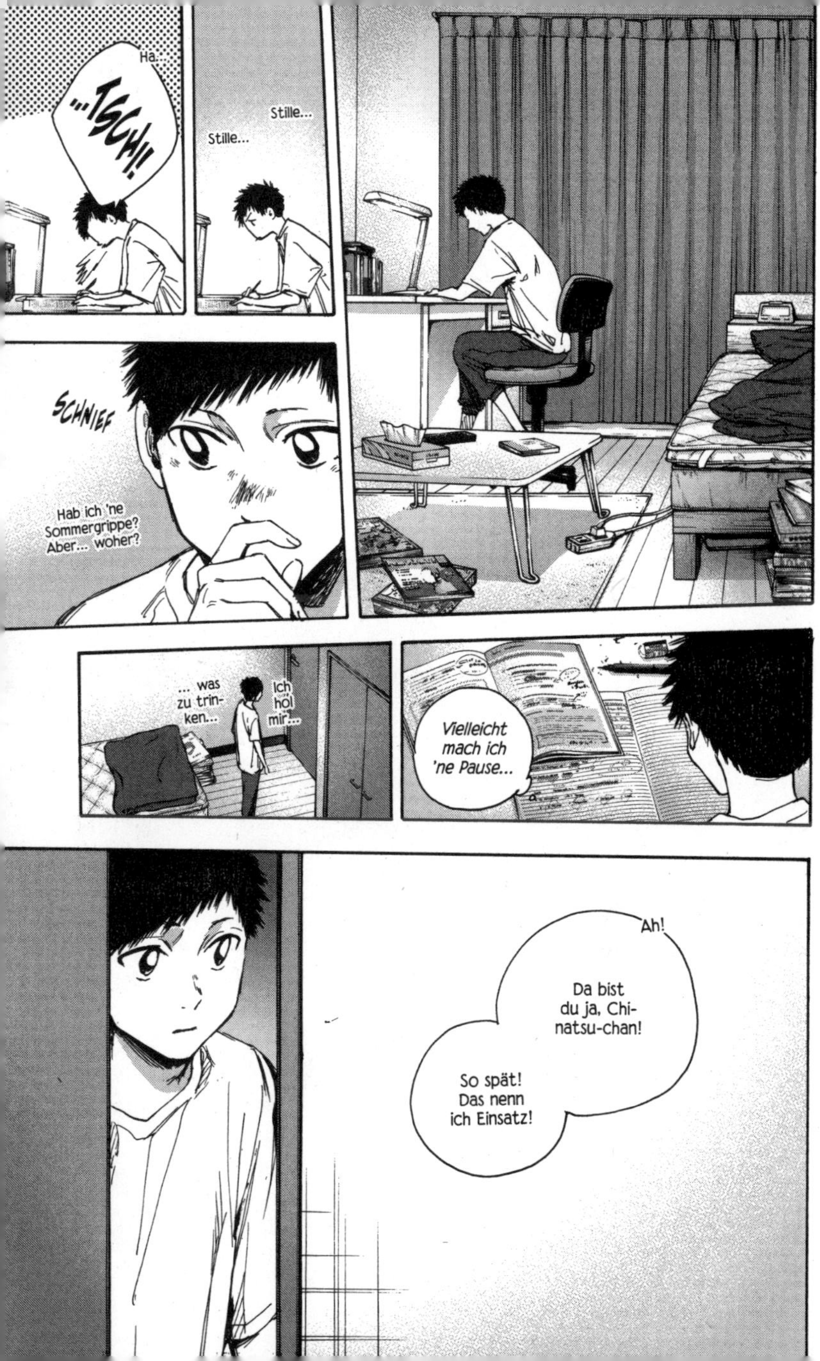
Stille...
Stille...
Ha...
...TSCHI!
SCHNIEF
Hab ich 'ne Sommergrippe? Aber... woher?
Vielleicht mach ich 'ne Pause...
Ich hol mir...
... was zu trinken...
Ah!
Da bist du ja, Chinatsu-chan!
So spät! Das nenn ich Einsatz!

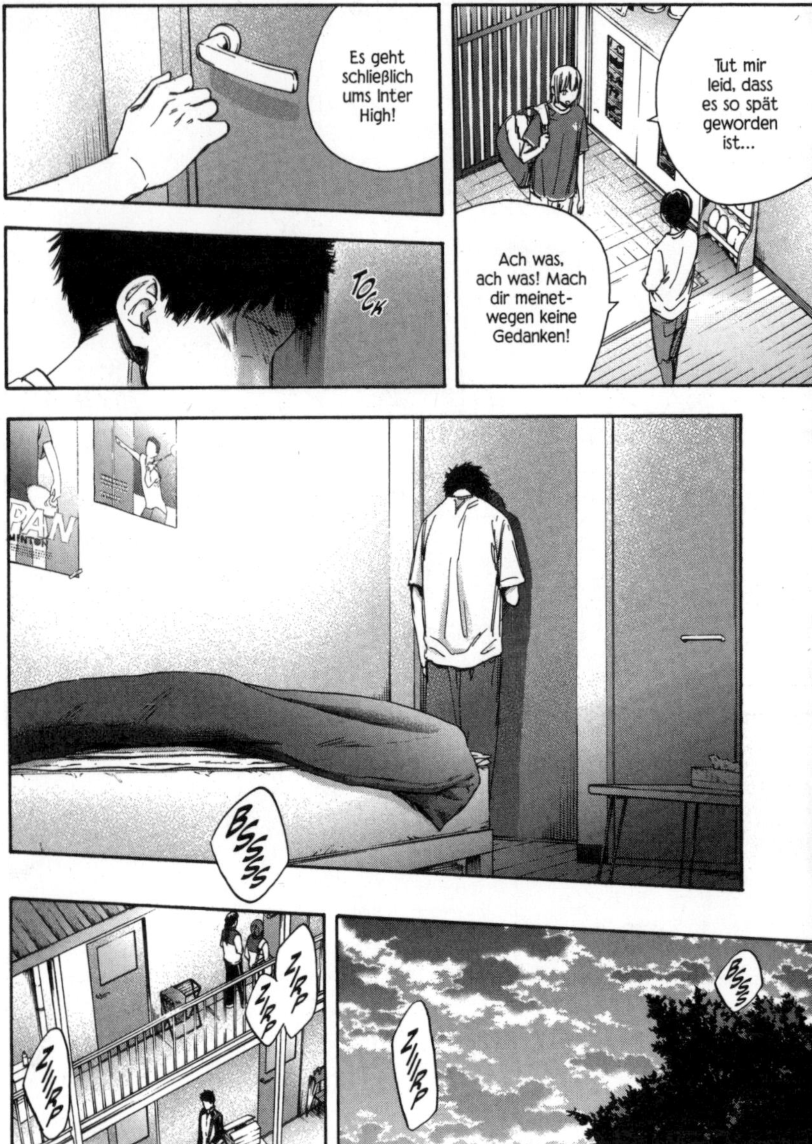
Tut mir leid, dass es so spät geworden ist...
Ach was, ach was! Mach dir meinetwegen keine Gedanken!
Es geht schließlich ums Inter High!
TOCK
BSSSS
BSSSS
ZIIIRP
ZIRP
ZIRP
ZIIIRP

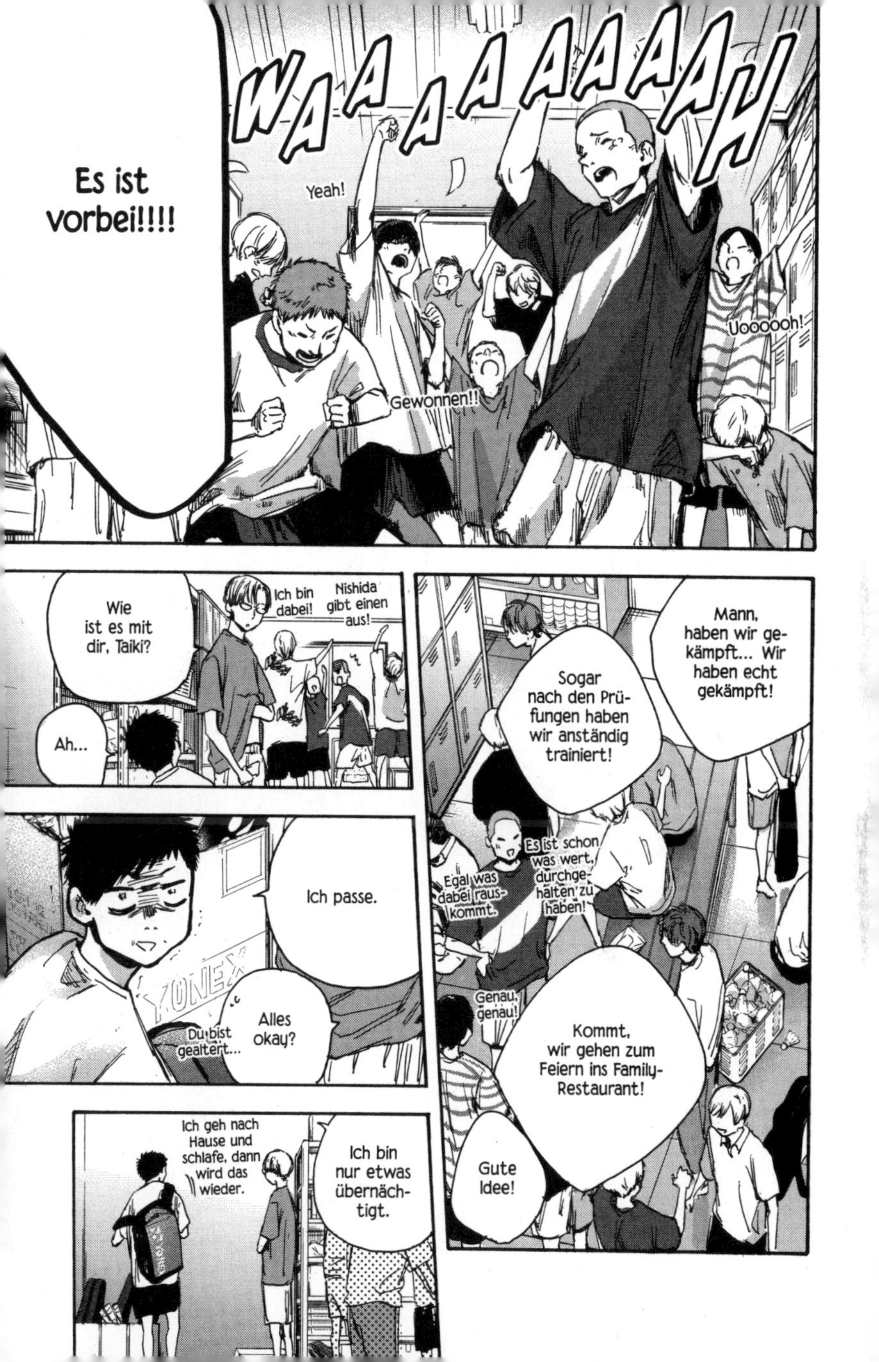
WAAAAAAAAH
Es ist vorbei!!!!!
Yeah!
Uoooooh!
Gewonnen!!
Mann, haben wir gekämpft... Wir haben echt gekämpft!
Sogar nach den Prüfungen haben wir anständig trainiert!
Nishida gibt einen aus!
Ich bin dabei!
Wie ist es mit dir, Taiki?
Ah...
Es ist schon was wert, durchgehalten zu haben!
Egal was dabei rauskommt.
Genau, genau!
Kommt, wir gehen zum Feiern ins Family-Restaurant!
Gute Idee!
Ich passe.
Alles okay?
Du bist gealtert...
YONEX
Ich bin nur etwas übernächtigt.
Ich geh nach Hause und schlafe, dann wird das wieder.

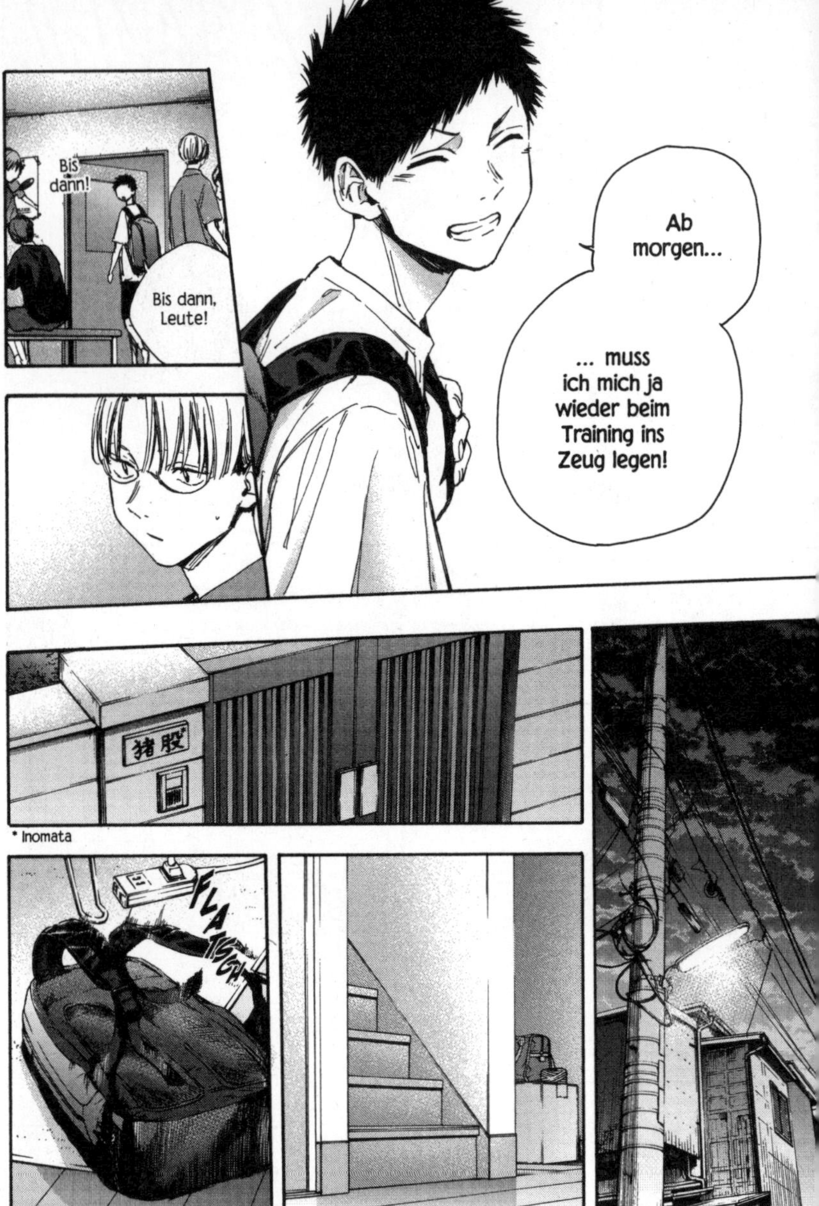
Ab morgen...
... muss ich mich ja wieder beim Training ins Zeug legen!
Bis dann, Leute!
Bis dann!
FLATSCH

* Inomata

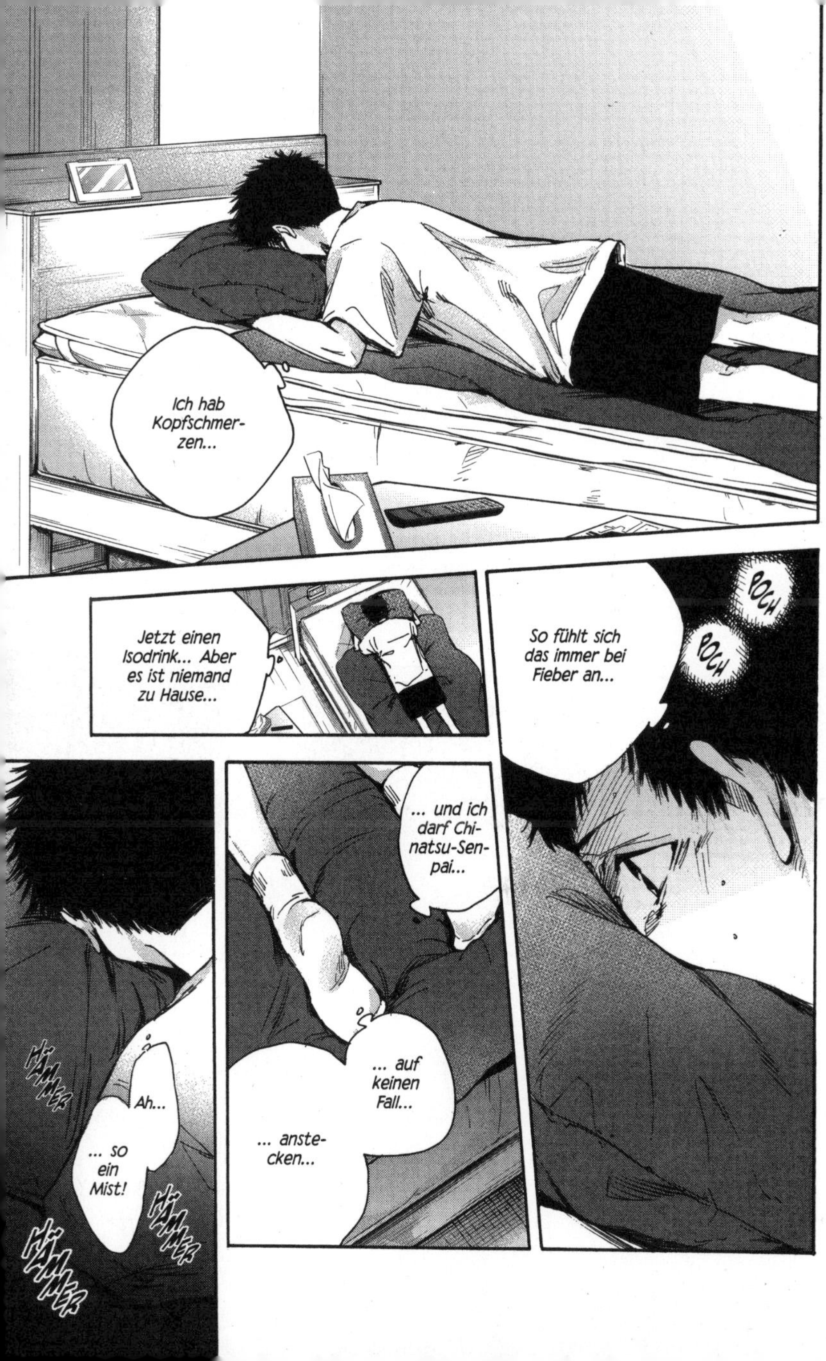
Ich hab Kopfschmerzen...
POCH
POCH
So fühlt sich das immer bei Fieber an...
Jetzt einen Isodrink... Aber es ist niemand zu Hause...
... und ich darf Chinatsu-Senpai...
... auf keinen Fall...
... anstecken...
HÄMMER
Ah...
... so ein Mist!
HÄMMER
HÄMMER

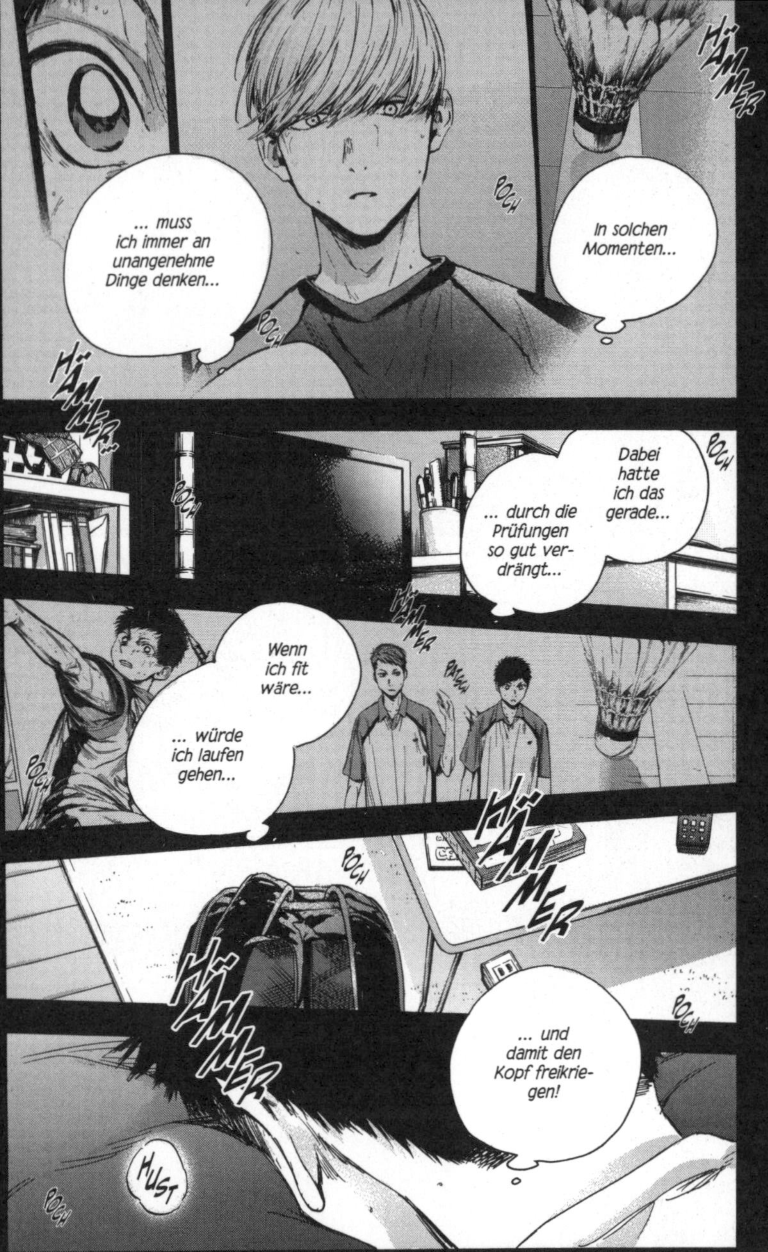
HÄMMER
POCH
In solchen Momenten...
... muss ich immer an unangenehme Dinge denken...
POCH
HÄMMER...
POCH
Dabei hatte ich das gerade...
... durch die Prüfungen so gut verdrängt...
POCH
HÄMMER
PASCH
Wenn ich fit wäre...
... würde ich laufen gehen...
POCH
HÄMMER
POCH
HÄMMER
POCH
... und damit den Kopf freikriegen!
HUST
POCH

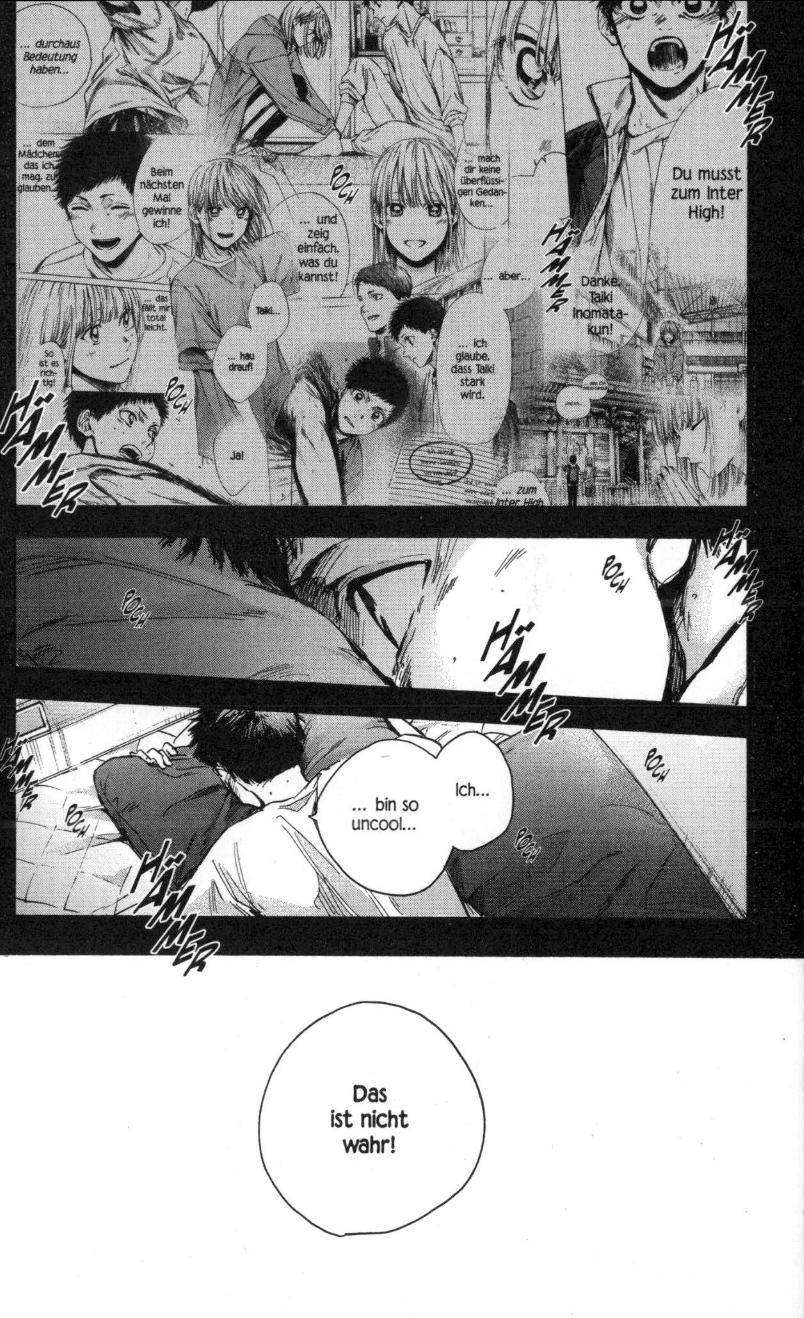
HÄMMER
Du musst zum Inter High!
Danke, Taiki Inomata-kun!
HÄMMER
... mach dir keine überflüssigen Gedanken...
... aber...
... ich glaube, dass Taiki stark wird.
... zum Inter High
... und zeig einfach, was du kannst!
POCH
Taiki...
... hau drauf!
Ja!
Beim nächsten Mal gewinne ich!
... durchaus Bedeutung haben...
... dem Mädchen, das ich mag, zu glauben...
... das fällt mir total leicht.
So ist es richtig!
POCH
HÄMMER
HÄMMER
POCH
HÄMMER
POCH
POCH
Ich...
... bin so uncool...
POCH
POCH
HÄMMER
HÄMMER
Das ist nicht wahr!

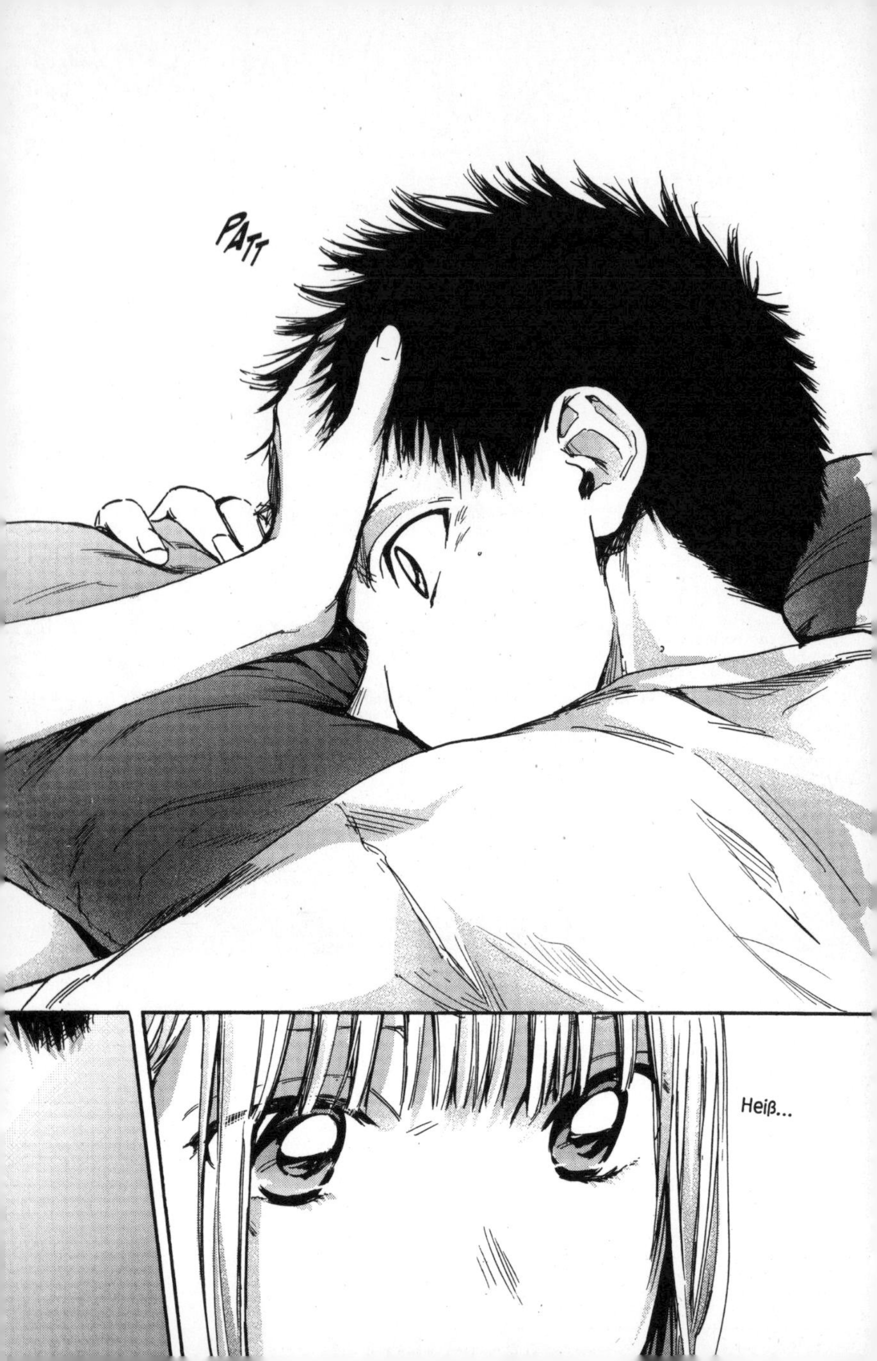
PATT
Heiß...

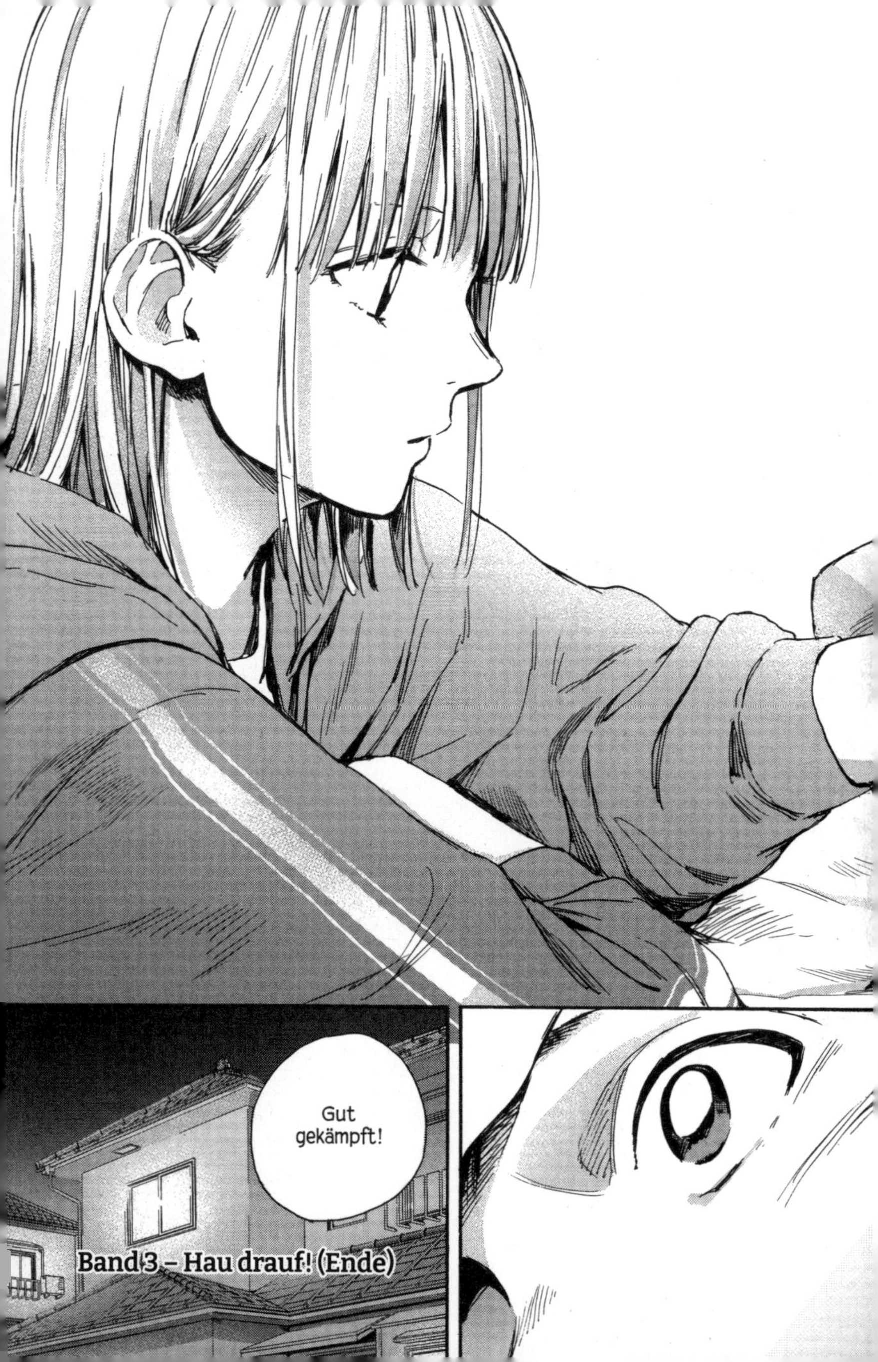
Gut gekämpft!
Band 3 – Hau drauf! (Ende)

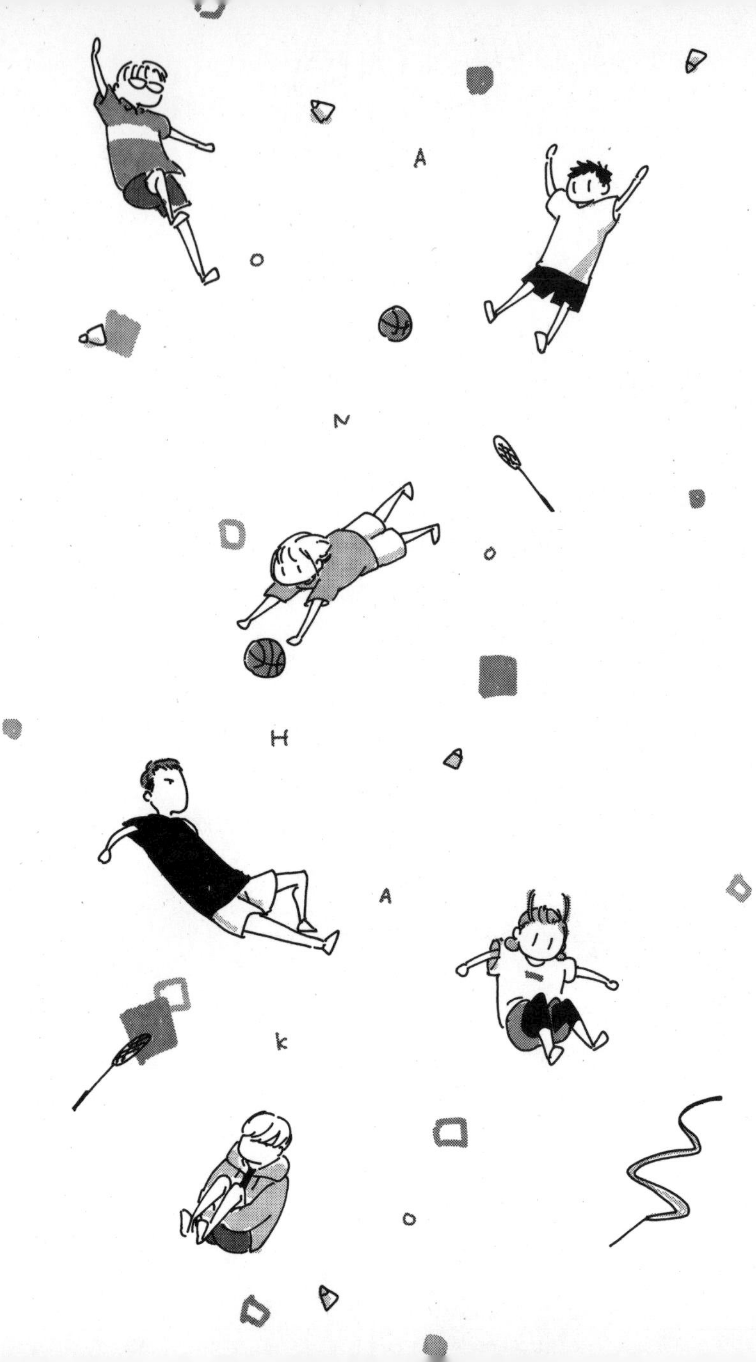

Blue Box ③

Special thanks

Arakaki-san

Okino-san

Ono-san

Takeuchi-san

Hinohara-san

Murakoshi-san

Chiba-san

Tsuji-san

Vielen Dank!!

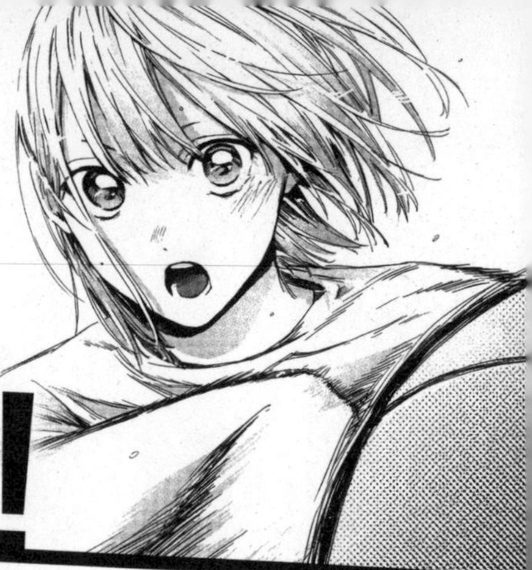

HALT!

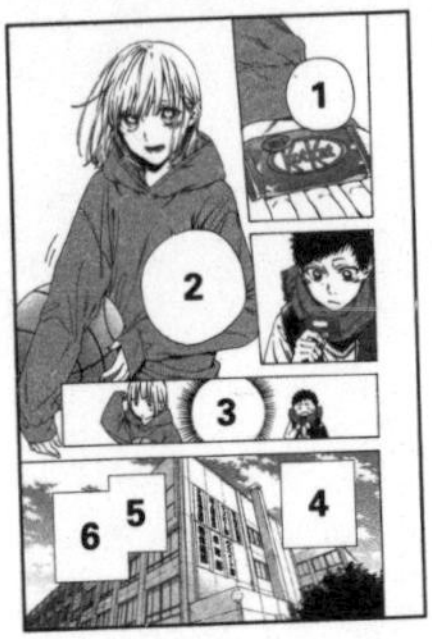

BLUE BOX ist ein japanischer Comic, und in Japan wird von »hinten« nach »vorn« und von rechts nach links gelesen. Man muss diesen Manga also »hinten« aufschlagen und Seite für Seite nach »vorn« weiterblättern. Auch die Bilder auf jeder Seite und die Sprechblasen innerhalb der Bilder werden von rechts oben nach links unten gelesen, so wie in der Grafik gezeigt.

Viel Spaß mit **BLUE BOX**!

Carlsen Manga! News – jeden Monat neu per E-Mail!
www.carlsenmanga.de
www.carlsen.de

CARLSEN MANGA
Deutsche Ausgabe/German Edition

Völckersstraße 14–20, 22765 Hamburg
Aus dem Japanischen von Antje Bockel

First published in Japan in 2021 by SHUEISHA Inc., Tokyo.
German translation rights in Germany, Austria, Luxembourg and German-speaking Switzerland arranged by SHUEISHA Inc. through VME PLB SAS, France.
Redaktion: Philipp Nakata, Anne Berling

ISBN: 978-3-551-01556-3

Wir produzieren nachhaltig

- Klimaneutrales Produkt
- Papiere aus nachhaltigen und kontrollierten Quellen
- Hergestellt in Europa

FSC
www.fsc.org
MIX
Papier | Fördert gute Waldnutzung
FSC® C083411